Markgräflerland

Ein Gang durchs gelobte Land

Wolfgang Abel

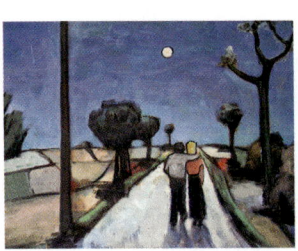

2. Auflage 2015

Inhalt

Was ich noch zu sagen hätte

Unterwegs zwischen Idylle und Moderne

Meine Wege führen über Weinberge und Himmelswiesen.
Milchschaumviertel werden wir aber auch besuchen.

Es kann später werden

Zwischen Rheintal und Schwarzwald, oberhalb der Weinberge am Badenweiler Römerberg, liegt die Himmelswiese. Der Gutedel steht in langer Reihe, das Panorama reicht vom Hochblauen bis zu den Vogesen. Daseinsfreude mit jedem Schritt. Die Himmelswiese ist ein Sprungbrett für die Sinne.

Sich treiben lassen, Dörfer auskundschaften, in Vorgärten lesen, zur Abwechslung auch mal durch ein Neubaugebiet durchstreifen. Zum Markgräfler Hügelland gehören nicht nur Weinberge, sondern auch Milchschaumviertel.

In 20 Stationen vom Designerstore zur Vesperwirtschaft, von der Orchideenwiese zum Speckgürtel. Wir werden Wirtschaften und Wegkreuze besuchen, die Rebstock und Paradies heißen. Ein Gang durchs gelobte Land ist keine Kaffeefahrt – es kann später werden.

Besser hinten rum

*Zwischen Sulzburg und Müllheim umarmen sich
Weinstraße und Rebland.*

1 | Auf der Markgräfler Panoramica

Angenommen, ein guter Freund käme zu Besuch. Einer, der noch nicht im Südwesten war. Unsere erste Tour durchs Markgräflerland ginge von Staufen über Badenweiler nach Kandern. Wir würden uns immer tiefer ins Markgräflerland hinein schleichen. Wir würden über die Dörfer ziehen und am Ende läge das Land wie ein aufgeschlagener Bildband vor uns. Eine Seite Wein- und Obstland, eine Seite Südschwarzwald, wir mitten drin.

Das Ganze funktioniert aber nur hinten rum. *Hinde umme* wie es hier heißt, wenn man auf den Haupteingang verzichtet und gleich hinten in der Werkstatt anklopft. Die Landstraßen Nummer 125 und 132 erschließen in cremigen Schwüngen Dörfer, Rebhänge und Stimmungen – es sind Straßen, die auch innere Verkehrswege aktivieren.

Der Blick nach Westen ist himmelweit, der nach Osten satt-grün, wir könnten schwärmen oder auch schweigen – deshalb ist diese Strecke meine Markgräfler Panoramica. Und deshalb ist dieses erste Kapitel so etwas wie ein langes Vorwort. Wer es gelesen hat, weiß, worum es geht. Details folgen dann später. Wer auf den folgenden Seiten keine Lust bekommt, kann es

Trockenmauern und Ausblick – *am Castellberg bei Sulzburg*

auch lassen. Man kann nicht alle zum Freund haben und ich will es auch nicht.

Trockenmauern, Aktivmärkte, Gewölbekeller: Wahrscheinlich würde ich mit meinem Freund schon kurz vor Sulzburg anhalten und eine Runde über den Castellberg drehen. Gleich hoch zur neuen Hütte, wo ringsum zwei Kilometer Trockenmauern auferstanden sind. Sie wurden mit satten Landeszuschüssen – also von uns allen – selten aufwendig saniert. Es gibt zwar keinen markgräfler Soli, aber diverse Ausgleichstöpfe. Viele Anträge später steht dann da und dort eine stabile Trockenmauer und eine behauene Treppe führt nach oben zum Ausguck. Von dort würden wir den Übergang von der weiten Staufener Bucht zum Markgräfler Gehügel besonders gut sehen.

Das Markgräflerland ist keine Reinkultur, sondern mehr Sowohl-als-auch-Landschaft. Dörfer, Ortsteile und Kleinstädte, industrielle Flächenlandwirtschaft und idyllisches Gartenland, polyglotte Pendler und eigensinnige Nischenexistenzen bilden ein Mosaik. Es ist ein Land wie ein Gemischtwarenla-

Landschaftsstraße Nr. 125 – *zwischen Britzingen und Laufen*

den. Die markgräfler Grundstimmung ist da und dort etwas nostalgisch gefärbt, manchmal auch ärgerlich wurstig, oft einfach nur schön.

An der Landstraße 125 zwischen Sulzburg und Dottingen, neben einem Feld mit Selbstbedienungs-Schnittblumen, steht jetzt ein neuer Edeka-Markt. Mit Flachdach, großem Parkplatz und aktiv blau-gelber Fassade. Nur ein paar Kurven weiter dann ein Bauernladen in einem Laufener Gewölbekeller, der noch riecht wie ein Gewölbekeller. Feucht, erdig und ziemlich regional. Hier zwischen Dottingen, Sulzburg und Laufen würde ich meinem Freund zum ersten Mal erklären, daß die Koexistenz von Gewölbekellern und Aktivmärkten typisch Markgräflerland ist, wie der Wechsel von Bruchsteinmauern und Neubaugebieten, von biederer Rückzugsprovinz und unaufgeregter Lebenskunst.

Südlich Staufen also hinten rum. Um Sulzburg und Laufen wird die Landstraße dann endgültig zur Landschaftsstraße. Das Etikett *Badische Weinstraße* klingt zwar verzopft, entspricht aber den Gegebenheiten. Manchmal wachsen einem

Alte Heimat: *Staudengärtnerei und Kirchturm*

die Reben fast ins Auto rein. Allein, wie die L 125 runter nach Laufen bittet. Wie sich der spitze Kirchturm unvermittelt ins Bild schiebt, davor die Beete der Staudengärtnerei *Gräfin von Zeppelin*, dahinter das Rebmeer, über allem der Hochblauen – markgräfler Ideallinien. Vorne rum wäre übrigens Bundesstraße drei, aber die überläßt der Genußfahrer gerne den eiligen Lieferanten.

Winzerhöfe und Zierschotter: Die alte Ortsmitte von Laufen steht als Gesamtensemble unter Denkmalschutz. Am historischen Grundriß des Winzerdorfes hat sich wenig geändert – die Speckgürtel außenrum sind allerdings reinste Neuzeit. Die Denkmalpflege im Regierungsbezirk Freiburg hat zwölf schützenswerte Dörfer mit einer vergleichbaren historischen Substanz ausgemacht, im Markgräflerland gehört noch das benachbarte Britzingen dazu. Beide Orte besuchen wir später noch ausführlich (vgl. dazu die Kapitel Nr. 16 und 17).

Historische Winzerhöfe prägen bis heute das innere Ortsbild Laufens. Viele wurden einst gestelzt gebaut, mit einem auffallend hohen Kellergeschoß zur Lagerung des Weines in

Neue Heimat: *Buchskegel an Zierschotter*

großen Fässern. Vereinzelt sieht man auch noch die außenliegende Treppenanlage, die von zwei Seiten zu den höher liegenden Hauseingängen führt.

Die historische Substanz eines Winzerhofes beeindruckt nicht nur optisch. Auch der auf Generationen angelegte Erwerbsplan, ohne den der Bau eines Weinkellers sinnlos wäre, wirkt heute wie ein Relikt aus der Vergangenheit. Patchwork-Familien bauen keine Gewölbekeller.

Im Neubaugebiet stehen lebensabschnittsgerechte Unterkünfte mit tresordicht schließender Haustür und pflegeleichtem Vorgarten, dort wachsen selten Winden am Zaun. Beliebt sind Zierschotter oder auch Betonpflaster, die Zwergsträucherallee zum Eingang wird gerne mit farbigem Rindenmulch aufgewertet.

Das Erstaunliche an solchen Installationen ist nicht nur ihre Optik, mit etwas Phantasie kann man sich auch den Alltag hinter Zierschotter ausmalen. Ich fahre mit Freunden gerne durch Neubaugebiete. Wir reden dann über Häuser und Vorgärten wie über Bücher. Ein Vorgarten, eine Haustür, eine Treppe ist wie der erste Satz in einer Kurzgeschichte. Und

Duft nach erdfeuchtem Gemüse: *Hofladen an der Weinstraße*

manchmal möchte man Bücher und Vorgärten einfach nur
zuklappen.

Mehr Selbstvermarktung als auf der kurzen Ortsdurchfahrt
von Laufen ist selten. Der Slogan „Vom Acker auf den Teller"
wird hier unmittelbar greifbar. Vielleicht würde ich mit meinem Freund in der Ortsmitte beim Restaurant *La Vigna* anhalten und nebenan in den alten Gewölbekeller gehen. Dort,
wo die Tür knarrt und bimmelt, wo es nach Steinboden und
frischem Gemüse riecht. Vielleicht würden wir nur ein, zwei
Alibisachen kaufen, den Duft eines erdfeuchten Gemüsekel-
lers würden wir aber auf jeden Fall mitnehmen.

Nur ein paar Häuser weiter, in der Laufener Weinstraße Nr. 6
ein ländlicher Kaffeeladen, das Haus Nr. 8 ist wieder ein Hofladen. Im Hochsommer gibt es dort vollreife Fleischtomaten,
im Herbst wird der Hof fast von Deko-Kürbissen erdrückt.
Gewölbekeller und Coffee to go, reife Tomaten und Kürbis-
Overkill, auch typisch Markgräflerland.

Am Laufener Dorfbrunnen oder an der Kirche würde ich mit
meinem Freund vielleicht abbiegen und eine Schleife über
St. Ilgen, Betberg und Gütigheim ziehen. Winzige Weiler, zwi-

Hinterland vom Hinterland: *zwischen St. Ilgen und Gütigheim*

schen die Rebhügel geduckt. Hier beginnt das Hinterland vom Hinterland, ausgesprochen ländlich anzusehen, aber mehr als ruhig. Jedenfalls keine Einkehr, kein verträumter Wirtsgarten nirgends. Also auch keine Abendsonne und kein Bier unter den Linden und niemand, der den Feierabend noch richtig feiert. Dafür setzt am Vorabend beachtlicher Pendlerverkehr ein. Hinterland klingt so idyllisch, es ist im Markgräflerland aber längst mehr Transitraum als Ruheraum.

Kirschen im Spalier, Teambuilding in der Baumkrone: In St. Ilgen hängt eine ausrangierte Holzleiter unter einem Scheunendach. Solche Hochstamm-Holzleitern mit achtundzwanzig und mehr Sprossen sind Relikte. Das Stellen dieser himmelhohen Veteranen muß ein richtiger Akt gewesen sein, eine Mischung aus Kraftsport und Kooperation. Nur, wer steigt heute noch in eine Kirschbaumkrone, wo es zum Teambuilding längst Waldseilgärten gibt. Die klingen so: „Schweben Sie in unserem Funparcour durch die Baumkronen des Forlenwaldes, ob als Spontanbesucher oder in unserem Teamtrainingsbereich, als Schulklasse, Firma oder Verein."

Land zum Wolken zählen: *zwischen St. Ilgen und Britzingen*

Um St. Ilgen erinnern Namen von Wegen und Gewannen noch an Zeiten ohne Funparcour: „Weidengrund, Hahnengraben, Märzenbrünnle". Die Neubauten sind allerdings auch hier mehr Postmoderne als Hahnengraben. Das Märzenbrünnle von heute hat eine Umwälzpumpe.

Einzelne Höfe wurden freilich bemerkenswert renoviert, etwa am Ortsrand von St. Ilgen. Dort führt die Hohlenbergstraße mit einem weichen Schwung hoch nach Betberg und es steht ein prächtiges Haus am Ortsrand. Es blickt frei zum Blauen, es steht schon lange und es wird noch länger stehen als manche Wohnkiste.

Wir fassen zusammen: Nach St. Ilgen führen rebgesäumte Trödelstraßen. Straßen, die der Landschaft folgen, nicht umgekehrt. Hinter dem gotischen Kirchturm von St. Aegidius grüßt der Blauen so selbstbewusst, wie es sich für einen Hausberg gehört und davor wirkt das Markgräflerland noch so unversehrt und harmonisch wie eine Trostlandschaft. Holzleitern und Streuobstwiesen gehen zwar in den Ruhestand, genug Obst gibt es aber trotzdem. Im Aktivmarkt.

Zwischen Weinweg und Bergmatten – *im Rebland bei Britzingen*

Eine Schleife über Land eignet sich auch als soziale Entdek-
kungsfahrt. Wenn es auf einer spontanen Landpartie weiter
draußen immer einsilbiger und verzwungener wird, dann
könnte es auch im gewöhnlichen Leben holprig werden. Wenn
sich zwei aber am Schwung einer Kurve freuen, einen alten
Schuppen unterm Birnbaum besprechen, wenn die Bank am
Weg zum Hafen wird, dann sollte man weiterfahren. Immer
weiter raus. Man wird ja nie ganz eins mit dem Anderen, aber
dieselben Wege und Belvedere zu haben, wäre schon mal ein
Anfang. Der gemeinsame Genuß von Landschaft verbindet
wie ein gemeinsames Essen. Außerdem: wo sonst läßt sich
die alte Kunst des im Gras Liegens und Wolkenzählens so gut
trainieren wie zwischen St. Ilgen und Britzingen?

Wie Laufen hat auch Britzingen einen kompakten, alten
Ortskern, der wegen seiner engen Kurven mit Umsicht zu
meistern ist. Auf den Rebwegen zwischen Weinberg und Berg-
matte gibt es mehr als eine Stelle mit perfektem Winzerdorf-
panorama – der Fernwanderweg *Markgräfler Wiiwegli* verläuft
zwischen Britzingen und Muggardt besonders panoramisch
durch die Reben. Wer sich dort oben nicht vom Markgräfler-

Gebläse statt Handlese – *Vollernter im Einsatz*

land begeistern läßt, sollte in der Toskana bleiben. Zwischen Pfirsichbaumblüte im März und Spätlese im Oktober öffnet sich ein großer Garten, aber ohne Zaun. Das soll als Anregung genügen, mehr Details ab Seite 269.

Während der Weinlese begegnen einem mitunter jene hochbeinigen Vollernter, die nun in einer Stunde erledigen, was früher zehn Erntehelfer am Tag kaum schaffen konnten. Wenn ein Vollernter zwischen den Rebzeilen unterwegs ist, klingt die Weinlese etwa so, als hätte sich eine leistungsstarke Straßenkehrmaschine in die Reben verirrt. Darunter leidet die Kalenderblattstimmung natürlich etwas. Auch der pittoreske Tisch mit vespernden Lesehelfern gehört im Markgräflerland zu den seltenen Motiven. Weinlese hört sich gemütlich an, es wird aber nach Maschinenminuten abgerechnet. Und so wirbt ERO für seinen *Grapeliner:* „…die Möglichkeit, mit 40 Stundenkilometer Straßengeschwindigkeit den Einsatzort zu wechseln, wird Sie ebenso erfreuen, wie die Tatsache, daß Sie nach einem langen Arbeitstag schneller zu Hause sind!"

Hacke statt Smartphone – *Landarbeiterin bei Britzingen*

Grapeliner und Kopftuch: Ein Vollernter klingt nicht nur wie eine Kehrmaschine, er funktioniert auch so ähnlich. Die Trauben werden vom Stock gerüttelt und dann von einem mächtigen Luftstrom angesaugt. Wer über Vollernter klagt, sollte bedenken, daß eine Handlese und das Selektieren von Trauben nicht umsonst ist. 2,99 Euro Wein und Qualität gehen schlecht zusammen. Jeder hat die Wahl, aber nur ein Drittel der Deutschen ist bereit, mehr als drei Euro für eine Flasche Wein auszugeben. Also werden Vollernter auch zwischen Britzingen und Zunzingen die Lese bestimmen, maschinengängig angelegt sind die Rebhänge ja längst. Unser Bedarf an Romantik wird dann auf Heimatfesten gedeckt. Genau zwischen den beiden Müllheimer Niederlassungen von ALDI und LIDL gibt es übrigens einen Verkehrskreisel mit einer symbolischen Weinbergmauer. Das paßt – Feinkost Albrecht und Lidl gelten mit einem Marktanteil von gut 35 Prozent als größte Weinhändler der Nation.

Man soll die Krampferei nicht idealisieren. Aber die Haltung des Kopftuchmädchen im Bild oben beeindruckt schon. Vielleicht verleiht eine Feldhacke doch etwas mehr Würde

Britzingen am Abend: *„Schaut mal, da saßen und tranken sie."*

als ein Smartphone. Das historische Foto hängt übrigens im *Britzinger Hirschen* im Nebenzimmer, einem der wenigen Landgasthöfe im traditionell, gediegenen Stil. Senior-Wirtin Schumacher kann sich noch erinnern, wie es früher vor und nach der Rebarbeit am Tresen zuging. „Jeder kam auf ein Glas rein, oft stand man in zwei Reihen." Das ist schon etwas her, zwei Reihen bilden sich heute nicht mehr vor dem Tresen der Gasthöfe, eher vor den Kassen der Aktivmärkte.

Nur so ein Gedanke: Irgendwann, wenn sich der letzte Landgasthof an der badischen Weinstraße in eine klimaneutrale Ausgabestelle für rückstandsgeprüfte Verpflegung verwandelt hat, wenn die automatische Wegfahrsperre schon nach zwei Weißweinschorle anspricht, wenn öffentliches Sitzen, Trinken und Fleisch essen zu sozialschädlichem Verhalten erklärt wurden, dann ist es soweit. Die ESOV (Europäische Serviceagentur zur Optimierung der Volksgesundheit) wird Informationsfahrten auf der ehemaligen badischen Weinstraße organisieren. Die von Künstlern bemalten Elektrobusse der ESOV werden vor den alten Ochsen, Hirschen und Löwen langsamer fahren und die Bessermenschen werden mit Fin-

Geschützt in einer Mantelfalte des Blauen – *Badenweiler*

gern auf antiquierte Wirtshausschilder zeigen: „Schaut mal,
da saßen sie früher drin und haben Gutedel aus Flaschen ge-
trunken. Und stellt Euch vor: die Armen haben Fleischbrühe
aus großen Schüsseln geschöpft und Blut-und Leberwürste
gegessen. Danach sind sie mit Verbrennungsmotoren nach
Hause gefahren." Auch solche Geschichten denken sich zwei
Freunde aus, die auf der Markgräfler Panoramica unterwegs
sind.

Badenweiler Mantelfalte: Von Britzingen führt die Schwärzestraße rüber nach Badenweiler. Die 480 Meter hohe Schwärze bildet eine kleine Paßhöhe am Fuß der Burg Neuenfels,
die Anhöhe bietet auch den schönsten Panoramablick auf
Badenweiler. ANNETTE KOLB (1870 - 1967), die in den 20er
und 30er Jahren in Badenweiler lebte und schrieb, meinte
zur reizenden Lage des Thermalkurortes, er läge am Fuß des
Blauen, so geschützt wie „in einer Mantelfalte". Mittlerweile
hat sich in Badenweilers Mantelfalte da und dort zwar etwas
Staub angesammelt, aber von der Schwärze aus gesehen ist
Kolbs Zitat noch immer offensichtlich.

Barrique, Parkett, Furnier – *Werteichen auf der Schwärze*

Kapitale Werteichen: In den Wäldern um die Schwärzehöhe stehen wertvolle Eichen- und Laubholzbestände. Der jährliche Stammholzeinschlag wird jeden Winter ab Dezember auf dem Schwärzeparkplatz präsentiert – dann liegen die kapitalen Stämme in langer Reihe wie eine Jagdstrecke. Verkauft wird die Ernte in einer sogenannten Wertholzsubmission, ein schriftliches Bietverfahren, bei dem nach Höchstgebot zugeschlagen wird.

Wer mit der Hand über die frische Schnittfläche einer Eiche streicht und den typischen Duft einatmet, wird auch an jene barriquelastigen Weine erinnert, die jahrelang in Mode waren, ebenso aber auch als „Schreinerweine" verspottet wurden. In den letzten Jahren kam fast die Hälfte der Gebote, die auf Markgräfler Eichen abgegeben werden, von französischen Holzhändlern oder Faßproduzenten.

Die obere Zahl der Vermaßung auf der Schnittfläche steht für die Stammlänge, die untere für den mittleren Durchmesser. Die Stämme aus Müllheimer Eichwäldern sind oft über 100 Jahre alt, Längen über zehn Meter und Durchmesser über 70 cm sind keine Seltenheit. Solche Stämme haben dann um

Ahorn Stammholz, Länge 7,80 Meter, mittl. Stammdurchmesser 40 cm

die drei Festmeter Holz, bei einem Durchschnittserlös je Festmeter Eiche von etwa 700 Euro bringt ein Exemplar also gut 2.000 Euro, je nach Qualität und Nachfrage (die stark schwankt) auch mehr. Am teuersten sind Stämme, die sich als Furnierholz eignen. Walnuß bringt mit einem Festmeterpreis von 1.400 Euro doppelt so viel wie Eiche, Buntlaubhölzer wie Ahorn oder Kirsche liegen etwa auf dem Niveau von Eiche, Buche derzeit darunter. Wobei die Furnierholzpreise je nach Einrichtungstrend (hell/dunkel) stark schwanken.

Vor Jahren wurde bei einer Markgräfler Submission ein 120 Jahre alter Riegelahorn (2,5 Festmeter) für 28.000 Euro verkauft – der höchste je auf einer Markgräfler Submission erzielte Preis. Gutes Buchenstammholz bringt immer noch einen Erlös, der etwa beim zehnfachen von aufgearbeitetem Brennholz liegt. Wer um Wert und Schönheit von ausgesuchten Stämmen weiß, geht vielleicht mit mehr Ehrfurcht – und Genuß – durch den Wald. Anschauung bieten jene Laubwälder, die ab Parkplatz Schwärze erschlossen werden. Außerdem: Regionale Gerichte und ein Eßtisch aus heimischem Holz passen zusammen.

BADENWEILER
im bad. Schwarzwald

Ein Blick auf Badenweiler

„Badenweiler verfügt über ein ruhiges Nachtleben" – die unfreiwillige Komik eines Wikipedia-Eintrags trifft die Verhältnisse durchaus. Parks, klassizistische Villen und Gründerzeit-Hotelfronten erinnern bis heute an jene Zeit des Thermalbades, als der Tagesgast noch nicht in Trainingshosen aus der Tiefgarage kam. Man kann in den Hausfassaden eines Kurortes auch die Sedimente verschiedener Epochen sehen. Aufstieg, Glanz und schleichender Niedergang des Bürgertums passen ziemlich genau zwischen eine Grand-Hotel-Front der Jahrhundertwende und das Aquajogging genannte Wassertreten der Jahrtausendwende.

Am Ende der Fruchtfolge steht die Wandlung zur reizarmen Seniorenresidenz; was dann eine Art umgekehrter Gentrifizierung wäre. Einige Badenweiler Besonderheiten werden wir ab Seite 211 noch näher betrachten, fürs Erste soll eine Fahrt durch die Gemeinde genügen.

Die größte Therme nördlich der Alpen: Badenweiler verdankt seine ebenso lange wie reiche Geschichte dem Thermalwasser, das am Fuß des Blauen seit Jahrtausenden gut 26 Grad warm und wohlfeil aus dem Urgestein sprudelt. Die Badenweiler Therme wurde während der römischen Besetzung zunächst als Kur- und Badeort des nahen *Augusta Raurica* (heute: Augst und Kaiseraugst in der Schweiz) gegründet. Bis gegen Ende des 1. Jahrhunderts unserer Zeit entstanden dann am Fuß des Blauen die größten römischen Thermen nördlich der Alpen, die antike Blüte der Bäder dauerte aber nur gut 100 Jahre. Einfallende Alemannen zerstörten im Jahr 233 die Anlagen. Über Jahrhunderte wurden die Ruinen allenfalls als Steinbruch genutzt, ihre Wiederentdeckung beginnt ab 1784, die wissenschaftlich-archäologische Erforschung um 1930.

Die erst vor Jahren neu überdachte Trink- und Badeanlage im Kurpark gehört zu den besterhaltenen antiken Bauwerken

Gruss aus Badenweiler – *die Sedimente vergangener Zeiten*

dieser Gattung. Die Ruinen beeindrucken auch, weil hier kein einzelnes Monument, sondern ein Ensemble in seiner baulichen und funktionalen Struktur freigelegt wurde. Zur Anlage gehören Ruhe- und Schwitzräume, Gemeinschaftsbecken, Wandelhallen und Trinkbrunnen.

Heute erstaunen auf der Badenweiler Ortsdurchfahrt ein paar Brunnenkreationen, aus denen man alles, aber kein Wasser mehr trinken kann. Form folgt Funktion, heißt es, aber manchmal müßte es heißen: Form folgt Dysfunktion. Wer aus Oberweiler heranfährt, erblickt zunächst ein von Zierschotter gerahmtes Bonsaibrünnlein zur Rechten, wenig später dann der Wasservorhang eines postmodernen Imponierbrunnens zur Linken. Den Höhepunkt markiert die zu Stillstand und Verkalkung neigende Karikatur eines Brunnens, zentral plaziert auf dem Schloßplatz vor dem Hotel Römerbad. Auf dem repräsentativsten Platz eines Thermalbades habe ich noch nie jemanden einen Schluck Wasser aus der Installation trinken sehen. In Kürze wird das Spektrum der Wasserinszenierungen durch eine fließende Treppe vor dem ehemaligen Inhalatorium erweitert.

Teestunde statt Wellness – *Konversationshaus und Kurhausterrassen*

Vom Konversationshaus zur Reha-Klinik: Badenweilers mondäne Zeit fällt in die Jahre vor und nach den beiden Weltkriegen. Das gut situierte Bürgertum begab sich damals zur Kur, weniger zur Kreuzfahrt. „Freie Badekur" statt Wellness. Man bleibt über Wochen im Heilbad, die Damen trugen Sonnenschirm statt Sonnenbrille, manche Gäste brachten ihr Mobiliar mit. Das Kurhaus hieß „Konversationshaus", viermal täglich Konzerte, Bridge, Tanztee. Kassenkur und Zuzahlung waren unbekannt.

In Badenweilers Ortsmitte, so etwa auf der Höhe vom neuen Kurhaus, das seit gefühlten Jahrzehnten saniert und konzeptionell neu erfunden wird, würde ich meinem Freund von der ehemaligen Wandelhalle und der Kaffeemühle-Promenade erzählen, die in Halbhöhenlage um die Burgruine führt. Auch von jenen Damen, die im Atelier Marie Luise Modellkleider anprobierten, das gab es wirklich einmal, Pariser Schnitte in Badenweiler. In der legendären Galerie-Buchhandlung Krohn hing bis in die 70er Jahre ein Zettel. „Hier keine Bildzeitung".

Kaum zehn Jahre später hatte sich die Kur dann zu einem

Logis von Hesse und Jaspers: *Villa Hedwig in Badenweiler*

Grundrecht auf's Wohlfühlen verwandelt, der Rest ist bekannt. Auf Tango folgt Lachjoga, Rückenmassage mit Schokolade und Nougat ist aber auch im Programm moderner Heilbäder.

Außerdem würden wir auf unserer Badenweiler Ortsrunde ein kleines Ratespiel beginnen: was hätte ANTON TSCHECHOW, der im Juli 1904 in Badenweiler starb, wohl zum einen oder anderen Neubau gesagt. Oder HERMANN HESSE, der in der Villa Hedwig logierte. Hesse mit Nougat auf dem Rücken.

Typen der bürgerlichen Epoche. Nicht nur im großen Baden-Baden, auch im lauschigen Badenweiler war das bürgerliche Typenrepertoire versammelt. Die „Dame im Kurpark" des Markgräfler Stimmungsverstehers EMIL BIZER gehörte ebenso dazu, wie die kleine Künstlerkolonie um RENÉ SCHICKELE. Sie entstand in den späten 20er Jahren oben an der Kanderner Straße, an einer der schönsten Stellen der Badenweiler Mantelfalte. Hangabwärts in der Au entstanden dann jene Landhaus-Villen, die bis heute zu den Plätzen der Vorbergzone gehören, wo die Zumutungen des Alltags nur milde ankommen. Und genau das gehört bis heute zum Badenweiler Gefühl: der

Entschleunigt – *Dame im Kurpark, Emil Bizer, um 1933.*

hohe Blauen und die große Vergangenheit im Rücken, vorne raus die Vogesen, unten das Geschiebe im Tal. Noch Fragen?

In Badenweiler dauert alles ein wenig länger, im Guten wie im Schlechten. Das mag zum einen an der beachtlichen historischen Substanz liegen, die der Ort geerbt hat. Aber auch am Glück, das eben nicht nur der Tüchtige hat, sondern auch jener, der sich gute Landesalimente sichert. Im speziellen Falle Badenweilers sprudeln die Zuwendungen des sorgenden Staates so sicher wie die Römerquelle. Das sorgt für Brot und Spiele, Wassergymnastik und lange Thermennächte, zu den Nebenwirkungen der Alimentierung gehört aber auch eine gedämpfte Zukunfsbereitschaft.

Macht aber nichts. Das Land Baden Württemberg – also wir alle – stützen nun mal so traditionell wie klaglos den Thermenbetrieb. Ein warmes Bad in Badenweiler schätzen mittlerweile auch zahlreiche Tagesgäste aus der elsässer Grenzregion und so klingt es im ehemaligen Marmorbad mitunter wie in einer gallischen Vorstadt. Das geht, solang es geht – und solange jemand dafür bezahlt.

Gut im Schwung – *Weg um den Lipberg bei Badenweiler*

Schau ins Land bei Sehringen: Mit meinem guten Freund würde ich nach einer Runde Badenweiler über die Landstraße 132 weiter nach Kandern fahren. Aber was heißt schon fahren, wir würden an der Grenze zwischen Südschwarzwald und Markgräfler Hügelland dahin gondeln, auf einer Veranda gut 250 Meter über dem Rheintal. Zunächst zum Badenweiler Ortsteil Sehringen; von dort in einem weiten Schlag durch das obere Eggener Tal und weiter über die Johannisbreite bis Kandern. Die Sache mit der Panoramica müßte spätestens auf Höhe der Abzweigung nach Schloß Bürgeln dem letzten Zweifler klar geworden sein.

Es ist eine Saumstrecke durch altes, auf den ersten Blick wohl bestelltes Kulturland. Weite Ausblicke auf Rheintal und Vogesenkette garantiert zunächst die lange Ortsdurchfahrt

durch den Weiler Sehringen: eine großzügig dahin gestreu-
te Siedlung am Südwesthang des Blauen. Es gibt wenig In-
frastruktur, aber viel Landschaft und genug Platz für unterschiedliche Lebenslinien. Man muß hier leben wollen: kein
Aktivmarkt, kein Laden, auch kein Arzt, der praktiziert, aber
einige Ärzte, die hier wohnen. Wenn es um Motorsägenführer
mit akademischer Vorbildung geht, ist Sehringen führend.

Der weite Blick wird freilich auch auf dieser Strecke immer
wieder von unkontrolliert aufwachsendem Wald verstellt.
Ohne aktive Eingriffe, ohne Holzschlag und Weidewirtschaft
wären auch das Lipburger Tal und Sehringen längst eine
dunkle Waldsiedlung – nicht nur die Bevölkerung, auch das
Landschaftsbild kann vergreisen. Und offensichtlich geht die
Sache mit der Verpflichtung des Eigentums einigen Grund-

Ohne Säge kein Panorama – *Blick vom Blauenhang auf Lipburg*

stückseigentümern am Auge vorbei. So wird die „Himmlische Landschaft" schleichend zu einer Landschaft ohne Himmel. Ein Landstrich, der einst den Bauhauslehrer OSKAR SCHLEMMER anzog, ein bewegter Himmel, der den Schriftsteller RENÉ SCHICKELE und seinen Malerfreund EMIL BIZER verzauberte, hat Zuwendung verdient. Sichtachsen, Vogesenblick und Landschaftswirkung entstehen aber nicht auf Festreden, auch nicht durch Abwarten, sondern mit Axt und Säge.

Beifang am Schlemmer Haus: Oskar Schlemmers 1937 erbautes Wohnhaus und Atelier an der Sehringer Straße Nr. 13 steht noch heute. Ein schlichtes Landhaus, mittlerweile vollständig von einen Wildwuchs aus Bäumen und Gestrüpp verschluckt. SCHLEMMER (1888 - 1943) gehörte zu den prägenden Lehrern am Bauhaus, er war neben *Walter Gropius, Paul Klee* und *Wassily Kandinsky* eine Schlüsselperson der Bewegung. Schlemmers Haus im Badenweiler Ortsteil Sehringen steht für eine Lebenshoffnung in prekärer Zeit, aber auch für den Beginn der inneren Emigration. Von den Nazis zunächst geschnitten,

Kein Laden, viel Landschaft – *Obersehringen*

dann verfemt und früh mit einem Berufsverbot belegt, mußte der am New Yorker Moma ausgestellte Bauhaus-Formmeister seine letzten Lebensjahre in Deutschland als Fassadenanstreicher fristen. Im April 1943 stirbt Schlemmer während einer Kur in Baden-Baden. Die verwilderte Liegenschaft und der desolate Zustand des Schlemmer Anwesens künden von einer ebenso zähen wie destruktiven Erbauseinandersetzung, die sich Schlemmers Nachfahren seit Jahren liefern (vgl. auch Seite 223).

Das kleine Haus des großen Künstlers verkommt seit Jahren, es liegt im Abseits des öffentlichen Kulturbetriebs. Schlemmers Landhaus ist wenig oberhalb jener Engstelle der Sehringer Ortsdurchfahrt zu erkennen, an der eine Hofscheune bis ins Straßenprofil hinein reicht. Früher dampfte hier der Mist noch neben der Landstraße, heute hängen die Holzleitern ausrangiert unterm Dachvorsprung des Stalles, in dem schon länger kein Vieh mehr steht. Manchmal liegen zwei Katzen in luftiger Höhe auf den Holmen und beobachten gelassen

Gelassenheit – *an der Sehringer Landstraße*

den Verkehr am Sehringer Nadelöhr. Von hunderten, wenn nicht tausend Ausflüglern, die an einem heiteren Sommerwochenende helmbewehrt oder hoch motorisiert Sehringen durchpflügen, dürften die wenigsten ein Auge für solche Miniaturen haben. Geschweige denn ein Interesse für Schlemmers Sehringer Schicksalsjahre. Dabei gehört der Beifang zur schönsten Beute einer Landpartie. Auch darüber wäre mit einem Freund zu reden. Wenn einem vor lauter Freizeitpark mal wieder schwindlig wird, können zwei Katzen auch mal gut tun.

Vom sozialen Vitamingehalt: Nach besagter Engstelle beim Schlemmer Anwesen an der Sehringer Straße Nr. 13 beginnt offenes Streuobstland. Auf der Wiese unterhalb der Landstraße stehen fünf auffallend gepflegte Apfelbäume – es sind Hochstämme, deren Kronen so fachkundig geschnitten wurden, daß sie gut zu ernten sind. Jedes Jahr kommt der Eigentümer an einem sonnigen Frühlingstag aus Auggen hoch nach Sehringen, um seine Bäume zu schneiden. Im Oktober steht

Ort enttäuschter Hoffnung – *Schlemmers Haustür in Sehringen.*

der gute Mann dann wieder auf der Holzleiter, im halblangen grauen Kittel pflückt er seine Schönen von Boskoop; nur ein paar Bäume weiter reifen Freiherren von Berlepsch. Die Ernte wird in Holzkisten gelegt, die mit altem Zeitungspapier ausgeschlagen sind. Tafelobst im Wortsinn.

Die Früchte der Moderne: Oskar Schlemmer hatte 1937 von seinem damals noch frei stehenden Haus einen weiten Blick auf die Obstwiesen im Tal. Vielleicht hätte er seinen Skizzenblock gezückt, wenn jemand auf der Leiter steht, oder Bäume schneidet. Aber wer beachtet zu Smoothie-Zeiten einen sorgfältig geschnittenen Apfelbaum, und wer kennt die sonnige Aussichtsbank am Trottoir unterhalb des Schlemmer Hauses? Hinter der Bank stehen ein paar mächtige Haselnußbüsche, im Westen die Vogesenkette.

Selten sitzt jemand auf der Bank, die wie eine Nebensache an der Sehringer Landstraße steht. Für die reifen Nüsse interessiert sich auch kaum jemand. In ihrer wirtschaftlichen Not, die vor Kriegsausbruch immer drängender wurde, begann

Hoher Symbolgehalt – *Nußernte an der Landstraße*

die Familie des Weltkünstlers Schlemmer mit der Schafzucht – reife Haselnüsse wären damals nicht lange auf dem Boden gelegen.

Im warmen Herbst 2014 haben die Sträucher an der Sehringer Landstraße besonders gut getragen, in fünf Minuten war die Hosentasche voller Nüsse. Haselnüsse mit frischem Bauernbrot und einem kühlen Gutedel sind übrigens auch so ein Verbundenheitsvesper (mit dem Land, mit einem Freund), das länger in Erinnerung bleiben kann als manche komplizierte Kreation.

Oder man setzt sich an einem Herbsttag gleich auf eine Bank an der Sehringer Landstraße, knackt ein paar Haselnüsse und hält eine kleine, persönliche Dankesmesse. Auch für all jene, die dafür gekämpft haben, daß es keine Reichsschrifttumskammer mehr gibt. Schlemmer hat der Moderne Form und Farbe gegeben. Die wichtigste Frucht der neuen Zeit konnte er nicht mehr ernten – die Freiheit.

Polonaise mit H-Nummer – *auf der Sehringer Panoramica*

Hedonisten in der Kurve: Die Landstraße 132 führt in wenigen Schwüngen durch Obersehringen: In bunter Reihe neue Villen, ältere Landhäuser und Weideland großzügig am Blauenhang verteilt, ein gefälliges Bild mit Wanderwegen und Vogesenblick. In einem großen Bogen führt die Route vor dem Gasthaus *Grüner Baum* entlang, genau an der Kante zwischen Südschwarzwald und Vorbergzone.

An Ausflugswochenenden kommt hier längs, was der Hedonist so in der Garage hat. Auf zwei oder vier Rädern, elektrisch oder benzingetrieben. Wer sich am Scheitelpunkt der Route einen Moment zur Seite setzt, kann die Polonaise vorüberziehen lassen. Es hat ja etwas Entspannendes an einem Wochenende, an dem alle irgendwo hin wollen, nichts zu müssen. Auf der Höhe von Sehringen gibt es jedenfalls ein paar Plätze zur Distanzvergrößerung – das Laufrad sieht von der Seite immer etwas anders aus.

Mit der lindenbeschatteten Freiterrasse vom *Grünen Baum* wäre zudem ein möglicher Rastplatz erreicht, er liegt an einer

Etappe einer Landpartie – *Grüner Baum in Sehringen*

der schönsten Stellen der Sehringer Landpartie. Schräg dahinter die Caféidylle *Mondweide*, ein Landlust-Flecken, der
sich als beliebtes Ausflugsziel etabliert hat. Bei Hummelflug
und hausgebackenem Kuchen entschleunigt Biobürgertum
im verträumten Garten oder in der gemütlichen Kaminstube.
Grüner Baum und Mondweide – zwei Etappen unterschiedlichen Charakters an einer Schlüsselstelle der Panoramastraße
von Badenweiler nach Kandern (Details zur Einkehr siehe
auch Seite 231).

Unmittelbar nach dem letzten Haus von Sehringen (der
ehemaligen Poststation) verschwindet die Straße in einem
dichtem Buchenwald, der im Frühjahr fast explosionsartig
grünt. Im Kampf um's Licht treibt zunächst die untere Kraut-
schicht aus, dann die Strauchschicht, erst dann die Baum-
schicht. Das zarte Hellgrün im Kronenbezirk hält sich nur ein
paar Tage, es gehört zu den reizvollen Vegetationsphasen der
Markgräfler Vorbergzone.

In einer Naturkunde aus den 50er Jahren, dem bis heute le-
senswerten „Waldwanderer" von JAKOB GRAF, steht dazu: „Nirgends erleben wir das Erwachen der Natur so eindrucksvoll

Frühlingserwachen – *bei Badenweiler-Sehringen*

wie im Laubwald." Nicht nur Waldwanderer, auch Radfahrer und Cabriowanderer werden das bestätigen können. Und der gute Freund sieht es mittlerweile auch.

Indian Summer am Himmelreich. Ein paar hundert Meter südlich der Sehringer Ortsgrenze, nahe am Scheitelpunkt der Landstraße 132, ist die Grenze zum Landkreis Lörrach erreicht. Die abzweigenden Waldwege haben hier anschauliche Namen: ein Finsterholzweg führt hoch zum Blauen, der Emmenrainweg führt durch Buchenwald Richtung Hörnle und weiter zum selten himmlischen Wanderwegkreuz am Paradies – ein Fleck, der nicht nur so heißt (vgl. auch Seite 170). Ein paar Straßenmeter weiter zweigt rechterhand der Hexmattweg zum *Hanebecks Hof* ab. Ein solitär gelegenes Landgut, auf dem auch ein schön für sich gelegenes Ferienhaus vermietet wird.
- Ferienhaus Hanebecks Hof. Kontakt über Frau Vera Rätzmann, Tel. 05872-390, www.traum-ferienwohnungen.de.

Nach der Kreisgrenze führt die Landstraße 132 abwärts durch Laubwald, bis eine lang gezogene Kurve den Blick ins obere Eggener Tal freigibt. Sahnestück klingt vielleicht etwas kit-

Indian Summer – *zwischen Himmelreich und Eggener Tal*

schig, trifft aber den Schmelz von Straße und Landschaftseindruck. Auf der Bergseite gluckst der Blauenbach durch einen Taleinschnitt namens Himmelreich, im Westen öffnet sich das obere Eggener Tal und damit der Blick auf Markgräfler Ideallinien.

Falls mal jemand fragen sollte, wofür es sich zu leben lohnt, fahren Sie einfach hier lang, womit zugleich letzter Beweis für die These mit der Markgräfler Panoramica geliefert wäre. Außerdem zeigt so eine Herbstfahrt am Blauenhang, daß es auch im Markgräflerland einen Indian Summer gibt, nur ist kein Schild dran.

Anhalten und Staunen auf der Parkbucht an der Kreuzung nach Schloß Bürgeln ist eigentlich obligatorisch. Von der Bürgeln-Kreuzung aus könnte man sich über den privilegiert gelegenen Weiler Schallsingen auf einem schmalen, obstwiesengesäumten Sträßle runter ins Eggener Tal locken lassen. Das Wein- und Obstland dort verdient aber ein eigenes Kapitel (vgl. S. 155ff). Wir bleiben deshalb auf der Höhe: Der kleine Parkplatz am Abzweig nach Schloß Bürgeln bietet den

Daseinsverstärkung – *Obstblüte bei Obereggenen*

schönsten Blick, Tourenradler halten hier gerne inne, Touristen aller Länder parken ihr Wohnmobil zur Spätmesse mit Sonnenuntergang. Gegenüber geht es auf einer Stichstraße zwei Kilometer hoch nach Schloß Bürgeln. Die letzten Meter hoch zum Schloß sind ein Fußweg, was den Vorhang-auf-Effekt nur verstärkt. Die Westterrasse der Schloßwirtschaft wäre jedenfalls ein Platz für ein Finale im Markgräflerland.

Arkadien ohne Nagelstudio: Wer sich noch weiter tragen lassen möchte, läßt es in Richtung Kandern laufen. Oben im Eggener Tal wird das Land zur Wiege, mal geht es sanft abwärts, mal mäßig aufwärts. Die Proportionen stimmen, kein Nagelstudio nirgends, Markgräflerland als Arkadien.

Auf der Paßhöhe St. Johannisbreite stellt sich erneut die Frage, ob man hier einfach so drüber fahren darf, ob das mit dem Gebot der Chancenauswertung vereinbar ist. Panoramawege führen ab Johannisbreite zu den Obsthainen im Eggener Tal.

Die antiquierten Tourenschilder des Schwarzwaldvereins Kandern hängen wie ein typographischer Hinweis in der Landschaft – seht her, hier oben ist alles wie gehabt. „Rundweg 1" steht über einem Pfeil mit Doppelspitze. Das Land ist schön, gleich wohin man sich wendet. Ein Abstecher hoch zur Sausenburg wäre möglich, oder eine Tour auf Schloß Bürgeln. Andererseits ist auch die Welle runter nach Sitzenkirch eine Einladung zur Daseinsverstärkung.

Auf den alten Stichen und Gemälden, die Arkadien zeigen, liegen die Hirten manchmal mit halb erhobenem Kopf dahin gestreckt im Gras. Sie haben ihre Schafherde im Blick, sie schauen auf's Land, sie sind mitten drin und zugleich etwas außen vor. Es ist kein schlaffes Abhängen, sondern eine interessierte Seitenlage. Das geht heute noch. Seitenlage und wacher Blick passen gut zum Markgräflerland. Vor allem das würde ich einem guten Freund zeigen.

Adressen und Hinweise

Touren: Lohnende Wanderweg-Ausgangspunkte nahe der beschriebenen Route über die Landstraßen 125 und 132:

Zwischen Dottingen und Sulzburg, Parkplatz am Castellberg (gegenüber vom Sulzburger Sportplatz). Aussichtsreicher Rundweg um den Castellberg, ab 2,5 km.

Zwischen Laufen und Muggardt: Muggardter Parkplatz/bzw. Wanderwegweiser Im Ennwegen, Parkplatz und Wegweiser liegen oberhalb der Weinberge von Laufen, direkt am Markgräfler Weinweg. Der gut 5 Kilometer lange Weinweg-Abschnitt zwischen Britzingen und Sulzburg gehört zu den schönsten Partien des gesamten Weges. Ein weiterer Wanderparkplatz liegt am oberen Ortsende von Muggardt.

Zwischen Britzingen und Badenweiler: Schwärze Waldparkplatz.

Zwischen Badenweiler-Sehringen und Badenweiler-Lipburg, Wanderwegweiser Römerweg (an der Kreisstraße 4947, beim Lipburger Friedhof). Von dort kurzer, aber selten schöner 1 km Rundweg um den Lipberg, lohnende Verlängerung über den Römerweg hoch nach Badenweiler-Sehringen. Wanderwegweiser Sehringen, gegenüber vom Brunnen in Obersehringen/Gasthof Grüner Baum. Als Rundwanderung dann weiter über die Wanderwegweiser: Jungfernbrünnle, Hörnle, Pa-

Auf der Sankt Johannisbreite

radies (oberh. Feldberg), Rheintaler Höhe und Scheffelt Bank (oberhalb Lipburg) zurück zum Wegweiser Römerweg am Friedhof Lipburg. Eine sehr lohnende Runde; insg. ca. 2,5 bis 3,5 h.

Bei Badenweiler-Sehringen: Parkplätze am Ortseingang (Bergbauge-schichtlicher Lehrpfad) und am südlichen Ortsausgang (Wanderpark-platz am Langmattweg; nahe Jungfernbrünnle/Hörnle).

Zwischen Obereggenen und Kandern: Parkplatz auf der St. Jo-hannis Breite. Panoramaweg zur Stelli: 3 km, Obstlehrpfad-Rundweg 5,5 km. Wege in Richtung Bürgeln: Schloßsattel 1,4 km, Schloß Bürgeln 1,8 km, auf den Hochblauen (1.165 m): 7 km.

Einkehren an, bzw. nahe der Route, Details zu den einzelnen Gast-häusern siehe bei den betreffenden Stationen: **Sulzburg**: Maison Eric, **Laufen**: La Vigna, **Britzingen**: Hirschen, **Müllheim-Zunzingen**: Krone, **Badenweiler-Sehringen**: Grüner Baum, Mondweide. **Egge-ner Tal**: Schloßwirtschaft Bürgeln, Rebstock, Obereggenen; Ochsen, in Müllheim-Feldberg.

Schau! Mich! An!

VitraHaus in Weil. Herzog & de Meuron, 2010

2 | Design und Distanz: Vitra und Tüllinger

Zwei Welten und ein Haus dazwischen: die eine Front des Weiler Vitra Hauses schaut auf den dynamischen Wirtschaftsraum am Basler Rheinknie. Der Blick durch die gegenüberliegenden Glasgiebel geht zum Dorf Ötlingen und damit auch zum Weinberg- und Kleingartenmosaik auf den Tüllinger Bergrücken. Nirgendwo im Markgräflerland treffen urbane und ländliche Momente so unmittelbar aufeinander wie beim Blick aus dem Vitra Haus. Das Gebäude steht wie ein Scharnier zwischen den Welten – und die werden auch zitiert: Die Anmutung drinnen ist international wie die Metropolregion Basel, die gestapelten Hauskuben mit ihren verglasten Spitzgiebeln nehmen aber auch die Geometrie der Ötlinger Dachlinen auf.

Parterre im Museumsladen und im Café trifft auch viel aufeinander. Eine Schnittstelle, rund ums Jahr geöffnet, täglich von 10 bis 18 Uhr ein Meeting auf hausgemachten Stühlen von Jasper Morrisson. Es kommen Kreative mit strenger Brille und burkaschwarzem Gewand, orthodoxe Formmeister mit Bleistift und Block nehmen ihren Espresso neben Hipstern im Kapuzenpulli. Es kommen aber auch Normalos und weltliche

Bauklötze staunen – *Vitra Design Museum, Frank Gehry, 1989*

Besuchergruppen zum Sonntagsbrunch. Es kommt und geht ständig was. Gut 300.000 Besucher im Jahr sorgen für Vielfalt – Mailänder Genußbürger, Basler Teig, japanische Knipser. Soviel Multikulti ist selten im Markgräflerland, in dessen Seitentälern bis heute auf Brauereigarnituren gehockt wird.

Form, Wirkung, Aura: „Ein Logo ist dann gut, wenn man es mit dem großen Zeh in den Sand kratzen kann," meinte der Typograph Kurt Weidemann. Zu den häufigen Nebenwirkungen des Designs gehört das treffende Zitat und seit jeher wird vor den Risiken der Überdosierung gewarnt. Vom Altmeister Dieter Rams stammt der bedenklich schöne Satz: „Gutes Design ist sowenig Design wie möglich." George Nelson sekundiert: „Im Idealfall sorgt Design dafür, daß man einem Produkt ansieht, was es ist." Den allermeisten Dingen auf Vitras gut 25 Hektar weitem Feld sieht man durchaus an, was sie sind.

Modernes Design ist natürlich auch vom Wettbewerb getrieben. Immer mehr immer ähnlichere Dinge erhalten kraft Gestaltung „den Nimbus der Unverwechselbarkeit", schreibt jedenfalls ROGER WILLEMSEN in seiner *Deutschlandreise*. Das

„Im Idealfall sorgt Design dafür, dass man einem Produkt ansieht, was es ist."

George Nelson

Zu den Nebenwirkungen des Designs gehört das Zitat.

ist zumindest latent designkritisch gedacht, denn die Alltags-erfahrung lehrt, daß die Schrauben der Unverwechselbarkeit manchmal gar nicht, manchmal aber auch sehr streng ange-zogen werden. Dann kippt der Nimbus und das Schöne fühlt sich plötzlich sehr anstrengend an – wer lebt schon gerne im Schaufenster.

Verglichen mit den Hallen der Discounter und XXL-Volks-vermöbler erscheint die Präsentation im Vitra Haus wie ein Reinluftraum zeitgenössischen Geschmacks. Man kann es aber auch so sehen: wer bei Ikea in die Lehre geht, kann dank der Vitra Home Collection seine Meisterprüfung ablegen. Und damit hätte man in unserer hochgradig kodierten Distink-tionsgesellschaft vieles richtig gemacht. Eine Prise Nimbus ist ja bereits als Handy-Hülle zu haben, als Turnschuh, oder eben als Stuhl. Wohnen tut heute jeder, richtig Sitzen ist ein Statement. Oder eine Zumutung.

Wer im Markgräflerland ist und Klassiker aus dem Kanon der Moderne schätzt, kommt an Vitra kaum vorbei – mehr Formwille ist nirgends. In einer über weite Strecken ländlich-betulichen Welt zwischen Sulzbachtal und Wiesental, kann

Alle schön bunt hier – *Sitzgelegenheiten im Vitra Haus*

Gestalt und Haltung auch mal ganz gut tun. Vitra bietet dazu ein professionell durchkomponiertes Hochamt, außerdem einen etwas breiteren Besucherkreis als in einer Straußenwirtschaft. Bei aufkommender Regio-Bräsigkeit wäre somit ein halber Tag Vitra ein bewährtes Gegenmittel.

Vom Monoblock zum Lounge Chair: Das 20 Hektar weite Ausstellungs- und Produktionsgelände von Vitra heißt selbstredend Campus – es ist ein Hybrid aus Kathedrale (Museum, Frank Gehry, 1989 und 2003), Verkaufsausstellung, Shop und Café (VitraHaus, Herzog & de Meuron, 2010), Verwaltungs- und Produktionshallen (u.a. von Alvaro Siza, 1994; Sanaa, 2012). Da staunt der Laie und die Fachwelt ist beeindruckt – seit Gründung der Weißenhofsiedlung in Stuttgart 1927 wurden nirgends so viele Bauwerke bedeutender Architekten so konzentriert verwirklicht.

Einkaufswägen gibt es im Vitra Haus natürlich nicht, auch keine Verkäufer, höchstens Berater. Design gehört schließlich zu jenen Drogen, die man wollen muß. Und es fängt immer so harmlos an. Milchschaum läßt sich zum Beispiel als Pfauenfeder oder als Herzchen designen, im Vitra Café gibt es natürlich die Pfauenfeder. Kakaoherz geht gar nicht, das wäre mehr Fußgängerzone am Mittelrhein.

Hochkant oder quer, eckig oder rund: Auf Neudeutsch gilt das Vitra Haus als Flagship-Store – ein Schrein für Wohnbedarf und Devotionalien des 21. Jahrhunderts, erbaut von führenden Sakralbaumeistern. Im Pflichtenheft der Erbauer hat die konsensfähige Irritation einen festen Platz. Der Andachtsraum heißt jetzt Lounge, am Credo großer Baumeister hat sich aber bis heute wenig geändert.

„Einfachheit ist die höchste Form der Raffinesse", erkannte Leonardo da Vinci. Steve Jobs verkündete die frohe Botschaft

500 Jahre später fast wortgleich. Der Rosenkranz hat jetzt runde Ecken und Touch-Screeen.

„Gutes Design ist für die Ewigkeit", weiß auch der Teekessel-Gestalter Alberto Alessi, der freilich klug genug ist, seinen Maximen nur in Maßen zu folgen. Wer heute im Gespräch bleiben will, darf es mit dem ewig guten Design auch nicht übertreiben. Blockbuster-Architekten haben das noch gründlicher begriffen als Designer. Gute Architektur ist heute vor allem Debattenarchitektur. Wer nicht an die Ewigkeit glaubt, kann auch nicht für sie bauen.

Ach du liebes Design! Man könnte Dein raffiniertes Wesen noch seitenlang anbeten und verfluchen. Du verführst und gibst Halt. Und Du fängst immer früher damit an. Wolfgang Beinert, auch einer aus der Gilde, sieht den Stand der Dinge so: „Früher wollten kleine Mädchen Tierärztinnen werden. Heute träumen sie von einen Karriere als Designerin." Ob die Welt jetzt schöner wird?

Im durchdesignten Vitra Café stehen Stühle von Jasper Morrisson, kein Gramm zuviel an Bein und Lehne, Ikonen skandinavischer Funktionalität in einer vorhangfreien Zone. Kaffeehausgemütlichkeit ist anderswo, hier herrscht Form, der Service trägt Schwarz, die Akustik hält einen auf Trab, ein Galeriecafé ist keine Landlust-Strickstube. Selbst der Sound auf dem stillen Örtchen ist gestaltet: Vogelstimmen, sphärisiert mit Hall. Flagship-Stores, darum beneidet uns die Welt und der Rest verachtet uns genau deswegen.

Architektur spiegelt den Stand der Dinge. Die starren Achsen von Raum und Zeit, die alten Gewißheiten wurden auf dem Vitra Campus sichtbar aufgelöst oder neu komponiert. Die Fassade des Museumsgebäudes ist reinweiß, aber nicht unschuldig, das Vitra Haus besteht aus übereinander gestapelten Containern, die einem zurufen: Schau! Mich! An! Architektur für die Ewigkeit war einmal, das unverrückbare Momentum eines Säulenportals paßt schlecht zur Lebensabschnittsplanung.

Schöner sitzen – *Eames Lounge Chair*

Schöner wohnen, teurer sitzen: Auf einer der oberen Ausstellungsebenen im Vitra Haus sind die Lounge Chairs des Designerpaares Charles & Ray Eames arrangiert. Key Pieces in Vitras Programm. Design Ikonen, die in der Tradition des schweren, dunklen, alten Leder-Clubsessels im Chesterfield-Stil stehen. Über den Clubsessel ist in einem einhundert Jahre alten *Herren-Brevier* von F. W. Koebner zu lesen: „Alle Tages Last und Mühe soll von dem abfallen, der vertrauensvoll zwischen seine daunengepolsterten Arme sinkt." Charles Eames sah die Sache ähnlich entspannt: „Der Lounge Chair sollte so einladend aussehen wie ein weicher, gebrauchter Baseballhandschuh." Ein schöner Satz. Ein Satz, mit dem man eine ganze Wohnung einrichten könnte.

Leider stehen Designopfer eher nicht auf Baseballhandschuh und so hat sich manch ein Wohnzimmer zum Showroom gewandelt. Früher betrat man einen Raum und wußte, wo hinsitzen. Heute mäandert der Gast durch Wohnwelten, hält sich am Sektkelch fest und wartet auf weitere Anweisungen. Das wäre dann Krampf statt Niveau.

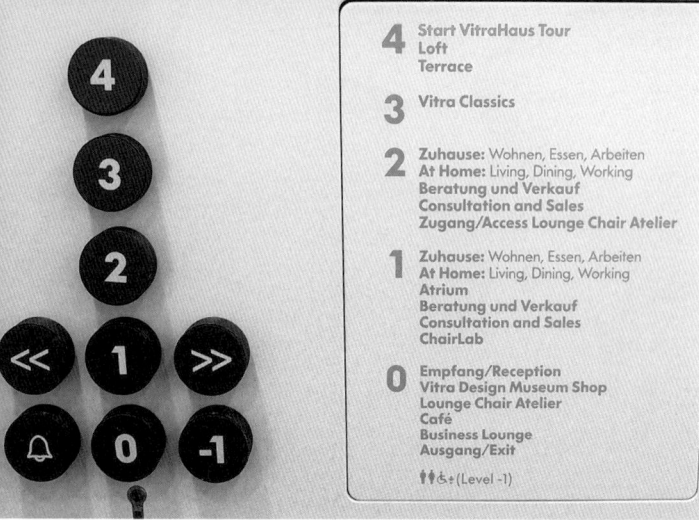

Vier Stockwerke Design

Ein Eames Chair in einer Thermomix-Multifunktionskiste geht eher nicht. Die Aura von Zwangsbelüftung paßt halt nicht so recht zu Clubatmospäre und Baseballhandschuh. Eine deckenhohe Bibliothekswand wäre denkbar, genug Zeit zum Lesen und ein offener Horizont, auch finanziell. Um die 6000 Euro wäre der Setpreis für den Eames-Sessel mit Schemel. Nach erfolgreichem Probesitzen müßten im Lounge Chair Atelier noch die Details der Materialwahl besprochen werden. Dann wird das gute Stück ins Herrenzimmer geliefert und findet dort einen Platz zwischen Humidor und Bibliothek. Dann endlich kann das Kontemplieren beginnen. Nur, wer darf heute noch zuhause rauchen?

Frühstücken zwischen den Welten: Von den oberen Etagen im Vitra Haus schweift der Blick über die ideenverarbeitende Industrie Basels. Es ist eine postindustrielle Aussicht, kaum Rauch aus Schloten, mehr Lifescience als eisenbiegende Maloche. Das Roche Areal wächst derzeit turmhoch gen Himmel, mehrere Milliarden will der Pharmakonzern in den nächsten Jahren am Rheinknie investieren, ein zweites Hochhaus soll

Baselblick von Ötlingen

kommen, emblematisch wie Turm 1, aber noch höher. Auch Novartis hat seinen Campus, gestaltet als „Marktplatz des Wissens". Ein Platz der Exklusion, Unwissende kommen dort erst gar nicht rein. Konzerne lernen von der Kirche, der Kreuzgang ist etwas für Ordensbrüder.

Das Vitra Haus öffnet auch Perspektiven. Der Blick aufs Basler Rheinknie zeigt die wirtschaftliche Herzkammer der Region. Zwei Drittel des Hinterlandes liegen aber auf deutschem und französischem Gebiet. Ohne Wanderarbeiter funktioniert Basel nicht und ohne Basel wäre die deutsche Südwestecke ein Zonenrandgebiet. Die Metropolregion Basel wirkt weit über die Grenze. Nicht nur Vitra, auch die Preise für Wohnraum, Viertele und Rösti zeigen das deutlicher denn je.

Vitras Campus liegt zwischen urbaner Dynamik und Kleingartenidylle. Ein Ort zwischen den Polen und damit ein Ausgangspunkt für eine kontrastreiche Zeitreise. Sie könnte an der Charles-Eames-Straße im Hier und Heute beginnen und mit einem Streifzug über den Tüllinger Hangrücken traditionell weitergehen. Selten liegt Markgräfler Land so kontrastreich vor einem.

Baselblick von Ötlingen

Adressen und Hinweise

Auf einer Runde zwischen dem Vitra Campus in Weil, dem Tüllinger Berg und Ötlingen lassen sich Moderne und Idylle gut kombinieren. Ein Ausgangspunkt könnte das Café im Vitra Haus sein. Anschließend eine Schleife auf der Route des Markgräfler Wiiwegli über die Hanglagen, Kleingärten und Panoramawege am Tüllinger Berg.

Von der Bushaltestelle vor dem Vitra Haus bis zu den ersten Obstplantagen am Tüllinger geht man nur wenige Minuten. Zugang zum Tüllinger gegenüber der LKW-Werkseinfahrt über den Verner-Panton-Weg (markante Farbsäulen am Weganfang). Die Stichwege Katzgass' oder Torgass' führen hoch zum Wegweiser Panoramaweg – und damit in eine andere Welt. Von dort über die Wegkreuze Tüllinger Weg und Marktfrauenweg in 1,5 bzw. 1 km bis Ötlingen-Oberdorf. Vitra - Tüllingen insg. ca. 4 km. Ein alternativer Ausgangspunkt wäre der offizielle Anfang des Markgräfler Wiiwegli am Lindenplatz in Weil (bis Tüllingen 3,5 km).

Das Wegnetz oberhalb von Alt-Weil ist engmaschig, eine Runde läßt sich an vielen Stellen abkürzen oder verlängern. Unterwegs bietet sich die Einkehr in Ötlingen an: das Tagescafé Inka und die beiden Gasthäuser Ochsen und Dreiländerblick decken ein breites Spektrum ab (vgl. ab S. 79).

Café im Vitra Haus – *Weil*

Vitra Haus Weil/Vitra Café: Im Gebäude befinden sich das modern und sec gestaltete Café, der Vitrashop (Literatur, Devotionalien, Mitbringsel). Auf den Etagen darüber die Dauerpräsentation der Vitra Home Collection, ein Sortiment für designaffine Privatkunden; auch die Endkonfektionierung der Lounge Chairs findet in Weil in einem Atelier im Haus statt.

- Café, Shop und Design Museum auf dem Campus sind täglich von 10 bis 18 Uhr geöffnet. Das **Café** bietet nach einer Neuverpachtung durchaus akzeptable Qualität und urbanes Ambiente, inkl. diverser Tageszeitungen. Vormittags drei klassische Frühstücksangebote (Markgräfler, Schweizer und Französische Variante), serviert von 10 Uhr bis 11.30 Uhr. Zwischendurch kleine Gerichte und Standards, über Mittag ein kleines Menü und ein Tagesgericht in Bistroqualität, in offener Küche vor Ort gekocht. Junger, freundlicher Service, bemerkenswert großes Kuchenbuffet aus eigener Produktion. An Wochenenden stark besucht und entsprechend umtriebig. **Preise**: mittel-gehoben, ♣ Sommerterrasse. Täglich geöffnet von 10 bis 18 Uhr; geschlossen nur am: 24. Dezember und 31. Dezember ab 14 Uhr. Vitra Campus, Charles-Eames-Straße 2, 79576 Weil am Rhein, Tel. 07621-702 3500.

Infos zur Architektur auf dem Campus, Führungen, aktuelle Ausstellungen im Design Museum, Öffnungszeiten: www.design-museum.de

Langer Marsch durch eine kleine Welt

In drei, vier Tagen ist man gut bewandert,
was das Markgräflerland angeht.

3 | Pilgerwege am Tüllinger

Am Alt-Weiler Lindenplatz markiert ein historisches Emaille-schild den Anfang einer langen Tour durch eine kleine, zumindest streckenweise noch heile Welt. In drei, vier Tagen ist man durch und danach gut bewandert, was das Markgräflerland und seinen Wandel angeht – das Wiiwegli ist der Markgräfler Charakterweg.

Eine Weinwegtour ginge aber auch etappenweise. Eine kompakte Einstundenrunde über den Tüllinger ist ebenso reizvoll wie ein ausgesuchter Streckenabschnitt als Nachmittagstour mit anschließender Bahnrückfahrt.

Auch anläßlich eines Museums-Besuchs in Weil wäre eine Runde auf dem Wiiwegli ein anregendes Kontrastprogramm nach dem Motto, erst Design, dann Natur. Außerdem sitzt man oben auf den Eichenbänken am Tüllinger auch nicht schlecht. Nebenbei: wegen einer Wegänderung am Katzenberg-Bahntunnel sind die Distanzen auf dem Weinweg ab Efringen fünf Kilometer länger als auf dem historischen Wegweiser angegeben.

Patchwork-Landschaft: *Rebland, Weil, Basel*

Bis rauf zum Tüllinger-Panoramaweg und rüber nach Ötlingen sind es nur knapp vier Kilometer, aber schon auf dieser Kurzstrecke erschließt sich ein breites Spektrum menschlichen Strebens. Halbhöhenlage gibt es nicht nur über dem Stuttgarter Kessel, sondern auch zwischen Röttelnweg und Isteiner Straße und wie so oft, wo nachverdichtet und besserverdient wird, gibt es einiges zu sehen. Auch das Durchstreifen von Wohnvierteln macht bewandert.

SUV in Halbhöhenlage: Friedlich ruhen die Vorgärten, nur manchmal muß eine SUV-Mutti mit Benno an Bord fleißig rangieren, bis der Zweitonner unterm Carport steht. Zum Glück sorgt eine hohe Sitzposition im Dschungel der Vorstädte für Überblick. Bei blonden Frauen in schwarzen Highlandern, die durch Zone 30 rollen, frage ich mich manchmal, was die Konstellation so delikat macht. Vielleicht ist die Doppelhaushälfte am Ende der Wohnstraße auch nur eine Vollzugsanstalt, deren Regeln freiwillig befolgt werden. Ausbruch zwecklos, sie kriegen dich wieder, irgendwo zwischen Beckenbodentraining, Delphinmatrix und Schwertkampf-Workout. Man kann

Blau blüht die Traubenhyazinthe – *Frühlingsausbruch am Tüllinger*

die Vorzüge eines bürgerlichen Lebens aber auch so undramatisch wie Claude Cabrol sehen: „Bürger sind Menschen, die regelmäßig duschen und in der Lage sind, halbwegs gesittete Gespräche zu führen."

Der Wandersmann, der keinen ABC-Schützenpanzer zur Vorschulalgebra fährt, hat es einfacher. Über Katzgass' und Torgass' geht es hoch zum Panoramaweg. Die Dynamik im Wirtschaftsraum am Rheinknie wird von hier oben unmittelbar anschaulich, wie die Verdichtung an den Siedlungsrändern. Im Kontrast dazu stehen jene Schrebergärten, die ihren Namen dem Leipziger Orthopäden DANIEL GOTTLOB MORITZ SCHREBER (1808 - 1861) verdanken. Schreber war ein typischer Volksertüchtiger seiner Zeit, einer, der sich später auch als schwarzer Pädagoge einen Namen machte. Schrebers Bestseller „Ärztliche Zimmergymnastik oder System der ohne Gerät und Beistand überall ausführbaren heilgymnastischen Freiübungen", erschien im Jahr 1855. So umstritten Schreber war, die Präambel seiner Zimmergymnastik gilt noch heute. „Soll geist'ges Leben wohl gedeih'n, so muß der Leib die Kraft verleih'n." So klang Pilates anno 1855.

Sitzgelegenheit auf dem Tüllinger Campus

Grün, gelb, orange: Die ersten Schrebergärten mit Laube, Obstspalier und Regentonne entstanden ursprünglich nahe den düsteren Industrierevieren der Gründerzeit. Als „Armen- und Spezialgärten" wurden sie ursprünglich zur Förderung der Volksgesundheit angelegt und von jenen bestellt, die in den Städten der Gründerzeit Arbeit hatten. Es dürfte kein Zufall sein, daß eine der größten Kolonien in der Südwestecke so nahe am früh industriealisierten Rheinknie entstanden ist. Gartenzwergspott hin oder her, am Tüllinger ist vermutlich nicht mehr Biedersinn vergraben als in einem Rollrasen-Vorgarten.

Zu Füßen der Kleingärten liegt längst kein Markgräfler Schatzkästlein im Hebelschen Sinne, sondern eine Boomtown. *Agglo* heißt der fließende Siedlungsbrei des Mittellandes in der Schweiz, die Region am Rheinknie fließt auch, grenzüberschreitend. Aber die Expansion ist weiter unten und mit jedem Schritt aufwärts wird der Tüllinger zum Gartenzimmer mit trinationaler Aussicht.

Im Frühjahr bildet das frische Grün des Laubaustriebs, das Gelb der wilden Weinbergtulpen und das Orange eines

Wilde Weinbergtulpen – *Frühling am Tüllinger Panoramaweg*

Easyjet-Höhenleitwerks beim Anflug auf Basel-Mulhouse ein interessantes Farbspektrum – nur ein paar Höhenmeter liegen zwischen den Bildern. Und wie so oft ist es der plötzliche Wechsel in der Beleuchtung, der die Dinge zum stillen Fest werden läßt, oder zum Abgrund. Gleich ob SUV oder Weinbergtulpe.

Warum das hier steht? Weil sich im Dreiländereck die Dinge so nahe kommen wie selten im Markgräflerland. Weil zwischen den Lauben am Tüllinger und dem Airport Basel-Mulhouse keine zehn Kilometer Luftlinie liegen. In Sichtweite der Schrebergärten also Flugplatz, Bahngleisbündel, Rheinhafen und unterschiedliche Campi. Vitras architektonische Ausrufezeichen am Stadtrand von Weil sind von hier oben aus zu sehen, auch der Roche-Turm auf der anderen Rheinseite. Der Tüllinger ist aber auch ein Campus, mit der Weinbergflora und undesignten Sitzgelegenheiten.

Vom Diener zum Götzen: Der Markgräfler Weinweg bietet hier oben auf kurzem Weg eine Lösung vom Alltag. Er ist ein moderner Pilgerweg, nur Kurzstrecke, aber immerhin. Außer-

Ein stilles Fest – *Weinbergtulpe*

dem lockt die Route rund ums Jahr: die offene Südwestlage, der Blick auf Basel und die Burgundische Pforte. Ein Himmel, der noch strahlt, wenn es über dem Schwarzwald schon dunkel geworden ist. Und immer wieder die schönen, alten Bänke auf dem Tüllinger. Sie erlauben einen Blick aus der Distanz, sie wurden nicht gestaltet, sondern gezimmert.

Innerorts ist dem Design nur noch schwer zu entkommen, womit sich eine Frage aufdrängt. Wie konnte die demonstrative Form so rasch zum Götzen aufsteigen? Warum diese Ergriffenheit vor Namen. Könnte es sein, daß sich die Heiligenverehrung in säkularer Zeit nur verschoben hat? Übrigens läßt sich auch in Vitras Hallen beobachten, wie ein Betrachter zum Verehrer wird – auch deshalb lohnt dort ein Besuch.

Die Aussichtsbänke am Tüllinger Lindenplatz funktionieren ohne Kommentar. Die alten Eichenbänke am Panoramaweg haben zwei daumendicke Dielen, Generationen überdauernd. Wenn dann die Tulpen am Tüllinger aufgehen, werden Bank, Blüte und Betrachter zum Moment, den es nur einmal gibt. Es ist ein stilles Fest, das in keinem Kalender vorkommt, jährlich ab Mitte April.

Platz zum Schweigen oder Reden – *am Tüllinger Lindenplatz*

Derzeit wird viel über urbanes Gärtnern geschrieben. Die Einfalt der Balkonkästen wird von Samenmolotows gesprengt. Auf Randstreifen blüht die Wildblumenmischung „Mössinger Sommer" – ein obstsalatbuntes Potpourri. Baumarktgrün, Guerillagardening und kaum ein Fleck, der noch sicher wäre vor gestaltendem Zugriff. Die Tulpen am Tüllinger blühen aber aus sich heraus, wild, sattgelb, zwei Wochen im April. Womit wir beim Gegenteil jener Katalogware wären, mit der heute Parks und Plätze verzwiebelt werden.

Am Tüllinger Lindenplatz: Die Dreiland-Aussicht vom Panoramaweg um den Tüllinger wird am Lindenplatz nochmal gesteigert. Auch als Abstecher vom Markgräfler Weinweg würde sich der kurze Ein-Kilometer-Zugang lohnen. Allein schon wegen der Baumveteranen, die einen jedes Frühjahr mit lindgrüner Zuversicht begrüßen. Stille Geister kommen aber nicht an beliebten Fest- und Ausflugstagen, und schon gar nicht mit dem Besucherandrang während der Feuerwerkswallfahrt zur Silvesternacht oder am Abend vor dem Schweizer Nationalfeiertag (1. August).

Der Lindenplatz ist sicher keine verschwiegene Oase, aber allemal stark genug für eine längere Draufsicht, oder auch, um mal für sich zu sein. Außerdem eignen sich die vierarschbreiten Eichenbänke unter den Linden bestens zum Beschweigen oder Bereden einer hängigen Angelegenheit.

Adressen und Hinweise

Ausgangspunkt für eine Tour über den Tüllinger ist der Alt-Weiler Lindenplatz (Zugleich Beginn Markgräfler Wiwegli), bzw. Ötlingen im Oberdorf. Alternativ auch die Bushaltestelle/bzw. der große Parkplatz gleich hinter dem Weiler Vitra Haus. Man muß dort nur die Straße vor dem Campus queren, wenig östlich der Bushaltestelle führt ein kurzer Feldweg über die Matten an

den Fuß des Tüllingers und damit auch zum Wiiweegli. Weiter dann bergan zu den Wegweisern Panoramaweg/Tüllinger Weg (von dort Abstecher zum Lindenplatz möglich). In Ötlingen drei Einkehrmöglichkeiten (vgl. S. 79).

Lohnend wäre auch eine Umrundung der Südspitze des Tüllinger mit Abstieg nach Lörrach, Wegweiser dann: Lindenplatz, Käferholz, Wiesenbrücke.

DREI KÖNIG – Lörrach. „Gesamtkunstwerk" ist eines der häufigsten Komplimente für Konrad Winzers Drei Könige – mir gefällt Befreiungsschlag besser. Da konnte einer nicht anders. Einer, dessen künstlerischer, sozialer und kulinarischer Furor seinesgleichen sucht, denkt sich kein nettes Lokal aus, in dem es leckere Sachen gibt. Konrad „Conny" Winzer hat es zeitlebens mit den größeren Formaten. Als Steinbildhauer schlägt er keine Gartenzwerge aus dem Block, als

Klare Kante – *Restaurant Drei König, Lörrach*

Weinfreund steht er mehr auf Magnum als auf Viertele, also macht Konrad Winzer als Gastronom kein Büdchen auf. Zwei Etagen in bester Lauflage Lörrachs dürfen es schon sein. Das erste Haus am Platz, hieß sowas früher einmal. Eine Herausforderung, auch eine Hommage an seine Heimat Lörrach.

Drei König heißt auch drei Ebenen mit drei ganz verschiedenen Angeboten: Ebenerdig die **Delikatessen-Cafeteria** mit Bar, Trottoir-terrasse, offener Küche und einem Schinken-Showroom. Ganze Keulen und große Stücke aus dem Friaul hängen in einer begehbaren Klima-kammer, Salume, Lardo und Culatello, weitere Delikatessen werden am meterlangen Tresen präsentiert, hinter dem auch die wechselnde Pasta des Tages oder ein kleineres Abendessen gekocht wird. Man sitzt parterre sehr à la Winzer: an sägerauhen Nußbaumtischen, deren Materialstärke auch ein Statement ist. Bevor der Gast etwas schmeckt, merkt er es: Fleischkäsweckle und Furnier gibt's anderswo.

Ein Stock höher das **Restaurant Drei König**, schlicht-elegant möbliert, ♣ mit einem King-Size-Balkon, der wie eine Loge über dem alten Marktplatz hängt. Auch hier ist die reduzierte, aber materialbewußte Anmutung ein Statement, beiß' an oder geh', ganz der Winzer eben. Ein kompromißloser Speisesaal, im Markgräflerland ziemlich einzig. Die offene Küche paßt zu diesem Reformhaus und jetzt müßten die üblichen Binsen von Marktfrische, Produktqualität und Regionalität kommen, aber das lassen wir jetzt. Das Drei König Restaurant schmeckt nicht immer gleich, aber es schmeckt, wie es aussieht: einladend, klar und auf eine unaufgeregte Weise zeitgemäß. Nie billig, positionsweise, gerade auch bei einzelnen Weinen, für den deutschen Werktätigen auch hochpreisig – Basel liegt nun mal nebenan. Alles Weitere ist dann Sache des selektiv wählenden Gastes. Zum Reinschmecken eignet sich zum Beispiel das werktägliche Mittagsangebot: Vorspeise, Hauptgang und Espresso um die 22 Euro, was bei der Qualität durchaus in Ordnung ist. Dazu kommt eine Handvoll Tagesgerichte (ab 25 Euro) auf der Tafel, stets ist Fisch nach Marktlage dabei. Fazit: der Gast wird vom Pastateller im Bistro bis zum Mehrspänner im Restaurant umfassend versorgt. Gutbürgerlich hieß das einmal, als das Wort noch nicht so verstaubt klang. Im Drei König ist das Bessere vom Bürgerlichen im neuen Jahrtausend angekommen. Das ist der Sinn der Übung.

Drei König – Restaurant, Café, Delikatessen, Hotel, 79539 Lörrach, Basler Straße 169 (am Alten Markt).

Café, Bistro & Delikatessen (parterre): kleinere Mittagsgerichte von der Tafel, abends kleine kalte und warme Küche, Thekenverkauf, Tel. 07621-4245300, Öffnungszeiten: Mo und Sa von 8 bis 19 Uhr, Di bis Fr von 8 bis 23 Uhr. Sonn- und Feiertags geschlossen. **Preise:** mittel.

Restaurant (im 1. Stock), Tel. 07621-425 83 33, wechselnde Wochenkarte mit Mittagsangeboten, interessante Standardkarte mit ein paar einfacheren, aber auch gehobenen Gerichten. RT: So-mittag und Mo. **Preise:** Standardkarte und mittags gehoben; abends Fischgerichte, diverse Weine: hoch.

Hotel Drei König (im 2. Stock) 14 neue, geschmackvoll und funktional eingerichtete Zimmern im Stil des Hauses, Geschäftsführer ist Afrim Nikqi (ein Wirtskollege von Konrad Winzer, der in Lörrach das Restaurant Peja betreibt), Tel. 07621-5504790, www.hotel-dreikoenig. de; mittlere Preislage.

- Ferienwohnung: Konrad Winzer vermietet eine pur gestaltete Ferienwohnung direkt über seinem Atelierwohnhaus; erhaben gelegen am Waldrand in Kandern-Egisholz. Details: www.herzkammer.eu; oder: www.urlaubsarchitektur.de.

Neu in Lörrach, zentral am **MARKTPLATZ 11**, Café-Bar-Bistro-Feinkost. Ein freundliches Konzeptlokal im modern-urbanen all-in-one-Stil, breites Angebot vom kleinen Schwarzen an der Theke bis zum kurzen Lunch oder einer Pasta an blanken Holztischen. Feinkost, ital. Schinken, Käse etc. – stationär und ambulant, von Mo bis Fr 8 bis 20 Uhr, Sa 8 bis 16 Uhr; Tel. 07621-420 71 40, www.marktplatz-11.de

Ötlingen – Landluft mit Baselblick

Wenige Dörfer im Markgräflerland liegen so erhaben
wie Ötlingen. Die Immobilienpreise zeigen das auch.

4 | Sein und Zeit in Ötlingen

Ötlingen gilt als Premiumdorf, grenznahe Lage zwischen Rheinknie und Himmel, dennoch verkehrsgünstig und nah der Autobahn gelegen. Touristisch gesehen ist Ötlingen ein handliches Nachmittagsziel. Heimat und Fernweh in einem, Kaffeepause, Dreiländerblick und Wanderwege inklusive. Die Immobilienpreise auf einem der schöneren Balkone des Markgräflerlandes haben entsprechendes Niveau erreicht. Wobei die Nachbarschaft zu einer der letzten Dorfscheunen vermutlich als Standortvorteil vermarktet wird.

So nah an Basel ist die Unschuld vom Lande natürlich längst ein Mythos. Das ist zwar in der gesamten Südwestecke so, wo sich das Markgräflerand längst nicht mehr so ländlich anfühlt, wie es klingt. In Ötlingen ist die Dorfveredlung aber noch gründlicher ausgefallen als anderswo. Schilder preisen Ferienwohnungen, Galerien und Immobilien, manche ötlinger Hausfassade wird von großformatiger Malerei unterschiedlicher Qualität geschmückt. Auch das heikle Prädikat „Künstlerdorf" wird schon seit Jahren bemüht. Sicher sind solche Initiativen immer gut gemeint, andererseits gilt – google nach bei Gottfried Benn – seit jeher die Warnung: „Das Gegenteil von guter Kunst ist gut gemeint."

Die Größe der Beschränkung: In einem stimmungsvollen Innenhof, in dem heute die Gäste des *Café Inka* bei Obstwähen

Hermann Daur: *Ötlingen im Vorfrühling, 1921*

und Gemüsequiche sitzen, hatte der Markgräfler Maler Hermann Daur sein Atelier. Daur wurde 1870 in Lörrach geboren. Nach dem frühen Tod des Vaters, der in einer Lörracher Stoffdruckerei beschäftigt war, verließ Daur bereits mit 15 Jahren das Gymnasium, um sich in Basel als Zeichenlehrer ausbilden zu lassen. Der minderjährige Schüler wollte zum Unterhalt der vierköpfigen Familie beitragen, aber schon nach weniger als einem Jahr war sein künstlerisches Talent stärker als der bürgerliche Wunsch nach Sicherheit.

Daur fand über Umwege – unter anderem als Uhrenschildermaler – an die Karlsruher Kunstakademie, wo er zuletzt als Meisterschüler von Hans Thoma arbeiten konnte. 1906 begann Daurs Zeit als freischaffender Maler in Ötlingen, im Jahr 1909 unternahm er noch eine Studienreise ins Engadin, dennoch blieb Daur in der Motivwahl so lokal orientiert wie bei der Einkehr. Der Ochsen, gleich gegenüber von seinem kleinen Atelier im Hinterhof, wurde zu Daurs Wirtschaft. Der Maler, dessen Werk überregional nur in engen Kreisen Beachtung fand, starb am 21. Februar 1925, am Tag seines Geburtstags.

Portrait an Regenfallrohr – *Ötlingen, 2012*

Der Freiburger Kunsthistoriker Hans H. Hofstätter schreibt zur Dauerschen Haltung: „Seine Engadiner Bilder mögen jenen recht geben, die damals meinten, Daur hätte sich viel zu früh in sein Markgräfler Dorf zurückgezogen und seine malerischen Möglichkeiten noch lange nicht ausgeschöpft. Er war da anderer Meinung und wollte zeigen, welchen Reichtum die Natur in einer so begrenzten Kulturlandschaft dem Künstler bieten kann.“

Simplify your Life: Wenn ich es recht sehe, gehört der wache Blick auf das nächste Lebensumfeld zu den positiven Zügen eines selbstgewissen Landbürgers – lange bevor all die Entschleunigungs- und Verzichtsratgeber aufkamen. Eine Mischung aus produktivem Eigensinn und weiser Selbstbeschränkung kennzeichnet manchen Markgräfler Charakterkopf bis heute – *reduce to the max*, heißt der passende Werbespruch. Nicht hudeln, nicht der Masse nachleben, die Genußreife abwarten.

Hermann Daurs intensiv erlebte, aber leise artikulierte Sicht der Heimat ist aus der Mode gekommen, gerade im Kulturbetrieb. Dennoch ist Daurs Sicht bis heute aktuell. Man denke nur an Herzog und de Meurons Vitra Haus in Weil, dessen strenge Glasgiebel die Geometrie der Ötlinger Hausfronten zitieren, die Fotos auf Seite 44 und 70 zeigen es.

Mit dem gelernten Sattler und Autodidakten KARL RÖSCH (1912 - 2001) gibt es einen weiteren Ötlinger Maler, der leise Farben, Pastell und Zwischentöne schätzte. Rösch ließ sich sicher auch von Daur inspirieren, angeblich verkaufte er sein erstes Bild schon mit 16 Jahren, er legte aber zeitlebens Wert darauf, daß sich jeder ein Werk von ihm leisten kann. Es heißt auch, er sei noch mit 87 in den Reben und auf der Kirschbaumleiter gestanden. Malen für alle und in die Kirschen solange es geht, auch kein schlechter Lebensplan.

Anmaßung und Teilzeit: Das eine oder andere sehr bunte Bild längs der Dorfstraße zeigt allerdings, daß heute gerne expressiv aufgetragen wird. Auch mancher Neubau auf dem Lande, der beziehungslos im Raum steht, wie hingestellt und nicht abgeholt, hat sich weit vom Daurschen Blick entfernt. Manchmal wäre etwas weniger Farbe wohl getan.

Kunst darf alles, heißt es. Mitunter genügt es, Farbe gewordenes Gefühl zu zeigen, was weniger als alles ist. Kunst auf einer 60% Stelle ist eher Kunstbetrieb. Aber wer hat das letzte Wort, wer will richten?

„Warhafftig steckt die Kunst in der Natur, wer sie herauß kann reyssen, der hat sie." Mit dem Blick von heute läßt sich die These von Albrecht Dürer als frühe Anstiftung zur Dekonstruktion verstehen. Ein paar hundert Jahre Wissenschaft und Aufklärung später konnte Salvador Dalí den Spieß umdrehen und behaupten: „Ich bin der einzige Künstler, den die Natur kopiert." Mit der Einstellung war Dalí seiner Zeit wirklich voraus. Heute gehört die Anmaßung im kulturellen Komplex längst zum Geschäft.

Elemente aus ihrem Kontext nehmen, um sie in einem neuem Zusammenhang zu verwenden, versucht mancher

Ötlingen liegt nicht am Meer, aber fast.

kreative Geist. Viele kommen über den Effekt nicht hinaus. Bei zwanghafter Anwendung kann das Herausreißen und neu Arrangieren auch zum Kalauer führen: „Ist das Kunst oder kann das weg."

Kunst und Kulinarik: Selbst in der höheren Gastronomie wurde eine Zeit lang eifrig bis zwanghaft dekonstruiert: Chorizo an Kabeljau, fliegende Buffets, Küchenpartys, Redesign von Lebensmitteln, seit einiger Zeit marschiert die kulinarische Avantgarde wieder in die andere Richtung, Nova-Regio heißt die passende Schublade. Einen von Abstiegsängsten geplagten Mittelbürger läßt das kalt, er will nichts reyssen, er will günstig hocken und satt werden. Das entsprechende Format heißt Straußenwirtschaft. Auch der Flugplatznomade will nach Feierabend keine schwierigen Kreationen, sondern Behaglichkeit und Kartoffelsalat – die passenden Landgasthöfe muß man freilich immer länger suchen.

Vincent Klink gehört zu den wenigen deutschen Köchen, die etwas von Küche, Kunst und Musik verstehen. Zum Thema Kreativität sagt Klink: „Nie mehr als drei Aromen pro Teller

Form folgt Funktion: *Rebwellen zum Anfeuern*

und zwar so, daß man sie auseinanderhalten kann." Türmchen und gewollte Konstruktion nennt Klink „Matsche". Auf der anderen Seite berichten Zwangskulinariker von Akkorden und retronasalen Aromen. Vorkoster wie Jürgen Dollase schreiben darüber hoch bedeutende Texte, die sich so elegant lesen wie ein Maschendrahtzaun. Warum das ausgerechnet bei Ötlingen steht, hat übrigens einen Grund: Neben mir saßen mal zwei Schwarzkittel auf der Terrasse des Ochsen. Die Beiden sahen schweigend auf's große Ganze, dann der Dialog:

Schwarz gekleideter Mann 1: *Kunstwerke sind Beispiele zu einer Regel, die sich nicht angeben läßt. Wer hat's gesagt?*

Schwarz gekleideter Mann 2: *Weiß nicht.*

Schwarzer gekleideter Mann 1: *Kant.*

Jetzt kommen wir wieder runter: In Ötlingen wären die Ochsenterrasse, die Panorama-Glasfront vom Dreiländerblick und der Café Inka Hinterhof drei sehr unterschiedliche, aber besondere Plätze, um einen Nachmittag einfach so dahinplätschern zu lassen. Die heile Innenhofstimmung im Café Inka und der weite Blick von der Ochsenterrasse auf die Burgun-

Katzenklappe – *im Hof vom Café Inka, Ötlingen*

dische Pforte liegen zwar nur ein paar Schritte auseinander, kulinarisch und atmosphärisch sind jedoch Welten zwischen den beiden Raststätten. Und der Dreiländerblick ist eine beliebte Ausflugsgaststätte, die aussieht wie eine Ausflugsgaststätte. Mehr dazu im Info-Anhang „Eine Runde", ab S. 78.

Ackerbürger und Landlust. Ötlingens Dorfstraße wirkt wie ein Schaufenster, das den Strukturwandel auf dem Land thematisiert. Bei Ausflugswetter erscheinen in munterem Wechsel CH-Cabrios, Biker und die obligatorischen zwei Damen mit drei bis vier Hunden. Zum Gebaren der letzteren fällt mir immer öfter Nietzsche ein: „Wo immer ich gehe, folgt mir ein Hund namens Ego."

Archetypen im verwaschen blauen Baumwollkittel sind in einem Dorf wie Ötlingen jedenfalls kaum mehr zu sehen. Die Küfergasse heißt nur so und die alljährliche Herbstkampagne (so hieß die Weinlese im Südwesten wirklich einmal!), hat ihre imperative Bedeutung fürs ländliche Leben längst verloren. Allenfalls Kleinwinzer und Freunde inszenieren die Weinlese noch als Erlebnis; Bilder mit einem gemeinsamen Vesper auf

Blick von der Provinz zur Metropole – *Ochsenterrasse, Ötlingen*

langer Bank sind seltener als jene mit einem Vollernter auf großer Fahrt. Mittlerweile wird im Markgräflerland die Hälfte der Traubenernte automatisch erledigt. Und wer bindet noch Rebwellen, um damit einen Grundofen anzufeuern? Dafür gibt es jetzt in jeder Volkshochschule Kurse für „Kreatives Weidenflechten".

Von der Ötlinger Ochsenterrasse schweift der Dreiländerblick über jene Region am Oberrhein, die sich in den letzten Jahren am gründlichsten verändert hat, von der Provinz zur Metropolenregion. Gleichzeitig wurde das vermeintlich

gute Leben auf dem Lande in mediengerechter Version längst zum Blockbuster. Die Auflage der Landlust hat die des Spiegel überholt, was bei dessen inhaltlicher Auszehrung kaum erstaunt. Wobei der Landlust-Hype eine Lehnstuhl-Erscheinung ist. Regionalität ist zwar in aller Munde, aber leise Töne und Kirschernte bis ins hohe Alter bleiben ein Minderheitenprogramm. Alte Landsorten gerne, aber bitte ohne Schorf und billig – und so wachsen die Spalieranlagen weiter. Landlust blättern ist das eine, vom Land leben das andere.

Platz zum Überhocken – *Ochsenstube in Ötlingen*

Adressen und Hinweise

Touren: Ötlingen ist ein Ziel an der Kante zwischen Ballungsraum und Weinberg. Touren zwischen Kaffeespaziergang und Panoramawanderung sind ab oberem Dorfbrunnen möglich. Dort ein zentraler Wanderwegweiser (Ötlingen Oberdorf, 362 m), Distanzen: Tüllinger Lindenplatz 1,2 km (besonders schöner Panoramaweg), Lindenplatz in Altweil 3,5 km, runter nach Fischingen 6 km.

Der Baselblick von Ötlingen: Auch Basler betrachten ihr Gemeinwesen gerne mal von oben und genießen dabei die Vorzüge eines preiswerten Markgräfler Viertele. Dabei läßt sich dann sinnieren, ob der Sinn des Lebens darin besteht, teure Chronometer zu tragen, aber keine Zeit für spontane Ausflüge zu haben.

Die Landpartie zu den Schwobe, der Sonntagsausflug nach *dusse*, nach draußen in den großen Kanton, hat im Grenzland eine lange Tradition. So hat auch die beachtliche Cabriodichte vor der beliebten Ochsenterrasse ihre historischen Vorbilder. Alte Haltinger können sich noch erinnern, wie lebhaft es im letzten Jahrhundert vor den besserbürgerlichen Lokalen zuging. Das Parkplatzangebot war dort auch früher schon ziemlich knapp, etwa in Haltingens Großer Gass', wo es dem Basler Teig in der alten Stube oder auch im Biedermeiersalon des *Hirschen* besonders mundete. An Sonntagen standen die Landauer derer von Sarazin, Vischer und Merian äpfelnd vor dem legendären Gasthof. Die Professoren Nietzsche und Burkardt (mit dt!) kamen mit der Bahn, später dann Beyerle & Co. Die großbürgerliche Zeit des Hirschen ist freilich Geschichte; das Anwesen wurde verkauft, es wird derzeit saniert und umgebaut, die Gaststuben im Erdgeschoß sollen erhalten und wieder eröffnet werden.

OCHSEN – Ötlingen. Die Terrasse bietet Traumsicht auf Basel, die ländlich-unverbastelten Innenräumen zeigen, was andernorts durch Renovierung alles verhunzt wurde – Deutsch-Schweizer Geselligkeit findet hier einen Nistplatz. Dies, obwohl die Zeit am Ochsen nagt und manches eher Mythos als Aufbruch spiegelt. An schönen Wochenenden wird es auch mal lebhafter, zumal der Platz gerne von Luxusflüchtlingen aus dem Dreiland besucht wird. Sonst ein ländliches Ziel mit Gästen, die das blanke Tischblatt schätzen. An Werktagen mittags gibt es ein schlichtes Tagesessen zu nostalgischem Preis, oft was Schweinernes, sonst halt Basisvesper, sowie Warmes in der Schnitzel- und Leberleklasse, auf Wunsch mit Brägele oder Salat. Die warme Küche bleibt vor allem eine Beilage zur großartigen Lage. Bei gelassener Grundstimmung und verträglichen Gästen ein Platz zum Überhocken – wie man in Basel so schön sagt, wenn es mal wieder später wird.

Ochsen (Fam. Marx), 79576 Weil-Ötlingen, Dorfstraße 82, Tel. 07621-62 228. RT: Do und Fr; Gästezimmer im Gästehaus nebenan, einige mit Balkon und Sicht. **Preise**: günstig. ♣ Begnadete Panoramaterrasse.

CAFE INKA – Ötlingen. Der Name des Hauses erinnert an die Tapeten mit Szenen aus dem alten Peru. Die wurden 1819 in Paris für den ehemaligen Wirtshaussaal gefertigt. 1988 wiederentdeckt, restauriert und am ursprünglichen Platz installiert, bildet das Panorama nun den außergewöhnlichen Rahmen für ein besonderes Tagescafé. Stilsicher renovierte Wirtsräume mit einer Holzlaube und einem rustikalen Innenhof, der zum Gasthof wurde, frei von Betonformsteinen, Plastikstühlen und Dreschflegelromantik. In der Summe ein Ensemble, das von innen raus stimmt (nur die Akustik innen stört bei vollem Betrieb).

Auch unter Andrea Brunner, die das schöne Anwesen seit 2012

Pilgerziel für Waienfreunde – *Café Inka in Ötlingen*

bewirtet, wird das Café Inka zur Mittagszeit mitunter fast überrannt, was alte Fragen aufwirft: Warum gibt es nicht mehr solcher Plätze? So schwer kann es doch nicht sein, ein erfolgreiches Konzept anderswo zu etablieren. Im Inka gibt es nicht von allem etwas, sondern eine kleine Karte mit ein paar zeitgemäßen Vespern, manche Damen und Herren kamen und kommen auch wegen der einfachen, aber sorgfältig gemachten vegetarischen Gerichte, wozu auch die hausgemachten Waien und die Kuchen gehören.

Was es im Inka nicht gibt, sind die Irrtümer einer Weltverbesserungskost, also keine Tofuschnitzel an Büßersoße. Die Kartoffel-Spinat-Waie hat Kruste und Biß, der Kartoffelsalat kommt handwarm wie eh und je, und wer hier einen gemischten Salatteller bestellt, bekommt ansprechende Rohkost und keine Grünschnittdeponie.

Die Kuchen im Inka sind allesamt tagesfrisch und sehr gut (kein Außer-Haus-Verkauf). Da und dort kam im Hof etwas Deko im Stile aktueller Landlust hinzu – freilich nur auf den Fenstersimsen, nicht auf dem Teller. In der Summe bleibt der Ort so einzig wie sein Konzept, wozu auch die Gradlinigkeit von Andrea Brunner beiträgt. Hier empfängt keine Traumtänzerin, sondern eine Gastgeberin mit Augenmaß.

Café Inka, 79576 Weil-Ötlingen, Dorfstraße 95. Di bis Sa 12-18 Uhr, RT: So, Mo (abends für Gesellschaften nach Vereinbarung). ♣Stim-

Kleine Formate, hausgemacht – *Cafe Inka, Ötlingen*

miger Freisitz in einem historischen Innenhof und in der geschützten Laube. Tel. 07621-65 387. **Preise:** mittel.

DREILÄNDERBLICK, die Gasträume und der Wintergarten schweben wie eine Gondel über dem Land, die Glasfront am ötlinger Riff sorgt nicht nur für Dreiländerblick, sondern auch für ein Aus-dem-Alltag-Gefühl – und im Sommer ist die Laube offen. Karte, Raumwirkung und Speisen sind ebenfalls dreiländertypisch, will heißen: wir betreten ein typisches Ausflugslokal an einem untypisch hervorragenden Platz. So weit, so gut, so beliebt, vor allem auch bei klassischer Seniorenkundschaft, die schon früh zum Mittagessen geht. Höchstbegabtenkulinarik ist hier nicht gefragt, dafür zeigt etwa eine trinationale „Rouladen-karte" mit Offerten aus drei Ländern, wo es kulinarisch so lang geht. Deutschland ist zum Beispiel mit „Omas Rinderroulade, Kohlrahmgemüse und Semmelknödeln" vertreten, Frankreich mit einer „Burgun-derroulade und „Waldpilzen", die Schweiz mit „Putenroulade und Gemüsenüdeli" oder auch mit „Kalbsvögel, Mischgemüse und Kartoffelstock." Das klingt sehr traditionell und so sind auch Gasträume, Preise, Teller und Gäste. Der Blick ist freilich stets auf der Höhe der Zeit.

Dreiländerblick, 79576 Ötlingen, Langgaß 2, Tel. 07621-62517. RT Di und Mi. **Preise**: mittel.

Tanz im Lavendelfeld

Manchmal wird einem fast schwindlig –
„Entenkreisel" in Eimeldingen.

5 | Wege und Kreisel um Binzen

Markgräflerland ist nicht nur Gutedelland. Zu den gewöhnungsbedürftigen Passagen des Markgräfler Wiiwegli gehört zum Beispiel die Fußgängerbrücke über die A 98 bei Binzen – Weinwanderweg quert Autobahn. Am Unterlauf der Kander, in der Ebene um Eimeldingen und Efringen-Kirchen beschränkt sich die Flurbereinigung nicht nur auf das Rebland. Durch den Bau des zehn Kilometer langen Katzenberg-Bahntunnels war hier jahrelang eine Großbaustelle, am Isteiner Klotz wird Kalkgestein abgebaut und seit jeher ist der Südwestzipfel nicht nur Markgräflerland, sondern auch Basler Hinterland. Landreserve, Schlafplatz für Gastarbeiter, Ladenzeile für Schweizer Einkaufstouristen.

Die Auto-, Möbel- und Eventhäuser fallen da gerne etwas größer aus. Eines bei Binzen erinnert an ein Tempodrom und heißt Wohnpark, das Hotel im Eimeldinger Gewerbegebiet heißt Schlafstadt, das Café Tagtraum, das Restaurant im Locationstil heißt Sichtwerk, es gibt Showküche und Breakout Räume. Eins weiter, im Fischinger Megastore-Bauernladen Fünfschilling wird Rustikalität palettenweise vermarktet.

Am Isteiner Klotz – *Emil Bizer, 1933*

Zwischen Entenkreisel und Binzener Dreispitz ist Boom-town Markgräflerland. Der Morgenstau gehört zu Haltingen wie der Morgenstraich zu Basel. Auf die Frage nach dem Weg zum Café Tagtraum antwortet eine ältere Landfrau: „Beim Entenkreisel Richtung Aldi abbiegen, dann über die Brücke." Beim Entenkreisel Richtung Aldi – klarer läßt sich im neuen Deutschland kein Weg beschreiben.

> *Und wenn de amme Chrützweg stohsch,*
> *und nümme weisch, wo's ane goht,*
> *halt still, und frog di Gwisse z'erst,*
> *‚s cha dütsch, Gottlob, und folg si'm Roth.*

In der Markgräfler Ebene, wo Kreuzwege zu Kreiseln wurden, ist das so eine Sache mit Johann Peter Hebels Ratschlag. Halt mal still am Binzener Dreispitz. Frage Dein Gewissen und fol-ge seinem Rat – bevor Du abbiegst zum Wohnpark mit 20.000 Quadratmeter auf drei Etagen, ins Reich der Möglichkeiten.

Das Markgräflerland ohne Autos: Vor bald einhundert Jahren ging schon einmal eine Modernisierungswelle übers

Alles im Fluß – *in Binzen am Dreispitz*

Land. Der große Markgräfler Maler und Stimmungsversteher
EMIL BIZER (1881 - 1957) komponierte in den 30er Jahren des
letzten Jahrhunderts erste Bahnschranken in seine Bilder.
Schlanke Telegrafenmasten plazierte Bizer noch zaghaft an
den Wegrand. Schäferwagen, Feldwege, Obstgärten, Ochsenkarren und Bauernfrauen mit Kopftüchern bleiben aber bis
zu seinem Tod im Jahr 1957 im Vordergrund der Komposition.
Die letzte Phase des ländlich-bäurischen Markgräflerlandes
hat keiner intensiver als Bizer erfaßt. Automobile, ja selbst
Traktoren bleiben für ihn bis zuletzt kaum malbar.

Heute käme ein Markgräfler Landschaftsmaler am Kreisel
nicht vorbei. Für die gleichzeitige Zunahme von Fliehkraft
und Verhordung gibt es kaum ein besseres Motiv. Der Kreuzweg wird zum Kreisel, Möbelstücke zum Verbrauchsmaterial,
alles im Fluß, vieles im Angebot.

Symptomatisch sind sie alle, die Kreisel von Eimeldingen,
Efringen, Müllheim, Heitersheim und Kirchhofen. In Kirchhofen krönt ein Rebhüttle einen Landstraßenkreisel, in Müllheim wartet an der Bundesstraße ein toskanischer Oliven-

Traubenkreisel – *Efringen, 2012*

baumhügel. Vor der Winzergenossenschaft Schliengen ein Multimedia-Kreisel, mit Reben, Brunnen und Kugelleuchten. In der Efringer Tiefebene ein gutslefarbener Traubenkreisel.

Als Romantikdeponie hat die Provinz eine beachtliche Karriere hinter sich. Das Leben wird funktional aufgeteilt und nach Bedarf ausgelagert. Neben Straßenkreiseln gibt es noch andere Symbolorte. Vorne raus Carport, hinten Kräuterspirale, Biotop und Trampolin. Brauchtumsreste können auf Heimattagen wiederverwertet werden, wo sich Eingeborene als dreschflegelschwingende Sepplhosenträger vorführen lassen. Gekocht wird im Fernsehen, dann riecht es zuhause nicht nach Fisch.

Und was trägt der volksnah sich gebende Bürgermeister zur Eröffnung eines Vereinsfestes? Gerne einen weichgespülten Landhausjanker – ein Janker im Markgräflerland, zu Hebels Zeiten ziemlich gewagt. Egal ob Kürbiswoche oder Weihnachtsmarkt, manchmal kommt einem das Land vor wie ein ganzjähriges Oktoberfest. Und was sagt der alte Adorno zum Verblendungszusammenhang: „Es gibt kein richtiges Leben im falschen."

Kürbisalarm – *Fünfschilling in Fischingen*

All in one in Fischingen: Ein Bauernladen kann doch keine Sünde sein, oder etwa doch? In Fischingen gibt es einen XXL-Bauernladen mit Busparkplatz und Großraumgastronomie. Natürlich gehe ich dort nicht hin, um fein zu essen oder gut zu sitzen. Als Schaufenster in Sachen Konsumverhalten ist die Multifunktionsgaststätte am Ortsrand von Fischingen aber ein ergiebiger Ort.

Skalierung kann auch so gehen: eine ehemalige Straußeneinkehr wird systematisch zu einem Gastropark weiterentwikkelt. Dahinter ein Betrieb, der 90 Hektar Land bewirtschaftet und über 100 Serviceaushilfen koordiniert, zu koordinieren versucht. Direktvermarktung an sechs Tagen in der Woche von 8 bis 22 Uhr, Gastronomie bis 24 Uhr, vom Frühstücksbrunch über die Happy hour bis zum Krimi Dinner mit Live-Performance „Mit Volldampf in den Tod".

Im fabrikhallenhohen Bauernladen steht Plantagenobst in Schüttcontainern, von der Leistungsfähigkeit der heimischen Landwirtschaft zeugen auch hühnereigroße Pflaumen und jene makellosen Äpfel, die in etwa so aussehen, wie sie schmecken, glatt und süßlichmittelgut. Bei Fünfschilling gibt

Schmeck den Süden – *Frizzante in the Box*

es alles für alle, auch zum Mitnehmen: Markgräfler Bauernbrot und Frizzante in der Gitterbox, nimm sechs, zahl fünf.
Auch für Alltagsforscher ist die Tafel reich gedeckt, ein Bau-
ernladen-Supermarkt als Sittenbild.

Und was bleibt? Wer nach Struktur sucht, mag ein paar
große Linien erkennen, die sich zusammenfügen. Das ton-
nenschwere Gerät der Effizienzlandwirtschaft, die Sichtbe-
tonfassade der Ladenhalle, Frizzante in the Box. Schmeck
den Süden.

Nur im Traum erscheint mir, was sein könnte, wenn der
unternehmerische Fokus von der Quantität zur Qualität ver-
lagert würde. Wenn hier ein professionell geführter, womöglich ökologischer Musterhof wäre. Ein Leuchtturm im Stil
der *Hermannsdorfer Landwerkstätten* in Oberbayern oder
von *Gut Mechthildhausen* wird im Markgräflerland ja immer
noch vermißt.

Was fehlt, ist weder Megastraße noch Hofdiscounter, es
fehlt ein Schaufenster des heimischen Qualitätslandbaus
inklusive handwerklicher Weiterverarbeitung in einer ange-

Feigen im November – *vor der Bioland Gärtnerei Hoch-Reinhard*

schlossenen Gastronomie. Ein mehrstufiger Musterbetrieb, der von der Scholle bis zum Teller keine Kompromisse eingeht. Ist das denn so schwer zu begreifen?

Frisches Gemüse und späte Feigen: Landwirtschaft ist ein weites Feld und Fünfschilling ist nicht alles. Auf der fruchtbaren Ebene zwischen Fischingen und Efringen-Kirchen liegen zwei Landwirtschaftsbetriebe mit anderer Struktur. Die Gärtnerei *Hoch-Reinhard* gilt seit Jahren als besonders leistungsfähiger Bioland-Betrieb mit breitem Gemüsesortiment (besonders gute Tomaten !), auch Schnittblumen werden kultiviert, im Frühling wunderschöne Tulpen. Der *Seebodenhof* ist der einzige Hof im Landkreis Lörrach, der seine frische Milch ab Hof im Direktvertrieb anbietet, außerdem gibt es ab Hof auch feines Bauernhofeis.

Ein Beispiel für Klima und Fruchtbarkeit in der äußersten Südwestecke ist die lange Feigenhecke vor der Gewächshausfront der Bioland-Gärtnerei. Hier habe ich noch im November 2014 reife Feigen an Büschen gesehen, die in vollem Laub standen – schmeck den Süden.

Relikt im Weingarten – *bei Fischingen*

Eine Stunde in einer Minute. Das Markgräfler Wiiwegli macht um Fischingen einen größeren Bogen, es verläuft auf halber Höhe und mäßig aussichtsreich in den Reben, die am Fuß des Läufelbergs so aufgeräumt wirken wie die Ebene davor. Keine Steinmauern, kaum Hecken und Winkel, stattdessen lange Rebzeilen, die effektiv bewirtschaftet werden können. Arbeitende sieht man im neuen Weinberg immer seltener – modernes Agrarland ist nicht fußläufig, sondern maschinengängig. Hier holt der Vollernter in einer Stunde soviel Trauben von den Stöcken, wie eine Gruppe Erntehelfer am Tag kaum schafft. Oder so: Maschinenlese kostet allenfalls halb so viel wie Handlese und damit wäre auch klar, wie 2,99 Euroweine gelesen werden *müssen*, weshalb eine selektive Handlese damit nicht konkurrieren kann – und nicht will.

Wachsen oder weichen: Inmitten der arrondierten Lagen um Fischingen wirkt das „Rebhaus zum Alpenblick" wie ein Nostalgiesymbol. Es will uns sagen, die Rebberge sind nicht nur Ertragslandschaft, sondern auch Besinnungsraum – zumindest für jene, die nicht vom Ertrag leben müssen. Für den

Bei Efringen – *Maschinenlese und Baselblick*

Winzer gilt der Markt und deshalb paßt das optimierte Bild
der Rebflur um Fischingen auch gut zur nahen Bezirkskellerei
Markgräflerland in Efringen-Kirchen.

Der größte Erzeugerbetrieb des Markgräflerlands präsentiert seine Edelstahltanks selbstbewußt unmittelbar neben
der Bundesstraße hinter einer Glasfront. Will heißen: schaut
her ihr Heckenwinzer, so sieht Zukunft aus. Es heißt zwar
immer noch Kellerei, aber mit der Ruhe, die im Wort ‚Weinkeller' anklingt, ist es im Weinmarkt längst vorbei. Manche
Großkellerei könnte auch Pumperei heißen. Und natürlich
gilt auch für den genossenschaftlichen Weinbau die Regel vom
„Wachsen oder Weichen". Was die Genossenschaften angeht,
ging Efringen voran, die Mitte fusioniert hinterher, der Rest
wird verschwinden.

Während manche Dorfgenossenschaft im Markgräflerland
ums Überleben kämpfte, konnte die Kapazität der Efringer
Kellerei von 1,2 Millionen Liter im Gründungsjahr 1954 auf
20 Millionen Liter erhöht werden. Dank aktivem Marketing
und einer vergleichsweise guter Erlössituation garantiert die

Aus der Zeit – *Ruheplatz am Wiiwegli bei Fischingen*

Efringer Genossenschaft ihren Mitgliedern ein Traubengeld, das ein Kirchturm-Winzerverein nicht bieten kann. Bei Auszahlungspreisen um die 10.000 Euro je Hektar werkeln Feierabendwinzer mit einem halben Hektar geerbter Reben eher aus Spaß an der Freud. Wer vom Weinbau leben will, braucht eine Mindestgröße, wer die nicht hat, muß Land zukaufen oder dazupachten. Also verschwindet das Kleinflächenmosaik der Nebenerwerbler wie der Feierabenddialog am Rebmäuerle und zwischen den Rebzeilen hört man osteuropäische Sprachen öfter als heimischen Dialekt. Manchmal sagt auch eine Bank am Wegrand mehr als tausend Worte. Am Ruheplatz oberhalb von Fischingen mag der eine oder andere Wanderer vespern, ein paar Verliebte haben ihre Stimmung in die Lößwand hinter der krummen Bank gekratzt. Dem Weingärtner bleibt für so was keine Zeit.

Gemütlich, konventionell – *Rebstock, Egringen*

Adressen und Hinweise

Touren: Die Kreisstraße Egringen-Fischingen erschließt Ausgangspunkte für eine Runde am Läufelberg. Vom straßennahen Wasserbehälter zunächst hoch zum Wanderwegkreuz Reinackerweg, 321 m. Von dort Möglichkeiten, nicht nur auf dem Markgräfler Wiiwegle, sondern in alle Richtungen. Ab Reinackerweg: Fischingen 1,8 km, Egringen 1,2 km, Läufelberg nur 400 m.

REBSTOCK – Efringen-Kirchen, Egringen: ein konventioneller Landgasthof mit ebensolcher Karte, die – wie oft im Grenzland – auch die Schweizer Kundschaft im Auge hat. Also gibt es Egli, Rahmschnitzel und Zürcher Geschnetzeltes mit Rösti. Zur Saison auch Gänse, Wild und Spargel, wochentags preiswerter Mittagstisch. Ortswinzer Brenneisen baut seine Weine im hauseigenen Holzfaßkeller aus und vermarktet sie mit Understatement als Tafelwein. ♣ Wintergarten und ein kleines, stimmungsvolles Gartenabteil unter der Kastanie, 79588 Egringen bei Efringen-Kirchen, Kanderner Straße 21, RT: Mo, Di. Tel. 07628-90370; Gästezimmer im eigenen Hoteltrakt.

- Weberei und Imkerei: Eine rare Kombination – Bärbel Baumgartner produziert und präsentiert in ihrem Atelier handgewebte Stoffe, Tücher, Schals. „Imme" heißt Franz Blenders Fachgeschäft für Imkereibedarf, für Interessierte (viele aus CH) eine Referenzadresse. Genug Zeit mitbringen. Egringen, Schreinergasse 8, Tel. 07628-8004 48.

Ortstermin in Efringen-Kirchen

Auf dem Rathausplatz langweilen sich Oleander
auf Betonpflaster, in Hinterhöfen gedeiht privates Glück.

6 | Zwei Gesichter von Efringen-Kirchen

Efringen-Kirchen trägt seinen Doppelnamen zurecht. Die Gemeinde wird von Landstraßen und Bahnlinie getrennt und manches hat hier zwei Gesichter, mindestens. Wer vom Bahnhof die Hauptstraße in Richtung neuer Ortsmitte und Rathaus geht, erreicht bald einen dieser Landesfördermittel-Plätze mit Alibiskulptur und Flachwasserzone – öffentlicher Raum wie aus dem Katalog möbliert. Auch die unvermeidlichen Pflanzenkübel sind wieder da, also langweilen sich Oleander und Palme bis zum Eintritt der ersten Nachtfröste. Dann wird das Wasser aus der beleuchteten Zentralpfütze abgelassen und die frühe Dämmerung senkt sich gnädig über das städtebauliche Ich-weiß-nicht-was-soll-es-bedeuten. Nur nicht am Freitagvormittag bis 13 Uhr, dann ist Markt.

Ein paar hundert Meter weiter, im Kirchener Gewinkel zwischen Gässle, Bergrain und Auf der Pfalz sieht alles ganz anders aus. Keine migrierten Palmen, sondern blühende Hausgärten und liebevoll gestaltete Hinterhöfe. Ein alter Dorfkern wie ein lebender Organismus oder Bürgerlichkeit im Glückswinkel. Die Dinge wachsen, ranken und durchdringen sich. Es wird gewerkelt, Ateliers haben eine Nische gefunden, die ganzheitliche Therapie wird gepflegt. Efringen-Kirchen hat mindestens zwei Gesichter,

Ein Angebot – *die Bank vor dem Haus*

Lob der Hausbank: Da und dort steht im alten Kirchen auch noch eine anständige Hausbank vor dem Eingang, was immer ein Zeichen ist. Eine einladende Hausbank, kein Wackerstein, auf dem Welcome steht. Kein Bewegungsmelder, sondern eine Bank, auf der man sitzen und reden kann, ohne einen Termin zu vereinbaren. Eine Bank, auf der man sich die Schuhe binden kann, auf der das Wort Feierabend Platz hat. Ein Angebot.

Bei den Hedonistenkisten, die mehr nach modularer Lebensplanung als nach Lebenskunst aussehen, steht keine Bank vor dem Haus. Dafür gibt es eine Türkamera und ein ferngesteuertes Garagentor. Viele dieser „Sie-haben-Ihr-Ziel-erreicht-Häuser" machen zur Straßenseite die Schotten dicht. Sie stehen mit dem Rücken zur Gemeinde und zeigen damit, daß sie mit ihrer Umgebung nichts zu tun haben wollen. Eine Hausbank zeigt auch was, sie ist eine ausgestreckte Hand.

Leben zwischen Biotop und Autobahn. Das aufstrebende Efringen-Kirchen ist mit seinen großen Gewerbeflächen keine Rebland-Idylle – wer die will, besuche das ländliche Blansin-

Oleanderkübel an Flachwasserzone – *Rathausplatz, Efringen-Kirchen*

gen, das alte Istein, oder einen anderen der acht eingemein-
deten Ortsteile rundum. Dafür ist in Efringen-Kirchen der
weite Formenschatz eines Siedlungsraumes zu sehen, der zur
Transitzone geworden ist. Die Autobahn und der schweizer
Arbeitsmarkt sind nah. Heitere Kleingärten im Wechsel mit
dressierten Vorgärten, beseelte Wohnhäuser und zugeknöpfte
Neubauten, deren Eingänge an eine Isolierstation erinnern.
Eine Hausbank auf Rheinwacken und ein Rathausplatz aus
Betonpflaster wären Pole auf einer etwas unkonventionellen
Ortsrunde. Nur fünf Gehminuten liegen zwischen den alten
Markgräfler Winkeln ‚Auf der Pfalz' und dem neuen Raumge-
fühl vor der Ortsverwaltung. Und eine Einkehr, in der sich die
Dinge setzen können, gäbe es auch noch.

Ein Hafen auf dem Lande: Der wiederbelebte ANKER wäre
das rare Exemplar einer stattlichen Dorfgaststätte, die nach
freundlicher Übernahme zu einem Treffpunkt für alle wurde.
Bewirten statt Künsteln, könnte ein Hausmotto sein. Differen-
zierte Kulinarik sollte keiner erwarten, aber nach einer kleinen
Ortsbegehung hier einkehren, wäre keine schlechte Idee. Der

Schlicht elegant – *der Anker in Efringen-Kirchen*

Anker bietet klare Gasträume, deren französische Türen sich
zu einer halbrunden Terrasse öffnen. Von der aus betrachtet,
erscheint die Doppelgemeinde Efringen-Kirchen wie ein Dorf.
Und dann sitzt wenig später ein Paar am Kachelofentisch und
er sagt zu ihr: „Ich sag' nur ZDF. Zahlen, Daten. Fakten." Also
doch, das Dorf als Transitraum.

Themenpfad Gewerbegebiet: Die verschiedenen Gesichter von Efringen-Kirchen lassen sich auch auf einer Schleife
durch das Gewerbegebiet erkunden. Einerseits sicher keine
Schwarzwaldvereinsoptik, andererseits sind Gewerbegebiete
auch nichts anderes als Themenwege.

Im Efringer Gewerbegebiet residiert zum Beispiel ein Er-
zeugergroßmarkt (*ergro*), der darauf achtet, daß unsere heimischen Früchte möglichst groß und hart im SB-Regal ankommen. Pflückreife und Genußreife sind eben zweierlei. Wir werden der Wirkung von Handelsklassen auf das Landschaftsbild
im Markgräflerland noch öfter begegnen, etwa am Römerweg
zwischen Huttinger Kreuz und Bamlach oder im Eggener Tal
bei Schliengen, wo nun Spaliere stehen, wo früher Obstwiesen

Im Ruhestand – *die lange Holzleiter*

waren. Die lange Leiter in der Kirschbaumkrone ist ein seltenes Bild geworden, sie hängt allenfalls noch auf dem Altenteil. Wer jemals auch nur einen Kirschriesen mit der Hand am Arm abgeerntet hat, ahnt, warum die Obstbäume nicht mehr in den Himmel wachsen – und mit der neuen Hüfte steht auch niemand auf die alte Leiter.

Zu den Sehenswürdigkeiten im Gewerbegebiet zählt auch das Granit- und Natursteinwerk STÄCHELIN. Ein Veredelungsspezialist, auf dessen Homepage es heißt: „Wir bieten eine Auswahl von über 300 edelsten Natursteinen wie zum Beispiel Azul Bahia, Azul Macauba, Azul Imperial, Macauba Gold, Star Galaxy, Star Gate, Giallo Shivakashi, White and Gold und viele andere mehr." Die Ausstellungsfläche zum Thema Arbeiten, Wohnen und Repräsentieren mit Stein beträgt über 2000 Quadratmeter. Nur am Rande sei erwähnt, daß es kanderaufwärts bei Malsburg rotschimmernden Granit gibt und daß die Kalksteine vom Isteiner Klotz noch heute manchen Weinberg stützen. (Ausstellung werktags bis 17 Uhr, Sa bis 14 Uhr).

Schließlich wäre noch das Sortiment bei SCHACHENMEIER zu erwähnen. Das fast verschwundene Wort „Werkmarkt"

Eine Dorfwirtschaft im 3. Jahrtausend – *Anker in Efringen-Kirchen*

steht an der Fassade im Gewerbegebiet Breitenstein (beim Traubengutslekreisel) und fürs freie Werken in Haus, Hof und Garten gibt es hier wirklich schöne Sachen. Eisenwaren kurz und lang, Handwerkszeug und Maschinen, Hilfsstoffe und Kleinteile. In bestimmten Fachgeschäften sollten Männer ihre Frauen nicht beim Einkaufen behindern, beim Werkmarkt Schachenmeier ist es ähnlich, nur andersrum. Unkorrekter Satz, ich weiß. Stimmt aber trotzdem.

Adressen und Hinweise

Touren: Eine Runde durch Efringen-Kirchen, etwa vom Bahnhof aus die Hauptstraße abwärts nach Kirchen, erschließt neue Mitte und alte Winkel, am Rande wird sogar das Gewerbegebiet zum Themenpfad (vgl. oben). Wem das etwas viel an Perspektivwechsel ist, der könnte auch einfach eine fünf Kilometer Runde durch die Weinberge am Efringer Ölberg drehen. Der Panoramaweg hoch zum Huttinger Kreuz garantiert Rheintalsicht und Distanz zum Alltag.

- Panoramaweg Schafberg, Efringen. Start beim Bahnhof, knapp 4 km, 110 Höhenmeter, unterwegs Infotafeln zu regionalen Themen vom ökologischen Weinbau bis zur Rheinregulierung unter Tulla, aber keine zur aktuellen Auskiesung und Tieferlegung der Rheinauen. Wegweiser an der Strecke: Am Tannenrain, Überm Kalkwerk, 387 m.

ANKER in Kirchen: Stattliche Dorfgaststätte, die zum beliebten Treffpunkt wurde. Wobei der Anker seit jeher eine Institution war, alte Gäste erinnern sich noch an den seidenmatten, in Jahrzehnten aufgehauchten Nikotinglanz der Wände. Die sind nun weiß gestrichen, die hohen und luftigen Räume wurden aufgefrischt, aber nicht verhunzt. Eine Wirtschaft für alle, mitsamt einer im Markgräflerland selten offenen und großzügigen Raumwirkung, was leider auch zu lauter Akustik führt. Auch die gut gemeinte, aber wirklich einfach praktizierte Küche sorgt für Behaglichkeitswerte im rustikalen Bereich.

Jeden Montag und Dienstag gibt es Waien nach Anker-Art, mehr hoch als dünn; die frischen Salate aus dem Anbau der Fischinger Bio Gärtnerei von Yogi Hoch-Reinhard – der auch Miteigentümer des Anker ist – sind soweit ganz gut. Kurz Gebratenes wie Steak, Cordon Bleu gelingen, Pasta und andere mediterrane Positionen der Karte werden sehr deutsch zubereitet, eine Bolognese erinnerte mich an Miracoli-Zeiten. Wer gastronomische Grundsicherung erwartet, wird aber nicht enttäuscht. Schöne Weinauswahl.

Anker, Basler Straße 48, 79588 Efringen-Kirchen, Tel. 7628-8001175, **Preise**: günstig-mittel. ♣ Terrasse; Mo bis Sa 17 bis 24 Uhr, So 11 bis 24 Uhr, warme Küche bis gegen 22 Uhr.

WALSERS Landhotel & Restaurant – Efringen-Kirchen: vom ehemaligen „Bahnhöfle" zum zeitgenössischen Gasthaus – der Speiseraum wurde modern und luftig möbliert, anschließend ein etwas nüchtern verglaster Wintergarten und die Terrasse zum Bahnhofsplatz. Links vom Eingang der kleinere Tresen- und Schankraum mit etwas mehr Holz und Lokalkolorit und einen Gewölbekeller gibt es auch noch.

Das aufmerksame Betriebssystem zeigt, daß die Gastgeber ihr Metier beherrschen, man fühlt sich auf Anhieb umsorgt. Bemerkenswert auch, daß hier eine reformierte Gastronomie ohne Folklore- und Pfännleplunder praktiziert wird. Wer also auf eine Gedenkstätte verzichten kann und stattdessen die mehrheits- und leistungsfähige Mitte sucht, wird hier fündig, auch weil es im äußersten Südwesten wenig Alternativen zu so einem Programm gibt. Die Karte vereint mediterrane und markgräfler Elemente – ein Fusionsstil, der die Bedürfnisse von Gästen trifft, die zu Antipasti, Basmati & Brägele ein unverkrampftes Verhältnis

Anschluß gefunden – *das Bahnhöfle wurde Walsers Landhotel*

haben. Traditionelles wie Holzofenbrot, Schäufele oder ein bemerkenswert guter Kartoffelsalat wird aber auch gepflegt, über mittag eine
Tageskarte, stets auch Fischgerichte, freitags Barbecue. Obligatorisch in
Grenznähe die Verneigungen vor Schweizer Wünschen – Cordon bleu
ist gesetzt und es ist gut wie es ist. Wie zu erwarten, ist die Werktreue
bei solcher Spannweite nicht maximal, aber voll befriedigend. Somit
bietet Walsers Landhotel Optionen vom unkompliziert ablaufenden
Zwecksessen bis zur Abendeinkehr. In Efringen ohne Alternative.

Walsers Landhotel & Restaurant, Bahnhofstraße 34, 79588 Efringen-Kirchen, Tel. 07628-8055244, www.walsers-hotel.de. ♣ Wintergarten und Terrasse. Restaurant-RT: Mi-mittag. Sieben moderne
Gästezimmer und eine Suite im Haus; weitere Zimmer in einem neuen
Gästehaus mit Tagungsraum. **Preise**: mittel-gehoben.

Vom richtigen Zeitpunkt

Nur in den Morgenkirschen
ist die Kühle der Nacht gespeichert.

7 | Farbe und Duft – Römerstraße und Weinweg

Vom Isteiner Klotz bis Bad Bellingen reichen die Markgräfler Vorberge weit an den Rhein. Sie bilden einen fruchtbaren Höhenrücken mit Obstplantagen und Golfbahnen, dazwischen liegen locker gestreut Aussiedlerhöfe. Eine alte Römerstraße führt oberhalb von Blansingen besonders blickreich über den grünen Balkon zwischen Rheintal und Südschwarzwald.

Neben der Römerstraße erschließt ein Netz von Betonpisten und Feldwegen dieses etwas andere Markgräflerland. Kein Ballungsgebiet nirgends, zwei, drei Dörfer liegen im Schutz einer Senke, dazwischen Raum zum Abschweifen – nicht nur zu Fuß, sondern auch mit dem Rad oder als kleine Autowanderung wäre die Tour eine Option. Hätte das Markgräflerland einen Mittleren Westen, er wäre hier. Abseits von Römerstraße und markgräfler Wiiwegli sind die Wege aber eher abwechslungsarm, im Hochsommer verschwinden ganze Partien hinter meterhohen, blickdichten Maisvorhängen. Für Landschaftsästheten also keine Königsetappe. Undogmatische Rumtreiber finden hier aber ein Stück Markgräflerland, das einem Platz läßt.

Kirschen satt: Während der acht Kirschwochen ab Anfang Juni gibt es wohl keine zweite Region im Land, in der die Früchte

Wachstum unter der Haube – *Hagelschutznetze bei Blansingen*

dermaßen mundgerecht wachsen. Fruchtschwer hängen die Äste in Greifhöhe, man entkommt ihnen nicht. Dennoch sind sichtbare Eigentumsverhältnisse zu respektieren, kollektiver Mundraub kann schnell zur Landplage werden. Gegen ein, zwei Hände voll Wegzehrung wird niemand etwas haben, zumal ältere Einzelbäume und Hochstämme oft nicht mehr abgeerntet werden.

Die nicht eingezäunten, offenen Halbstammanlagen liefern meist Industriekirschen für Saft oder Marmelade, sie werden nicht gepflückt, sondern maschinell geschüttelt. Bei den Tafelkirschen setzen professionelle Erzeuger mehr und mehr auf umzäunte Anlagen, die von mobilen Dächern oder Netzen geschützt werden. Zum Schutz vor Fruchtfliegen und Hagel, aber auch zur Reifesteuerung oder gegen Sonnenbrand werden dann die Vorhänge zugezogen. Neue Züchtungen mit niederen Stämmen, kleinen Kronen und großen Früchten – vom Kaliber 28 Millimeter plus – sind gefragt, sie bringen Erlöse um die 5 Euro je Kilo – und damit mehr als Weintrauben. Viele Jumbofrüchte reagieren in der Reifephase aber besonders empfindlich auf Platzregen. So gehört die überdachte

Drei Namen als Programm – *Wegweiser bei Bad Bellingen*

Kirschkultur auch im Markgräflerland nach und nach zum Landschaftsbild (siehe auch Obereggenen, S. 155ff).

Kirschzeit hieß früher Einsatz aller verfügbaren Arbeitskraft, die Erntephase war mühsam und personalintensiv, wer zwei freie Hände hatte, war dabei. „Ich komm' vorbei, aber erst nach den Kirschen", heißt es noch heute unter Obstbauern, wenn es um Nachbarschaftshilfe geht.

An einem heißen Sommertag schmecken Süßkirschen ganz in der Frühe am besten, direkt vom Ast weg – hat mir jedenfalls ein älterer Markgräfler Landbewohner erzählt. Weil in der Morgenkirsche noch die Kühle der Nacht gespeichert sei. Wer zeitig über die Höhen zwischen Huttingen und Bellingen streift, kann dem nachgehen.

Riesengarnelen im Maisrand: In der Weite oberhalb von Bad Bellingen begegne ich auf einer Tour zur Kirschenzeit gerade noch einem einzigen erwachsenen Mann, der auf der Leiter steht – vor einem Aussiedlerhof, der Kirschenhof heißt. Das Wiiwegli führt dort unmittelbar vorbei, auch am kleinen Hof-Verkaufsstand mit vollreifen Kirschen frisch vom Baum.

Unscheinbar, aber betörend – *Rebblüte Mitte Juni*

Die drei Liegenschaften auf dem freien Feld oberhalb von Bellingen heißen wie sie liegen: der Kirschenhof umringt von Kirschbäumen, der Pappelhof von schlanken Pappelsäulen, oben am Berg dann der Berghof. Verborgen hinter einem dunklen Nadelbaumvorhang eine Gaststätte in Insellage: panoramaweiter Blick von den gestuften Garten- und Wintergartenterrassen. Viele Schweizer Gäste scheinen das konservativ-statische Programm zu schätzen – das Umland verändert sich mit den Jahreszeiten mehr als die Karte. Gänseleberterrine, Riesengarnelen und Cordon Bleu sind gesetzt, die Service ist, wie er ist. „Lage, Lage, Lage", sagt der Makler dazu.

Das weite Feld zwischen Huttingen und Bamlach ist aber nicht nur Kirschenland, auch Himbeer-, Brombeer- und Stachelbeeranlagen, groß wie Fußballfelder sind zu sehen. Aber was heißt heute schon groß, andernorts würde man sagen, klein wie Fußballfelder. Beerenfrüchte gehören auch bei der Erzeugergenossenschaft in Efringen-Kirchen mit zum wichtigsten Marktsegment. Ihr Anteil am Gesamtumsatz beträgt mittlerweile fast 30 Prozent (Zwetschgen 27,5 %, Kernobst 19 %, Kirschen 15 %).

Kleine Fluchten am Samstagmorgen – *hoch zum Reben spritzen*

Nicht mit den Kirschen, sondern erst mit den roten Johannisbeeren beginnt mein persönlicher Hochsommer. Jedes Jahr Ende Juli hat meine Mutter einen Geburtstagskuchen gebacken: Johannisbeerkuchen, mit rehbraunem Eischaum-Haselnuß-Guß. Solange es ging, hat Mutter alles gut gemacht. Nicht nur Johannisbeerkuchen.

Duft & Brise: Beim gleichmäßigen Gehen kommen solche Erinnerungen von früher öfter mal hoch, auch Riecherinnerungen sind dann plötzlich wieder da wie ein Flash. Der Duft von Brennesseln in der Sonne, auf denen die spitz behaarten Raupen von Tagpfauenaugen fressen. Ein scharfer Sommergeruch, dreißig Jahre nicht in der Nase, dann plötzlich wieder da.

In den Reben sorgen ab Mitte Juni die unscheinbar blühenden Gescheine für einen süßlichen Duft, der an die Lindenblüte erinnert, nur feiner. Allein der noble Duft der Rebblüte wäre ein Grund für eine Tour durch die Weinberge. Allerdings wird während der abgehenden Blüte auch gespritzt, und die Windfracht einer Rebspritze duftet ganz anders.

„Weihrauch der Erde" – *René Schickele über das Heu*

Anarchie & Selbstbewußtsein: „Hinterm Schweinestall gilt kein Gesetz, hinterm Silo gibt's keinen Gott" – heißt es weiter draußen auf dem Land, wo die EU nichts mehr zu sagen hat. Etwas anarchisch Selbstbewußtes hat auch manches Bild am Weinweg: Wenn die Samstagmorgen-Nebenerwerbswinzer mit dem Spritzenfaß in die Reben fahren und der alte Eicher nagelt so heftig wie ein Dachdecker vor dem Gewitter. Oder die alten, schon hüftsteifen Haudegen, wie sie durch die Reben rumpeln, ihren Dieselkombi im Schatten eines Nußbaumes ausrollen lassen und dann erst mal auf der Ladekante sitzen bleiben und eine rauchen. Wie mancher in der Baumkrone steht, weit oben, wo es keine Berufsgenossenschaft mehr gibt.

Von der Heubrise zur Jauchefahne: Mit dem Aufkommen der Mais- und Biomasse-Industrie hat die Heuernte in der Ebene an Bedeutung verloren – die Heubrise gehört nicht mehr zum Duft des Frühsommers. „Ihr Duft, Weihrauch der Erde", schrieb René Schickele über die hoch beladenen Heuwägen der Vorkriegszeit. Moderne Hochdruckpressen produzieren

Biomasse im Zwischenlager – *Silageballen*

Rundballen, keinen Weihrauch der Erde.

Die Geschichte vom Heuduft zur Jauchfahne geht so: Bei intensiver, „landloser" Tierhaltung in strohfreien Ställen fällt Schwemmmist an. Der wird in Güllebecken gesammelt und dann ausgebracht. Durch die Düngung mit Flüssigmist wird Grünland zwar zur Gülle-Verrieselungsfläche, die Biomasse-Erträge steigen aber. Fett gedüngte Wiesen wachsen schneller und sie können früher gemäht werden. Eine frühe Mahd überleben aber nur jene Gräser und Pflanzen, die den Dünger gut nutzen, schnell wachsen, früh blühen und schon vor dem ersten Schnitt Samen bringen.

Früher Schnitt und intensive Düngung führen zu einer Verarmung der Wiesen. Aus gemischten Blumenwiesen wurden starkwüchsige Grasbestände, durchsetzt mit Löwenzahn und Hahnenfuß. Im Mai, wenn die Wiesen in der Ebene zum ersten Mal geschnitten werden, regnet es oft und die Nächte sind noch taufeucht, selten kann das Gras auf der Wiese durchtrocknen. Also läßt man es nur noch anwelken und macht Silage, die wird zu Rundballen gepreßt, mit Folie balliert und direkt am Feldrand oder nahe beim Stall gelagert.

Mehr als ein Kickplatz – *Sportplatz Huttingen*

Wie ein Zwischenlager sehen die Batterien von Silageballen in der freien Natur auch aus.

Wo große Grünlandflächen maschinell bewirtschaftet werden können, geht man zur Silagebereitung und Stallfütterung über – keine Heubrise, weiße Ballen. Der Viehbestand kann bei Stallhaltung erhöht werden, aber nicht nur. Eine Kuh, die nicht auf der Weide steht, sondern Silage und Kraftfutter maulgerecht serviert bekommt, bringt schneller Biomasse und sie scheidet mehr aus. Also mehr Mist, grünere Wiesen, mehr Ballen.

Fußball, Bulldog und Rüblikuchen: Auf dem weiten Land zwischen Blansingen, Welmlingen und Huttingen ist keines dieser 111 Ziele, die man vor dem Abtreten gesehen haben muß. Man kann hier manches, muß aber nichts. Man könnte am himmlisch gelegenen Kickplatz oberhalb von Huttingen ein Bier nehmen, in Blansingen im *Bio-Sonnenhof* an einem Flammkuchen knabbern, oder unten in Welmlingen am Brunnen sitzen. Unter der Linde vor dem Milchhäusle – einfach so.

Anläßlich des alljährlichen Treffens der Bulldogfreunde

Eine von 80 – *Rüblitorte auf dem Bulldog-Treffen in Welmlingen*

wäre der alte Ortskern von Welmlingen sogar ein Ziel für Volkskundler. Am ersten Oktoberwochenende ist das ganze Dorf auf den Beinen, dann kommen fast 300 Traktoristen, die ihr Gerät übers ganze Dorf verteilt präsentieren und gut 3000 Besucher zum Staunen. Die Frauen vom Dorf backen 80 Kuchen, es riecht nach Gulaschsuppe, Schweinsbrägel und Diesel. Man hockt und glüht vor. Markgräflerland ohne Filter.

Distinktion in Blansingen: Auch Blansingen wäre eine Dorfrunde wert, mit und ohne Einkehr. Schon die Dimension der Torbögen und Scheunen zwischen Alemannenstraße und Gänsmattenweg ist beachtlich, mancher Hof im Oberdorf wurde sorgfältig restauriert. In einem Innenhof oben in der Alemannenstraße steht ein Aprikosenbaum, was ja auch ein Zeichen ist. Wo ein Aprikosenbaum gedeiht, können keine schlechten Leute wohnen; was man von einer Blaufichte nicht unbedingt sagen kann.

Blansingen liegt etwas abseits, nicht unbedingt splendid Isolation, aber doch beachtlich in die Provinz gebettet. Das Dorf scheint sich zu genügen, es strahlt eine in sich ruhende

Weg frei – *am Isteiner Klotz*

Zufriedenheit aus, nichts wirkt für den Tagestouristen herausgeputzt. Die Bundesstraße verläuft landeinwärts. Laßt sie doch einfach fahren, mag man sich in Blansingen denken.

Eine Kontrasteinkehr zur Markgräfler Brägelekultur wäre in Blansingen auch noch möglich, in der *Traube* kann man teuer und à la mode de Michelin speisen. Mit Prä-Vorspeise, Pré-Dessert und bedeutender Geste beim Einsetzen der Teller. Ja, es gibt ihn noch, den „leicht geräucherter Wandersaibling mit Imperialkaviar, Blumenkohlstampf und Nußbutter" – zu 35 Euro. Das 6-Gang-Menü wertet in Blansingen 135 Euro, für Basler Gäste mag das preiswert sein. Der deutsche Werktätige mag sich daran trösten, daß es Alternativen zu sautierter Jakobsmuschel mit geröstetem Blumenkohl und Schwarzwurst gibt. Etwa einen Akkord von Blut- und Leberwurst an geschmelzter Zwiebel und sautiertem Weißkraut, auch als

Schlachtplatte bekannt. Distinktionsküche hin oder her, einen stimmungsvolleren Wirtsgarten und gepflegtere Gästezimmer als in der Traube wird man im Umkreis von Blansingen kaum finden.

Adressen und Hinweise

Touren und Müßiggang: Naturnahe Abschnitte, die zum besinnlichen Gehen animieren, gibt es auf dem Höhenrücken, der von Huttingen über Blansingen bis nach Bad Bellingen und Schliengen reicht. Man kann hier manches, muß aber nichts. Man könnte über einsame Feld-, Wald- und Wiesenwegen radeln, oder einen lieben Tag lang den Obstalleen auf der Höhe folgen.

- **Wegkreuz am Sportplatz Huttingen** (auf 382 m), von hier auch Abstecher zum 1,6 Kilometer nahen Isteiner Klotz möglich, dort Aussicht, aber leider auch lästiger Dauerbrumm von der A 5.

Immer an der Kante lang – *Markgräfler Weinweg bei Kleinkems*

- Bei Blansingen: Ein weiterer Ausgangspunkt oberhalb von Blansingen wäre das Wanderwegkreuz und die Parkbucht direkt am Römischen Hof (Wanderwegweiser, 391 m). Eine aussichtsreiche Schleife führt rüber nach Huttingen (5 km). Weitere Ziele ab Römischer Hof: Isteiner Klotz 6 km, Kapelle Maria Hügel 4 km, Bellingen 5,5 km, zum Wegweiser Römerstraße 0,6 km (hier Zugang zum Wiiwegli).

- Auf dem Höhenrücken zwischen Bellingen und Isteiner Klotz, verläuft die Route des Markgräfler Weinwegs teils an der steilen Westkante, direkt über Rheintal und Autobahn, was häufig für gute Aussicht sorgt, aber auch für Blick auf die Autobahn.

Am Weg einkehren: Mit naheliegenden, womöglich noch besonders stimmungsvollen Einkehren ist die Landpartie längs der Römerstraße bei Blansingen weniger gesegnet als mit Wegen. Es bleibt wenig anderes, als es in einem der letzten, aber recht beliebigen Dorfgasthöfe zu versuchen.

RÖMISCHER HOF – Blansingen. Die historische Hofstelle, 1744 erbaut als Brödlin-Hof, galt lange Zeit als landwirtschaftliches Mustergut. Bis heute beeindruckt das Anwesen allein schon wegen der imposanten Größe des Innenhofs, auch die Dimension der Einfahrten, Torbögen und Sandsteinlaibungen spricht für sich. An so einem Platz könnte die Pflichteinkehr sein. Betonsteinpflaster und recht antiquierte Anmutung des Anwesens relativieren dann manches. Das Angebot ist rustikal-einfach, die niedere Stube mit Holzbalkendecke und Interieur

Bioinsel, Flammkuchenziel *– Sonnenhof bei Blansingen*

aus der Adenauerzeit genügt freilich zum Auftanken und urig Vespern während einer Streckenwanderung. Drinnen erinnern historische Bilder an die Würde der Liegenschaft am Römerweg. Während einer Nachmittagsbummelei am Wochenende sicher ein möglicher Platz. Genußradler und Autowanderer sehen es ähnlich. Der Römische Hof liegt strategisch, es ist schwer, hier ohne weiteres vorbeizukommen. Derzeit geöffnet Fr bis So ab 11 Uhr, Tel. 07628-1305.

SONNENHOF – Blansingen. Am stillen Ortsrand von Blansingen liegt ein Aussiedlerhof in Südhanglage. Auf den ersten Blick ein funktionaler Neubau, der sich aber nach und nach zu einem gastlichen und erstaunlich vielseitigen Biolandbetrieb wandelt: Hofladen, sonnige Caféterrasse, kleine, etwas improvisiert wirkende Gasträume. Manches wirkt hier recht selbstgestrickt, aber das ist wohl Programm. Die Haltung der freundlichen Sonnenhof-Gastgeberfamilie Kirchhofer ist jedenfalls bemerkenswert. Vom Acker auf den Teller ist hier kein Spruch, sondern nachvollziehbare Praxis. Hühner, Laufenten und Gänse haben zwei Hektar Grünland. Obst und Gemüse wachsen auf dem eigenen Feld gleich vor der Hoftür, die Gastgeber sind engagiert und um den Gast bemüht.

Die hausgemachten Waien und dünnen Flammkuchen aus dem Steinofen sind eine Wucht, es gibt saisonale Gemüseteller, beetfrische Salate, kleine Vesper, große (Schlacht-)Platten und dann noch zwei Ferienwohnungen obendrauf – eben alles, was ein Hof so hergibt.

Somit wäre der Sonnenhof nicht nur Einkehr, sondern auch ein Zeugnis für eine Landwirtschaft, die nicht weiter in die Fläche geht. Nicht Subvention, sondern Wertschöpfung heißt das Sonnenhof-Programm, das durch Veredlung und Selbstvermarktung erreicht wird.

So ähnlich hat man das öfter gehört, aber hier macht es eine Familie und sie macht es gut. Und alles ergab sich ohne den goldenen Löffel eines Traditionshofes, was einen dann schon wieder ins Grübeln bringt. Was könnte auf manchem altersmürben Hof des Markgräflerlandes für ein Musterbetrieb erblühen, was könnte mit manchem Keller geschehen, in dem die ausrangierten Holzfässer vor sich hinfaulen. Hätte, könnte, sollte. Auf dem Sonnenhof schmeckt die gute Tat. Danke und weiter so!

Sonnenhof bei Blansingen, Bio-Café & Gaststätte (Karin Grether-Kirchhofer & Werner Kirchhofer), Hinter den Waldmatten 1, 79588 Blansingen, Tel. 07628-2211, www.sonnenhof-blansingen.de, ♣ Freiterrasse, **Preise:** günstig. Laden und Gaststätte Di von 15-22 Uhr, Fr und Sa: 9-22 Uhr (Gaststätte erst ab 11.30 Uhr). Zwei Ferienwohnungen.

Fußball unser und Maria Hügel: Und dann wären da noch zwei Ziele der anderen Sorte. Die Kapelle Maria Hügel oberhalb Bamlach und der ebenfalls hoch und heilig gelegene Fußballplatz bei Huttingen. Zweimal Hoffnung und Leidenschaft.

Die Kapelle Maria Hügel liegt oberhalb der Bamlacher Rebberge, eine Stichstraße führt von der Bundesstraße auf die Anhöhe. Stimmungsvoller ist der Zugang auf dem Wiiwegli aus Richtung Bellingen kommend. Der ehemals erhabene Blick aufs Rheintal ist mittlerweile leider zugewachsen, an der Tür hängt ein Schild: „Bei Regen und schlechten Wegverhältnissen bleibt die Kapelle geschlossen."

Maria Hügel wurde 1866 erbaut, 1945 durch französischen Artilleriebeschuß zerstört, aber schon 1952 durch Freiwillige wieder aufgebaut. Morgens um neun brennt eine Kerze zu Füßen der Mutter Gottes. Wie oft an stillen Plätzen schweifen die Gedanken. Was ist die Geschichte hinter der einen Kerze, die hier schon am frühen Morgen brennt? Wird der Anblick durch eine zweite Kerze banalisiert?

Andacht am Weinweg – *Maria Hügel*

Fußball in Huttingen: Der Huttinger Kickplatz liegt himmelnah am Rande vom Isteiner Klotz, die sakrale Überhöhung ist in Huttingen aber noch nicht so weit wie in großen Stadien. Bei Spielbetrieb herrscht eher eine Art moderner Pfarrfeststimmung. An einem Samstagmorgen wird das Kinderturnier von Fußballmüttern versorgt, sie haben Thermoskannen und selbst gebackene Kuchen unter der Klarsichthaube mitgebracht. Wer immer noch glaubt, Fußball sei ein Männersport, wird auch in Huttingen schnell eines Besseren belehrt.

An die alten Zeiten des Fußballs erinnert allenfalls das Speisenangebot der Stadiongaststätte Rheinblick: es gibt Kutteln mit Brot, dazu Weißweinsauce, Tomatensauce oder auch braune Sauce. Draußen sitzen reifere Herren vor Bier und Salzbrezeln, gesprochen wird das Nötigste. Wer als Wanderer Spielgeräusche vom Platz vernimmt, sollte die Gelegenheit auf ein Flaschenbier am Originalschauplatz einfach nutzen. Außerdem gehört der Duft eines frisch gemähten Fußballplatzes auch zum Sommer – wenn es schon keine Heubrise mehr gibt.

- **Sportheimgaststätte Rheinblick**, So durchgehend Küche, RT: Mo und Di bis 16 Uhr.

Holzstapel sind Charakterbilder

Niedriger Stapel = Vorsichtiger Mann, möglicherweise schüchtern

8 | Holz und Kultur im Kandertal

Holz ist zum Statussymbol geworden, auch Brennholz. Ein Feuer weckt Urinstinkte in uns, ohne das Feuer wäre der Mensch nicht, was er ist. Mit einem Korb Brennholz lassen sich Emotionen scheitweise ins Wohnzimmer holen. Außerdem ist Feuer exklusiv, keines brennt wie das andere, womit der Kaminofen gegenüber dem Fernseher einen weiteren Vorteil hätte.

Kein Wunder, daß sich der bundesdeutsche Brennholzverbrauch in den letzten zehn Jahren verdreifacht hat, von 10 auf 30 Millionen Festmeter. Ein Kaminofen mit Panoramascheibe und Lufthinterspülung gilt als Einstiegsmodell. Der wasserführende Grundofen mit elektronisch gesteuerter Luftzuführung wäre high-end, aber nicht zum Preis des Bollerofens zu bekommen. Das macht aber nichts, der richtige Ofen im Haus macht mittlerweile soviel her wie der neueste Küchenherd mit Müdigkeitserkennung und Einparkassistent.

Ein Förster aus dem hinteren Kandertal hat mir mal erzählt, wie wichtig das Holzmachen für die älteren einheimischen Männer ist. Wenn es nicht mehr rund läuft mit dem Schlepper, der Säge und dem Spalter, fallen die Senioren regelrecht in

Unser Pufferspeicher ist vor der Tür

sich zusammen. Kann sein, daß sie dann noch ein, zwei Jahre im Hof Anfeuerholz machen. Aber wie fühlt sich ein Holzmacher, der Spriessele macht – wie ein Segler im Tretboot, wie ein Bäcker, der Tüten aufreißt? Das Holzmachen ist ein großes, ernstes Spiel. Große Spiele müssen nicht immer gut ausgehen, aber sie machen zufrieden und warm.

Zweieinhalb Kilo gut getrocknetes Holz (mit 15 % Restfeuchte) haben mit etwa 10 Kilowattstunden den Brennwert von einem Liter Heizöl. Ein Ster (Raummeter) gestapeltes Buchenholz wiegt etwa 370 Kilogramm, er ersetzt damit annähernd 180 Liter Heizöl. Selbst wer sich sein Holz fertig gesägt zufahren läßt und dafür derzeit etwa 75 Euro pro Ster bezahlt, bekommt die Wärme deutlich günstiger als mit Heizöl. Das behagliche Knistern gibts gratis.

Stapel, Borke, Trocknung: Ich schaue gerne auf das Holz vor dem Haus. Nicht nur auf die Menge, das wäre banal. Es kommt auf die Beuge- und Stütztechnik, auf Abdeckung, Format und Holzart an. Holzlager sind Charakterbilder, Holz kann exakt bis engstirnig, freestyle oder auch einfach nur schlampert aufgesetzt sein.

In einem großartigen Buch hat der Norweger LARS MYTTING die Kultur vom Fällen, Hacken und Feuermachen beschrieben*. Eine geistreich und locker geschriebene Kulturgeschichte für alle Holzmacher, die nicht nur sägen, sondern auch reflektieren möchten, etwa über Themen wie: Sollte Rinde unten oder Rinde oben gestapelt werden? Kann Holz zu trocken sein? Die Kunst, das Aschefach zu leeren.

Mytting berichtet in seinem Buch auch davon, daß es im 19. Jahrhundert in waldreichen Regionen der USA üblich war, daß sich junge Frauen potentielle Ehemänner nach der Ästhetik ihrer Holzstapel aussuchten – ein paar (leicht gekürzte) Kostproben:

Gerader, solider Stapel = *Aufrechter, solider Mann*
Niedriger Stapel = *Vorsichtiger Mann, möglicherweise schüchtern*
Hoher Stapel = *Große Ambitionen, Vorsicht Einsturzgefahr*
Ungewöhnliche Form = *Freidenker, offenherzig. Auf Schwächen achten.*
Halbfertiger Stapel, Scheite auf dem Boden = *Unstet, faul, versoffen*

Nicht nur junge Frauen, auch ältere Holzmacher verstehen die Sprache des Holzes. In Skandinavien sagt man, der Mann komme mit sechzig ins Holzalter. Dann entwickelt er auch, wie ein guter Arzt, die Fähigkeit zur Blickdiagnose. Hinter jedem Holzstapel steht ein Mensch, eine Spalttechnik, ein Ofen. 25-Zentimeter-Scheite sprechen eher für Teilzeitheizer, 33er-Scheite passen zum Hausbesitzer, zur Königsklasse zählt, wer Meterscheite in einen Grundofen schieben kann (in dem womöglich noch Brot gebacken wird).

Buche gilt im Markgräflerland als Referenzholz, Buchenholz gehört mit 570 kg je Kubikmeter (neben der Eiche mit 550 kg) zu den dichtesten heimischen Hölzern, darüber liegen nur noch Hainbuche (660 kg) und Ilex (675 kg); die Fichte (380 kg) gehört wie Pappel und Erle zu den am wenigsten dichten heimischen Hölzern – unabhängig von Dichte und Raumbedarf

* Lars Mytting, Der Mann und das Holz. 222 Seiten, 18 Euro
Insel Verlag, 2014.

Im Atelier – *auf der Egerten bei Wollbach*

bleibt jedoch der Brennwert je Kilo Holz stets der gleiche. Dennoch gibt es feine Unterschiede: Armdicke Prügel von Hasel, Kiefer oder Lärche geben ein besonders heißes Feuer, sie sind ideal zum Brotbacken. Birke duftet und brennt vorbildlich an, Eiche heizt lang und gut, brennt aber schwer an, Das Anfeuern mit Kiefernzapfen und fingerdicken Fichten- oder Tannenspriessele wäre nachhaltig und ästhetisch. Nur, wer macht heute noch Spriessele?

Kunst und Holz: Die Arbeit mit Holz ist übrigens das Gegenteil zeitgenössischer Konzeptkunst. Die zählt bekanntlich nicht ruhig von eins bis hundert, sondern zum Beispiel von 38 bis 42, das jedoch mehrmals und galerietauglich. Wobei es auch unter den Holzmachern Konzeptkünstler gibt. Die lassen sich einen Polder gerader, astarmer Buchenstämme an den Waldweg rücken und spalten die Meterrollen in Viertelscheite, die aussehen, wie mit dem Laser geschnitten. Damit setzten die Minimalisten dann Stapel auf, die einen Nachbarn als

elenden Dilettanten erscheinen lassen. Wer noch eins drauf-
setzen möchte, macht das Ganze à la norwegienne in Birke.
Mit Meterscheiten von der Birke wird jeder zum Künstler.

In der Kunstszene wird in einem Prozeß, der für Außenste-
hende kaum zu durchschauen ist, über das richtige Abwegige
und das falsche Abwegige geurteilt. In der Holzszene ist es
anders, da kracht ein schlecht gebauter Stapel einfach zusammen, schön ist das auch nicht. Der Wesenskern ist beim
Brennholz aber für jeden sichtbar, vielleicht berührt eine gelungene Holzbeuge deshalb eher als die Videoinstallation auf
der ART BASEL.

„Ein Künstler ist jemand, der sich auf einen Wettkampf
mit Gott einläßt“, wußte PATTI SMITH. Der kluge Holzmacher
scheut den Wettkampf mit höheren Instanzen, er spart seine
Kräfte, indem er seine Säge scharf hält und genau hinschaut.
„Du mußt das Holz ansprechen“, sagt man im Wiesental dazu.

Holzmacher kämpfen nicht mit Gott, sondern mit Dreh-
wuchs, Rückschlägern und Astknorzen. Entsprechend unter-

komplex ist die Preisfindung: Buchenscheitholz, 33 Zentimeter, ofenfertig, wird um die 75 Euro je Festmeter gehandelt, Zufuhr extra.

Aura, Preis und Wirkung: Von so durchschaubaren Regeln hat sich der Kunstmarkt längst entfernt. GERHARD RICHTER, einer der gefragtesten Gegenwartskünstler, traf 1967 mit seinem Galeristen eine Vereinbarung, nach der sich der Bruttowert seiner Bilder ermitteln ließ: „Verkaufspreis eines Bildes ergibt sich aus folgender Formel: Höhe + Breite x 10 = DM." Damals lag der sogenannte Richterfaktor noch im einstelligen Bereich, heute liegt er bei Werten über 10.000; der Gierzuschlag für die Vermittlungsinstanzen kommt extra. Angesichts solcher Verhältnisse kann man sich schon fragen, wie lange sich der Kunstbetrieb noch als attraktiv-kritischer Gegenentwurf zum angepaßten Leben im Spätkapitalismus inszenieren kann.

Holzmacher sind Realisten. Der Faktor für Scheitholz ist variabel, aber er wird im Rahmen bleiben. Vielleicht ist es auch kein Zufall, daß der HIRSCHEN auf der Egerten bei Kandern gelegen, gerne von hochmögenden basler Wirtschafts- und Flugkapitänen, Galeristen und Kunstsinnigen besucht wird. Der Hirschen ist eine unverkünstelte, ihrem Wesenskern treu gebliebene Landgaststätte, seit hundert Jahren. Familie GEITLINGER macht dort die Schweineschmalz-Rösti auf dem Holzherd so akkurat wie FRIEDER GEITLINGER die Buchenscheite, wovon man sich bei Tisch im Hirschen, im Schopf gegenüber oder auf dem Bild Seite 125 überzeugen kann.

Vor Jahren hat ein Galerist drinnen sein Filet mit Rösti bestellt, während draußen der Rolls mit dem Chauffeur wartete, was selbst für den Hirschen eine ungewöhnliche Konstellation war. Früher, erzählen die Geitlingers heute, seien die Holzmacher zweimal am Tag eingekehrt, auf dem Weg zum und vom Holz. Ein Buckel oberhalb Egerten heißt Buchholen.

Längst kommen in den Hirschen mehr Kultur- als Holzschaffende. Die ruhige Aura der Holzmacher haben sie nicht.

Lupenreine Manufaktur – *Dieter Baumgartner, Kandern-Riedlingen*

Mit der Renaissance der Ofenbank stellt sich auch die Frage der Gestaltung. Im Gewerbegebiet von Kandern-Riedlingen gibt es den Handkeramiker Dieter Baumgartner, er fertigt Ofenkacheln und ganze Sitzbänke nach individuellen Wünschen. Handgeformte Einzelstücke mit Glasuren in warmen Erdfarben, auf daß es kein „Geschwür in der Wand" werde, wie Baumgartner sich etwas drastisch ausdrückt.

Komplette Kachelsätze für zwei bis drei Öfen fertigt Baumgartner pro Monat in seinem Einmannbetrieb am Rande von Riedlingen. Da ginge sicher noch mehr, aber Baumgartner will ein freier Handwerker bleiben. Die meisten Aufträge erhält er von der Bugginger Firma *Markgräfler Ofenbau*, die seine Kacheln praktisch exklusiv verarbeitet. Eine lupenreine Manufaktur also, die nicht so heißt, aber eine ist. Aber so würde Baumgartner das nicht sagen. Er will schlicht und gut machen, was er am besten kann, in der Zeit, die er braucht. Heute eine Haltung, die den Betrieb zur Ausnahme werden läßt.

Handgefertigte Ofenkeramik Dieter Baumgartner, die neue Werkstatt (kein Laden, Besuche nach Terminabsprache) liegt im Gewerbegebiet von Kandern-Riedlingen, Lettenweg 37, Tel. 07626-970627.

Handgefertigte Scheiben (für's Fasnachtsfeuer): Das Scheibenschlagen am Samstag oder Sonntag nach Fasnacht bedarf im Markgräflerland keiner weiteren Erklärung (Zugezogene sollten beim ersten Mal mit einem Paten erscheinen, vgl. auch S. 347f). Astfreie Manufaktur-Scheiben mit der richtigen Restfeuchte und leicht abgekanteten Ecken gibt es beim Scheibenmacher Rudolf Engler, Kandern-Sitzenkirch, Mühlenstraße 3, Tel. 07626-7183; ein Ring mit 50 Stück zu 12,50 Euro.

- Kultur unter der Kastanie: Schon seit gut zwanzig Jahren gibt es in Riedlingen mit dem „Theater im Hof" ein ebenso familiäres wie hochklassiges Sommerfestival. Von Ende Juli bis Mitte August kommt Kulturwelt in die Provinz und die Gemeinde lauscht, goutiert und diskutiert unter der Kastanie im Innenhof. Lesungen, Musik, Gesang, Schauspiel. Eine Exzellenzinitiative, organisiert vom in Kandern-Riedlingen lebenden Regisseur Dieter Bitterli und seiner Frau Dorothea Koelbing-Bitterli. Frühzeitig Plätze sichern.

Holz statt Pilates. Holz gibt mehrmals warm, das wissen alle, die Holz gesägt, gespalten und aufgesetzt haben. Holz hilft aber auch gegen soziale Kälte. Wer Brennholz macht, gehört selten zum Prekariat. THOMAS HOOF, der Gründer des Gute-Dinge-Händlers Manufactum, sagt zur Befriedigung beim Holzmachen: „Neben den Scheiten bringt einem ein solcher 10-Stunden-Tag auch noch die Erfahrung einer tiefen, wohligen, in alle Fasern des Körpers reichenden Müdigkeit ein, wie man sie am Schreibtisch auch mit drei Nachtschichten nicht zustande kriegt. Man lernt beim Abendbier dann wieder, was eigentlich ein ‚Feierabend' ist." (aus: *brand eins*).

Holzmachen ist Yoga, es macht achtsam und geschmeidig, man bekommt ehrliche Muskeln und manchmal hilft es auch den Gedanken auf die Sprünge. THOMAS BERNHARD hat es verdichtet: „Wald, Hochwald, Holzfällen".

Als Mikrowaldbesitzer kann ich die tiefe Befriedigung bestätigen. Außerdem haben wir einen Nachbarn mit reichlich Privatwald, der sich jüngst eine 12 Tonnen Seilwinde zugelegt hat. Im Hauptberuf ist der gute Mann Kardiologe. Auch andere Holzmacher am Ort könnten sich Heizöl aus erster Pressung leisten, aber sie machen Holz und sind zufrieden.

Im Holz steckt Haltung – *gesehen in Wittlingen*

Holz und Emanzipation: Zur Kandertaler Holzgemeinde gehört auch eine ältere Dame in Wittlingen, die ihr gesamtes Brennholz seit jeher selbst macht. Das Holz für den Herd in der kleinen Küche und das für den Kachelofen im bescheidenen Wohnzimmer, wo 50er Jahre Tütenlampen aus der Wand kommen. Bei meinem Hausbesuch stand auf der blitzblanken Eisenplatte des Küchenherdes das Glätteisen, daneben ein Stück Apfelkuchen zum Wärmen, darüber hing ein Geschirrtuch an der Wand. Ein Tuch.

Die muntere Frau arbeitet mit einer Vorkriegs-Bandsäge von Kaltenbach in Lörrach, die bei Stillstand mit einer Mispel geschmückt wird. Sie hat noch alle Finger, sie spaltet ausschließlich mit der Handaxt und hält sich ansonsten an eine alte Erfolgsregel der Landbevölkerung: Rücken gerade und weitermachen. Im Markgräflerland heißt das: „Wir maches, so lang's no goht." Einmal haben wir uns länger unterhalten, über das Holz und die Welt. Auch über den modernen Geschoßwohnungsbau im Kandertal. Kurze Zusammenfassung: mehr Komfort als früher, aber auch mehr Unfrieden.

er entsteht das **Markgräfler**

shine*HÄUSER*   markgräfler*HÖFE*

ent*HÄUSER*

Mehr unter
www.markgräfler-ensemble.de
oder T +49 (0)7626. 2 67 01 22

Sunshine im Markgräflerland – *Rümmingen*

Gentrifzierung im Kandertal: Kaum einen Kilometer vom Haus der rüstigen Holzmacherin entsteht in Rümmingen ein Markgräfler Ensemble neueren Datums. Die Kisten und Kuben am Ortseingang sind ein Beleg mehr für die These, daß Architektur „den Stand der Dinge" spiegelt. Für die einst imponierende Fülle regionaler Formen und Baumaterialien ist im Markgräfler Ensemble kein Platz mehr. Wo früher der Dachboden war, ist heute ein Penthouse, mit rechten Winkeln, verblendeten Fassaden und Schießscharten-Fenstern über Eck. Einfügung in die Umgebung nicht zu erkennen, stattdessen gibt es Objekte in den Kategorien Sunshine, Penthaus und Markgräfler Höfe, natürlich allesamt energieeffizient sowie „innovativ, nachhaltig und elegant" und kaum 13 km von Basel City entfernt. Die Gentrifzierung kommt kanderaufwärts.

    Natürlich spiegeln Sunshine-Häuser auch den sozialen Stand der Dinge: Ehegattensplitter und Berufsnomaden werden einziehen, sie werden ihre Wohn- und Eßwelten im Katalogstil möblieren. Sie werden den Erstbezug feiern und sie werden auf dem Sprung sein. Keiner will mehr mit einem Holzherd in der Küche alt werden, aber die Sache mit Passiv-

Waldpartie im Kandertal – *von Hammerstein nach Egerten*

häusern in Serienschaltung könnte heikel werden, wenn statt dem zweiten Kind die Krise kommt. In Münchens schnell wachsenden Randgemeinden lassen sich derzeit gezielt Eheberater und Scheidungsanwälte nieder. Kundschaft ist garantiert.

Im Jahr 1895 wurde die Kandertalbahn eröffnet, mit ihr kamen Ziegel, Holz und Papier aus dem oberen Kandertal ins Rheintal nach Haltingen. 1978 wurde ihr Betrieb eingestellt, der Bus- und LKW-Verkehr hatte die Regionalbahn ersetzt. Seit 1986 verkehrt das *Chanderli* an den Wochenenden von Mai bis Oktober als dampfbetriebener Nostalgiezug. So fährt man also durch's untere Kandertal und sieht einen breiten Bilderbogen: Holzbeugen, alte Küchenherde und wenig später Penthäuser, die kanderaufwärts kommen. Ein Sommerfestival, Kachel- und Röstimacher gibt es auch. Die Holzmacher werden am längsten bleiben, nicht nur im Kandertal.

Von der Kander zum Wollbach: Und dann wäre da noch eine kleine Bergpartie. Etwa vom Kandertal bei Hammerstein hoch nach Egisholz und weiter durch den Wald rüber nach

Egerten. Die Partie führt durch einen gepflegten Laubwald mit säulengeraden Buchen, die nicht geteerte Waldstraße ist für Kraftfahrzeuge offiziell befahrbar, allerdings hat die Piste einen hohen Scheitel, sie ist also für Tiefergelegte weniger geeignet. Oben im Wald steht ein patinierter Wegweiser, an der Kreuzung nach Scheideck, Egisholz und Nebenau tönt und duftet es so, wie es im Markgräfler Ensemble nie tönen und duften wird. Ich wünsche mir, daß noch ein paar solcher Kreuzwege bleiben – Kreisel gibts genug.

Adressen und Hinweise!

 Touren: Ein Ausgangspunkt für eine geruhsame Runde zwischen Kandertal und Wollbachtal wäre Egisholz. Ein erster Wanderwegweiser (an der Route des Westweges) steht nahe der Straße, die hoch zum Baselblick und nach Egerten führt, nahe einem frei stehenden Trafohäuschen: Wegkreuz Egisholz, 388 m. Von hier nach Egerten: 1,4 km, zur Baselblickhütte oberhalb Wollbach 1,2 km, nach Wollbach 2,5 km.

Ein reizvoller gelegener Ausgangspunkt wäre der Wanderwegweiser an der Baselblickhütte auf 375 m, direkt am Westweg gelegen. Von hier nach Egisholz 1,6 km, Wollbach 600 m.

Am Buchholen: Schöne Höhenwege mit viel Baselblick führen von der Baselblick-Hütte durch die Reben, bzw. oberhalb der Reben und dem bewaldeten Buchholen rüber nach Egerten (ca. 2 km). Auf den Südhängen unterhalb des Wollbacher Hausbuckels Buchholen ein Landschaftsmosaik aus Reben, Kleingärten und Obstwiesen. Dazu fast immer ein weiter Blick auf die Südwestecke mit Basel und manchmal ein naher Blick auf die Provinz: Eine Aussichtsbank aus dem Jahr 2008 ist „Aprilia Racing" gewidmet. An einem Herbstnachmittag kommt zum Sonnenuntergang die Dorfjugend an den oberen Buchholenweg, sie vergnügt sich mit Drohnenflug und Flaschenbier.

Oben in Egisholz hat der notorisch kreative Jungsenior Konrad Winzer sein Steinbildhauer-Atelier, außerdem bewirtet Winzer in Lörrach eine Gaststätte mit dem schönen Namen DREI KÖNIG. Kein Schnitzelochsen, sondern Drei König, wo sie hingehören: an die beste Ecke von Lörrach.

Hundert Jahre und nicht müde – *Hirschen, Egerten*

Ferienwohnung: Konrad Winzer, Steinbildhauer und Drei-König-Gastronom (vgl. S. 65) vermietet eine wertig gestaltete Ferienwohnung direkt über seinem Atelierwohnhaus; solitäre Lage am Waldrand in Kandern-Egisholz. Ein etwas anderes Sunshine-Haus: mit offenem Kamin, Baselblick und sechs Monaten Rosenduft vor der Hütte. Details: www.herzkammer.eu; oder auf dem Portal: www.urlaubsarchitektur.de (reizvolle Seite mit interessant gestalteten Ferienhausobjekten).

HIRSCHEN – Egerten. Im versteckten Kanderner Ortsteil Egerten, steht ein schönes, altes Gasthaus – und es steht im Großen und Ganzen noch so, wie es einst gebaut wurde. Eine Brauereilaterne an der Fassade ist nach wie vor undenkbar. Das in Fraktur gemalte Hirschen-Schild über dem Eingang wurde farblich aufgefrischt, es ist die Einstimmung auf ein gastronomisches Kammerspiel: am Dienstag, Mittwoch und Donnerstag ab 18 Uhr, samstags auch schon über den Mittag sitzen die Gäste an schlichten Holztischen, serviert werden Vesper und solid gemachte einfache Speisen von Schnitzel bis Filet. So war es und so bleibt es derzeit auch nach dem Generationswechsel. Nach dem Tod des Patrons Max Geitlinger kümmern sich nun dessen drei Kinder um den Hirschen, ein Enkel, Max der 2. wird das Anwesen weiter in die Zukunft führen. Der junge Max ist ausgebildeter Winzer, was der Weinkarte des Hirschen sehr bekömmlich ist, es gibt eigene Gewächse und ein paar kundig ausgesuchte Ergänzungen. Der Juniorwirt ist zudem ein motivierter Gastgeber, also gibt es nicht nur jungen Weißwein,

Geöffnet: DiMiDoSa – *Dienstag, Mittwoch, Donnerstag, Samstag*

sondern auch frischen Ideen und Pläne, ohne die der Hirschen auf die lange Sicht nicht auskommen wird.

Auf der in dickes Rindsleder gebundenen Karte stehen wie eh und je nur wenige Positionen, darunter die haustypisch klein, aber dick geschnittenen Schweine- und Kalbsschnitzel, die mit etwas klarem Bratensaft serviert werden. Schäufele, auch ein Filet ist ebenfalls möglich. Unmöglich im Hirschen sind Risottoversuche und Modegerichte, auch das Bärlauchschaumsüppchen muß draußen bleiben. Dafür kommen die frischen Salate im nostalgischen Glasschüssele, bei den Beilagen ausschließlich Altbewährtes, ein geraffelter Kartoffelsalat, mehr helvetisch als schwäbisch zubereitet, eine gelungene Schweineschmalz-Rösti auf der Wärmplatte serviert. Lassen Sie bei entsprechender Disposition noch etwas Platz für die Obstwaie mit Rahm.

Bemerkenswert, was hier dank aufrichtiger Haltung geboten wird. Hierzu gehört der unaufgeregte Service, der ländlich-schlichte Gastraum, der saubere Wein und Gäste, die aus dem Gröbsten raus sind. Eine selbstbewußte Mischung vom Landmann bis zum Basler Teig findet hier oben eine Relikteinkehr, die ziemlich einzig im Südwesten ist. Es bleibt die Hoffnung, daß die beteiligten Akteure den Herausforderungen des Generationswechsels gewachsen sind – Gastronomie ist Langstrecke. Der Hirschen ist ein Unikat, er hat Einsatz verdient.

Hirschen (Familie Geitlinger), 79400 Egerten-Nebenau. Tel. 07626-388. Geöffnet: DiMiDoSa, am Sa schon ab 11 Uhr, sonst ab Nach-

260 Jahre und kein bißchen müde – *Tanne in Tannenkirch*

mittag. **Preise:** mittel. ♣ Stimmungsvoller Garten unter der Kastanie, geöffnet bei beständig gutem Wetter

Weitere Einkehr-Möglichkeiten direkt in Kandern-Wollbach: **ALTE KRONE**, ländlich-rustikale Vespereinkehr, warme und kalte Küche; ♣ geschützte Terrasse unter der Kastanie. RT: Di; Nebenauerstr. 23, 79400 Wollbach bei Kandern, Tel. 07626-315.

PFAFFENKELLER, ein vom Inhaber dezidiert nach eigenem Gusto geführtes Boutiquerestaurant und Kleinhotel im ehemaligen Pfarrhaus, neun Gästezimmer. ♣ Hofgarten zwischen Gasthaus und Scheune. RT: Mo und Di; Mi und Do ab 18 Uhr, am Wochenende auch über Mittag geöffnet. Alle weiteren Details zu Betriebssystem, Bio-Speisen, Surprisemenü, hauseigenen Produkten und Aktionen: www.pfaffenkeller.de, Rathausstraße 9, 79400 Wollbach.

TANNE – Kandern-Tannenkirch. In der Tanne war ich lange nicht mehr. Dann erzählte ein Gewährsmann vom Spanferkel aus dem Holzofen, das hier jeden Freitag und Samstag ab 18 Uhr serviert wird, im Winter mit Kartoffelstock und Sauerkraut, im Sommer auch als Light-Version mit einer Salatplatte. Der Informant berichtet von mächtigen Portionen auf großen Platten, von voller Hütte und einem unkompliziert, freundlichen Service – von einer rustikalen Landpartie, wie sie nicht im Heftle steht. Landlust unplugged.

So war es dann auch. Wobei das Staunen schon im Innenhof der Tanne beginnt. Der dient nur als Parkplatz, hat aber fast Exerzierplatzgröße. Die etwas überzwerche Eingangssituation mit Raucherbank wirkt etwas ungewöhnlich, sie ist offenkundig aber schon seit 1754 in Betrieb und somit vollkommen in Ordnung.

In der Tanne gibt es keine eckigen Teller, sondern volle Platten. Der familiäre Service arbeitet gastfreundlich und lösungsorientiert, der Wirt zeigt Herz und Augenmaß. Zugewandt heißt das heute in der Stadt, gesunder Menschenverstand sagt man im Kandertal dazu. Ja, meine Güte, wo gibt's denn so was, denkt der Erstbesucher – ein Landgasthof, in dem keine Probleme serviert werden, sondern Spanferkel mit kastaniendunkler Kruste. Zwei Stunden wird der Holzofen befeuert, in dem sonst auch das Brot gebacken wird (auf Wunsch gibt es auch eine Kalbshaxe). Im Ofen schmort das Spanferkel dann bei abfallender Temperatur drei Stunden vor sich hin, auf einem Rost gebettet, damit das Fett gut triefen kann. Wenn die Schwarte kracht, ist es soweit – am bestens schmeckts direkt aus dem Ofen, man erscheine also möglichst früh am Abend oder auf den Punkt nach Voranmeldung.

Spätestens, wenn die Platten auf dem Tisch stehen, wird einem klar, daß die Zubereitung und der Genuß eines ganzen Tieres von einer Feuerstelle immer etwas Besonderes ist – aromatisch, aber auch sozial. Mit diesem Gedanken kommen wir zwar etwas von der Haupthandlung ab; aber in Tannenkirch geht es eben nicht nur ums Essen, sondern auch um eine Gemeinschaft, die sich Feuer und Fleisch teilt (*).

Das Bier dazu läuft taufrisch aus dem Hahnen, der hauseigene Faßwein (weiß und rot) ist sauber. Außerdem wären da noch die Wild- und Schlachtplattentermine im Herbst und Winter; Cordon Bleu, Vesper und Schnitzel rund ums Jahr, Spargel und Gemüse aus eigenem Anbau und alles zu günstigen Preisen, trotz CH-Nähe.

Man erwarte in Tannenkirch keine kulinarischen Klimmzüge, Statusallergiker und mit Moralin gesäuerte Veganer können hier nicht glücklich werden, der Rest findet einen geerdeten Gasthof, in dem die Dinge (vor allem die Portionen) sind, wie sie sind – und hoffentlich noch eine Zeit lang so bleiben. Danke für den Tipp, Gerd!

Gasthof Tanne, 79400 Kandern-Tannenkirch, Tannenkircher Straße 3, Tel. 07626-328. RT: Mo und Di, Mi bis Sa ab 16 Uhr, So ab 11 Uhr. Zum Spanferkel, sowie an Wochenenden möglichst reservieren. ♣ Gartenwirtschaft.

* Mehr dazu bei Michael Pollan: **Kochen**. Eine Naturgeschichte der Transformation. Pollan schreibt über wesentliche Aspekte des Kochens und des Lebens. Ein kluges, tief schürfendes und spannendes, also großartiges Buch in bester angloamerikanischer Sachbuchtradition.

Gutedel Casting in Schliengen

Fraglich, ob Pfarrer Leonhard Müller
am Gutedel Cup teilgenommen hätte.

9 | Ränder und Höhen: Schliengen und Auggen

Die erste Märkgräfler Winzergenossenschaft entstand vor gut hundert Jahren. 1908 gründete der Schliengener Pfarrer LEONHARD MÜLLER mit 36 Winzern eine Erzeugergemeinschaft, die ins Genossenschaftsregister eingetragen wurde. Bis heute wirbt die Schliengener Genossenschaft mit ihrer Tradition. Gleich am Ortseingang, unmittelbar vor der blutwurstroten Kellereifassade der Genossenschaft, ist aber auch modern plakatiert: Werbebanner künden vom Ergebnis des aktuellen Gutedel-Castings, bei dem die Schliengener WG seit Jahren auf die „Top Ten" abonniert ist. Ich bin mir nur nicht sicher, ob Pfarrer Leonhard Müller am Gutedel Cup teilgenommen hätte. Ob er die Fassadenfarbe der Genossenschaft abgesegnet hätte, weiß ich auch nicht.

Sonnenstück eins und zwei: Wie viele ehemalige Landgemeinden möchte auch Schliengen den Anschluß an moderne Zeiten nicht verpassen, was zum gewohnten Bild führt. Der historische Kern verliert, die Ränder gewinnen an Funktion. Eine Brache am Ortseingang wird nun endlich als Synergienzentrum vermarktet, künftig sollen sich dort die Kräfte von

Synergiezentrum in Schliengen, Bellinger Straße

Aldi und DM-Markt gegenseitig befeuern. Während es im anschließenden Gewerbegebiet Sonnenstück munter zugeht, wirkt manche Partie im historischen Kern Schliengens ziemlich ausgezehrt. Aber so ist es nicht nur in Schliengen, wenn Discounter synergieren, zählt die Dorfmitte meistens zu den Verlierern.

Am Ortsausgang führte einst eine Nußbaumallee gen Auggen, jetzt verteilen ambitioniert gestaltete Kreisel den Verkehr in Richtung Tankstelle, Coffee to go, Floristik, Tierärztinpraxis und Kleintierpension. Möbel oder Landmaschinen gibt's auf der anderen Seite vom Sonnenstück, eine Ortsausfahrt weiter praktizieren gleich drei Heilpraktikerinnen unter einem Dach, über die Tätigkeitsschwerpunkte informiert das Bild oben. Am Ortsausgang, wo früher der Wagner und der Schmied ihr Auskommen fanden, lassen sich nun humane Verspannungen und energetische Blockaden aufheben.

Funktionelle Verlagerung: Die Festreden werden noch im Saal gehalten, aber die Musik spielt weiter draußen. Wer etwas über Wirtschaft und sozialen Wandel einer Gemeinde erfahren

Gesamtkunstwerk in Schliengen am Weinweg

möchte, sieht an den neuen Rändern mehr als in der alten Mitte. So ist es eigentlich nur konsequent, daß Schliengen seine Gewerbegebiete nach der lokalen Weinlage benannt hat.

Gut hundert Jahre oder vier Generationen liegen zwischen der Genossenschaftsgründung und der Haustierpension am Sonnenstück. Der enorme Wandel des ländlichen Markgräfler Raums paßt ganz gut zwischen diese beiden Gründungen. Wobei Pfarrer Müller vermutlich nicht nur zum Gutedel Cup, sondern auch zur zeitgenössischen Haustieranbetung ein paar Worte zu sagen hätte. In einem oberbayrischen Zwei-sternerestaurant kostet das große Hundemenü mit Rinderfi-letspitzen derzeit 28 Euro, auch im hinteren Markgräflerland scheint es nur noch eine Frage der Zeit, bis Dog-Dancing-Seminare angeboten werden.

Ob Haustier, Wirbelsäule oder Ölwechsel, am Ortsrand wird Dir geholfen. Kurios wirken so langsam jene Bilder, die von der Manufaktur-Landwirtschaft erzählen. Etwa am Weinwan-derweg in Richtung Gedächtniskapelle und Bad Bellingen, wo es jemand mit dem Holzmachen noch genau nimmt. Der Bulldog – in Schliengen und im Eggener Tal heißt es Bulldog,

Neuland am Sonnenstück

nicht Schlepper – der alte Kramer Bulldog heißt Elsa, und er wirkt so gepflegt, wie es sich für ein Lustobjekt gehört. Auch die Stapeltechnik spricht für sich, sie wäre einst ein Heiratsgrund gewesen (Details vgl. S. 123).

Am Hang Gutedel, in der Ebene Discounter: Wie so oft im Markgräflerland trennt die Bundesstraße eine Weinbau-Vorbergzone von der funktional erschlossenen Rheinebene. Besonders deutlich wird dies zwischen Schliengen, Auggen und Müllheim. Das Markgräfler Wiiwegli führt dort in Halbhöhenlage durchs Rebland und es bietet auf Schritt und Tritt Motive zum Nebeneinander von Tradition und Moderne. Man geht über die Rebberge am Fuß des Himmelbergs, die Hauptschlagader Bundesstraße drei und die roten Dächer der Discounter bleiben aber stets im Blick. Am Hang Gutedel, in der Ebene Neubauten und Gewerbegebiete, die wachsen wie Staudenknöterich. Dazwischen residiert auch der eine oder andere Entrepreneur, der es in einer Generation aus der Garage auf den Weltmarkt geschafft hat.

„Da hinten steht ein Weltmarktführer," hörte ich mal im

Im Alltag angekommen – *der Bären in Auggen*

Vorbeigehen auf einem dieser IHK-Laugenbrezel-Empfänge. Wobei der Satz vermutlich so halbe, halbe gemeint war: 50% Ironie, 50% Bewunderung.

Das zweifelhafte Prädikat „In Südbaden weltbekannt" gilt mitunter auch im lokalen gastronomischen Sektor. Das Schmoren (und Preisen) des eigenen Saftes ist im kulinarischen Milieu besonders ausgeprägt, inklusive Lobreden der Lokalpresse über unsere regionalmediterrane, marktfrische und ach so innovative Gastronomie.

Die Realität sieht leider etwas anders aus: während in größeren Städten jenseits des Brägelehorizonts zeitgemäße und handwerklich aufrichtige Konzepte eine Renaissance erleben, ist in der südbadischen Provinz von einer neuen Blüte der Landgasthöfe wenig zu schmecken. Stimmt, im Markgräflerland schmeckts oft besser als im Hunsrück, wir sollten uns aber mit Regionen wie Piemont, Vorarlberg oder Südtirol messen.

Man denke nur an die Ikonen links und rechts der Bundesstraße und an ihr Schicksal: Gutsschänke und Schiff in Schliengen, Krone in Auggen, Bahnhof Hotel Bauer in Müllheim.

Altes Auggen – *Kirchturm, Letten und Schäf*

Selbst hochfliegende Objekte wie der BÄREN in Auggen erreichen nach wenigen Jahren und diversen Pächterwechseln ihre Sollflughöhe. Dazu gehört ein digitales Bestellwesen, bei dem der Service dem Touchpad oft mehr Aufmerksamkeit schenkt als dem Gast. Im Zweifel ist mir die solide Zettelwirtschaft lieber als das Orderman-Lokal.

Auggen – Guantanamo: Im Rebmeer der Auggener Lagen Letten und Schäf steht der spitze Turm der evangelischen Kirche. Es ist die Landmarke des traditionellen Auggens, auch der meterhohe Schriftzug „Auggener Schäf" steht für ein altes Markgräflerland und Kirchturmhorizont. Nur ein Dorf weiter hört man dann den Spruch vom anderen Ufer: „A steinige Akker, a roschtige Pflug un' a Frau us Augge, dann hesch g'nug." Der garstige Lokalvers stammt aus unkorrekter Zeit, als es noch Negerküsse und elsässer Waggis gab. Damals fuhren zum Auggener Winzerfest Sonderzüge der Deutschen Bun-

Neues Auggen – *mediterraner Leichtpflegegarten am Sonnberg*

desbahn. In den Kurswagen aus NRW saßen Besucher, die Rot- und Weißwein unterscheiden konnten. Alles Geschichte oder gelogen. Die steinigen Äcker am Fuß des Sonnbergs sind bebaut, der rostige Pflug liegt auf dem Wertstoffhof und Auggener Frauen sind – auch nach meiner Erfahrung – mindestens so bekömmlich wie die vielbesungenen *Wäldermaidli aus Vogelbach*.

Auch vom Grün der Auggener Weinberge sieht man auf eine neue Rheinebene. Der ICE zieht sein weiß-rotes Band durch die Lande, längs der Bundesstraße reihen sich Neubauten und Zeitzeichen, das Vereinslokal heißt Sonnbergstube, es gibt lekker Pizza. Gleich hinter dem Kunstrasen-Kickplatz ist ein dicht gepacktes Neubaugebiet am Fuß des Sonnbergs entstanden. Die Eigenheime werden durch eine Gabionen-Schallschutzwand von der Bundesstraße abgeschirmt. Die Dimension der Schotterkörbe hat dem Viertel schon den Übernamen *Guantanamo* eingebracht. Aber so was sagen nur böse Zungen, zwei Dörfer weiter. Wer sich über zeittypische Eigenheime und die korrespondierende Gartengestaltung informieren möchte, sollte das Neubauviertel am Sonnberg besuchen: geschottert wird in Auggen nicht nur vertikal, sondern auch horizontal. Die rasenmäherfreie Zone wurde hinter der Auggener Mauer mehr als einmal konsequent verwirklicht.

Vom Bammerthäusle zum Outlet: Vom Bammerthäusle allein wird eben keiner mehr satt und so gehören auch die Hallen von PEARL zur weit verzweigten Familie Markgräflerland. Vom Schweizer Schriftsteller Peter Bichsel stammt der Gedanke: „In Langenau im Emmental gab es einmal ein Warenhaus. Das hieß Zur Stadt Paris. Ob das eine Geschichte ist." In Auggen gibt es auch ein Warenhaus, das heißt *Pearl Factory Outlet.* Ob es wohl eine Geschichte wäre, wie die Produktscouts von Pearl den Markt scannen, auf der Suche nach Sonderposten für digitale Mitläufer. Außerdem verfügt das Outlet über einen Indoor-Biergarten namens „Schweizer Alm", was keine Geschichte ist, aber ein Zeichen. Wer weiß, vielleicht gibt es in fünfzig Jahren mehr Indoor-Biergärten als Outdoor-Weingärten.

Bei Pearl sind auch nützliche Dinge im Angebot. Kleine Helfer, die den Alltag angenehmer machen. So gibt es für wenig Geld eine selbstjustierende, elektrisch angetriebene Parkscheibe für hinter die Windschutzscheibe. Mit der bleibt ihr Fahrzeug stets auf der sicheren Seite, zumindest was die erlaubte Parkzeit angeht. Das Teil amortisiert sich schon nach ein, zwei Stunden in der Stadt (verkauft als Parkscheibe mit zusätzlicher „Uhr-Funktion", Gebrauch in D verboten).

So geht man auf halber Höhe dahin, von Schliengen nach Auggen, vom Himmelberg über den Hacher Rank zum Müllheimer Buck, vom Gutedel Cup zum Indoor Biergarten und alles ist im Fluß. Andererseits gibt es einen Bulldog, der Elsa heißt und jetzt im Anschluß gleich drei Einkehrmöglichkeiten, deren Stuben dem Zeitstrom widerstehen.

Kartoffelsalat an der Bundesstraße *– Am Berg, Schliengen*

Adressen und Hinweise

Einkehren in der Holzbankklasse: Drei Lokale um Schliengen und Auggen zählen wegen ihrer unvermurksten Ausstattung und Stimmung zu den gastronomischen Sonderfällen im Markgräflerland. Erstaunlich, daß sich die Holzbankklasse so nah der Bundesstraße gehalten hat. Ausgerechnet dort, wo sich das Land am stärksten wandelt. In Schliengen am Berg, in der Krone in Mauchen, auch im Zähringer Hof zu Hach gibt es keine Heimattage, dort ist jeder Tag Heimat.

AM BERG – Schliengen: Der „Berg" liegt strategisch am unteren Ende des Schliengener Buck, es ist ein Haus der gastronomischen Grundversorgung und das soll ein Kompliment sein. Ein menschenwürdiges, handgekochtes Tagesessen mit Suppe gibt es nämlich nicht mehr so oft an einer deutschen Fernstraße, und schon gar nicht für 6,50 Euro (werktags serviert von 12 Uhr bis exakt 13.30 Uhr); 8 Euro am Sonntag. Serviert wird der Mittagstisch am Berg im praktischen, rechteckigen Muldentablett, wie es manche vielleicht noch aus der

Mensa kennen. Gemeinschaftsverpflegung bietet der Berg in der Tat, also auch preiswerte Vesper, Lokalkolorit und Kachelofen, mit einem Nebenzimmer, in dem der Bürgermeister auch mal mittags mit Gefolge einkehrt. Wenn es an Wochenenden im Herbst Schlachtplatte gibt, sind nicht nur die Leberwürste, sondern auch die beiden Gasträume prall gefüllt – ohne Reservierung geht nichts.

Der Berg ist ein Haus, das wegen seiner Robustheit und deutlichen Unmoderne (bei Gästen und auf dem Teller) entweder auf Anhieb gefällt oder genau deshalb fremd bleibt. Noch ein Gedanke zum Wesen der Regionalgaststätte: Hinterm Tresen hängt eine Urkunde, die den Hausherrn als Meister im Fleischerhandwerk ausweist. Was in Schliengen bis heute schmückt, wäre in Berlin Mitte ein heikles Outing.

Das Viertel Faßwein aus Eigenanbau wertet seit Jahr und Tag mit 2,20 Euro, diverse Obstler mit 1,50 Euro. Die frischen Salate werden am Berg aus Wurst, Speck, Ochsenmaul und Käse komponiert, der Wurstsalat steht mit 4,50 Euro auf der Karte, die in ihrer Klarheit keinen Widerspruch duldet. Mittwoch ab 17 Uhr gibt es Kutteln sauer, Freitag, Samstag und Sonntag wird ein guter hausgemachter Kartoffelsalat als Beilage gereicht, Sonntag ab 17 Uhr auch Rindfleischsalat. Hier wird einfach gekocht, mehr ist nicht zu sagen.

Gasthaus am Berg (Fam. Tröndlin), Basler Straße 15, Tel. 07635-9272, RT: Mo ab 14 Uhr und Di.

KRONE – Schliengen-Mauchen. Das größte Kapital der Krone ist ihre gediegene Holz- und Kachelofenbehaglichkeit – eine Gaststätte mit Aura. Speziell die alte Stube mit dem alten, raumteilenden Kachelofen hat sich über all die Jahre tadellos gehalten, hierzu paßt auch der volksnahe Teil des Vesper- und Speisenangebotes. Eine Renovierung vor Jahren erweiterte den Altbestand noch um ländlich-gepflegte Nebenräume für Weinproben, Feiern und Anlässe sowie um eine leistungsfähige Küchenausstattung. Die gemütliche Stimmung im alten Kern der Krone bleibt davon ebenso unberührt wie der bedenkenswerte Hinweis über dem Stammtisch: „Mein Wein ist recht / macht Euch nicht schlecht / drum trinket recht."

Wie gesagt, das ländliche Moment ist das Pfund der Krone, wobei die Küche nach einem Pächterwechsel öfter auch mal einen Bogen ins Ambitionierte schlägt: Mottomenüs, VDP-Weinproben und Themenabende gehören nun fest zum Programm, wobei die Umsetzung mitunter gewollt erscheint und mit der Ambition nicht zwingend Schritt hält. Wer kulinarische Selbstversuche scheut, konzentriert sich deshalb auf Standards, die meist zuverlässig, aber ohne Drang zur Finesse zu

Schöne vom Land – *Krone, Schliengen-Mauchen*

Tisch kommen. Schon der einfache Salatteller mit Raspelmöhre und Sonnenblumenkern-Applikation zeigt, daß die Gastronomie im Haus stets pragmatisch interpretiert wird.

Zu den Kronen-Standards gehören auch Kartoffelsalat und Brägele, letztere eher deutsch gesotten, als badisch gebrägelt – Röstaroma und Kruste geht anders. Freilich bietet die Karte auch Basispositionen, die kaum aus dem Ruder laufen können. Dazu kommt eine Tagesempfehlung, neuerdings auch eine größere Auswahl an hausgemachten Kuchen, ebenfalls in deutscher Stilistik.

Für mich sind Holztischstimmung, lauschige Terrasse und gute Weine die unverwüstlichen Werte der Krone, deren Ruf bis weit über Schliengen hinaus reicht. Zur Feriensaison konkurriert der Zulauf regelmäßig mit dem Reiz einer Landschänke. Gleich wie, Ambiente und Publikum fügen sich und der Luxusmüde erlebt, wie wohlig die Einkehr am blanken Holz sein kann.

Das bildhübsche Anwesen gehört zum benachbarten VDP-Weingut Lämmlin-Schindler. Sowohl offen als auch in Flaschen gibt es eine in dieser Gasthausklasse unerwartet gelungene Auswahl der renommierten, ökologisch erzeugten Gutsweine zu fairen Preisen. Selten kann man so aus dem Vollen schöpfen – und es lohnt. Dazu paßt ein Service mit angemessenen Gläsern und Kühler. Ein Grund mehr für das Hausmotto „drum trinket recht".

Holz und Stimmung – *Krone, Mauchen*

Krone, 79418 Schliengen-Mauchen, Tel. 07635-9899. Geöffnet von 11-23 Uhr, warme Küche ab mittags durchgehend, hausgemachte Kuchen, RT: Mo, Di. ♣ lauschige Gartenterrasse. **Preise:** günstig-mittel.

ZÄHRINGER HOF – Auggen-Hach. Im Zähringer Hof sitzen jene, die schon immer dort sitzen, gleich am Eingang, am runden Tisch beim Kachelofen. Der Aufsichtsrat hält dort Wacht über eine Viertisch-Wohnzimmerwirtschaft, die zu den seltenen Soziotopen gehört. Aus nicht unmittelbar ersichtlichen Gründen heißt ein Teilnehmer der Runde „Pfifferling". Daraus zu schließen, daß nur heimische Gewächse am Stammtisch sitzen, wäre aber der erste Fehler, den Reingeschmeckte im Zähringer Hof machen können.

Auch Damenbesuch ist durchaus möglich, allerdings gibt es dafür Regeln. Markgräfler Sprachkompetenz wäre hilfreich, aber nicht allein entscheidend. Wie lange es dauert, bis eine Dame, die ihr eigenes Sitzkissen in den Zähringer Hof mitbringt, am Stammtisch akzeptiert wird, kann ich nicht beurteilen. Aber ich habe mit eigenen Augen gesehen, daß Integration hier kein leeres Wort ist – alle haben sich bestens verstanden. Wozu sicher beigetragen hat, daß die Dame mit dem Sitzkissen weder gesimst noch gezwitschert hat, außerdem kam sie in männlicher Begleitung.

Die Speisen und Getränke passen zum Holzbankambiente: es gibt Schankweine aus eigenem An- und Ausbau, dazu nahrhafte Vesper

Wohnzimmer mit Faßwein – *Zähringer Hof, Hach*

mit gutem selbstgebackenen Brot. Geräucherte Forellenfilets, gebeizter Lachs, sowie ein gemischter Fischteller sprengen fast den Rahmen des Erwartbaren, passen aber zum Hauswein und werden wie dieser auch gerne genommen.

Der Freitag steht im Zähringer Hof seit jeher im Zeichen von Kartoffelsuppe und Zwiebelkuchen, das hat Tradition und ist gut so, andererseits ist der lebhafte Betrieb der mal grüblerischen, mal eruptiven Stimmung, die den Zähringer Hof und seine Stammtische ausmacht, eher abträglich. Am Sonntag wird extra Mittagessen gekocht, etwas Warmes in der Bratenklasse, auch das ist gut so wie sie ist (und preiswert).

Natürlich kennt die Wirtin ihre Patienten, konkrete Fragen nach dem Getränkekonsum werden mitunter wolkig beantwortet. „Un, was hesch cha?" „Erscht zwei Viertele, dann mehrere Achtele." Worauf der Pfifferling bemerkte: „Die zwei letzten gehen auf mich." Zwei Dinge noch im Gehen: der Zähringer Hof ist keine Ponyhof. Man falle als Gast nicht lästig und nehme die Dinge wie sie sind. Es wird diskutiert, aber niemand tanzt seinen Namen.

Gasthaus Zähringer Hof, Dorfstraße 22, 79424 Auggen-Hach, Tel. 07631-3167. Jeden Freitag Kartoffelsuppe und Zwiebelwaie, sonntags Mittagessen. ♣ Überdachte Gartenwirtschaft, zuschaltbarer Nebenraum bei Bedarf. **Preise:** sehr günstig.

Hotel Krone Auggen: Komfortables Gästehaus, drei separate Landhäuser; idyllischer Gartenpark, Sauna: www.hotelkrone-auggen.de

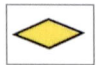

Am Markgräfler Weinweg – *bei Auggen*

Adressen und Hinweise

Oberhalb von Schliengen-Mauchen und Auggen-Hach gibt es einige brauchbare Tourenausgangspunkte zum Erwandern eines Einkehr-Appetits. Verglichen mit dem Reiz anderer Partien bieten Reblagen und Markgräfler Weinweg hier jedoch landschaftlich weniger Höhepunkte, dafür mehr Anschauung zum enormen Wandel im ländlichen Raum. Auch das hat seinen Reiz, zumindest im erhöhten Vorbeigehen. Gewerbegebiete, Synergiezentren und Heilpraktikerateliers sehen freilich überall ziemlich ähnlich aus. Für eine Schleife vor oder nach der Einkehr reicht es aber allemal.

Ausgangspunkte um Schliengen-Mauchen: Die Verbindungsstraße von Schliengen-Mauchen nach Müllheim-Feldberg erschließt Wegmöglichkeiten in den südexponierten Rebbergen. Sie liegen unterhalb der Anhöhen Himmelberg, Ritzenberg und Steinacker. Auch in der dunklen Jahreszeit ist das Gelände dort hell und sonnig. Ausgangspunkt z.B. am Wanderwegweiser Kreuzmatt, am

Im grünen Bereich – *Rebland zwischen Auggen und Müllheim*

Ortseingang von Mauchen (von Schliengen kommend); schöne Wege in Richtung Himmelberg.

Oberhalb von Auggen: Ein guter Ausgangspunkt ist das Wegkreuz Steinacker an der schmalen Gemeindeverbindungsstraße von Auggen nach Müllheim-Feldberg. Das Sträßle führt ab Anhöhe Steinacker – immer mit herrlichem Blauenpanorama – am Waldrand entlang in Richtung Feldberg und Eggener Tal.

Um Auggen-Hach: Die wenig befahrene Ortsverbindung von Auggen-Hach nach Müllheim-Vögisheim ist eines dieser Promillesträßle, wie sie früher oft genutzt wurden, um auf kurzem Weg vom letzten Viertele nach Hause zu kommen. Nahe dem Scheitelpunkt der Straße sind zwei Wanderwegkreuze, die sich als Ausgangspunkt für eine aussichtsreiche Runde zwischen Rheinebene und Vorbergzone eignen: das Wegkreuz Müllheimer Buck und das Wegkreuz am Jägerdenkmal (auf 343 m). Von hier selten freier Panorablick auf den Blauen und die Vogesen, sowie auf Müllheim. Ab Jägerdenkmal Wegmöglichkeiten durch das Rebland in alle Himmelsrichtungen (vgl. auch S. 233ff).

Obst und Wein, Dorf und Land

*Wanderwege und Nebenstraßen führen
durch ein Markgräfler Oberland in Bestform.*

10 | Land und Geschmack im Eggener Tal

Es kommt öfter mal vor, daß eine Landstraße plötzlich zur Panoramaroute wird. Aber selten folgen die Motive so ansprechend aufeinander wie im Eggener Tal. Der Film vom Garten Eden im Südwesten könnte auch zwischen Schallsingen, Feldberg und Obereggenen gedreht werden. Obst und Wein, Dorf und Land durchdringen sich, Wege und Nebenstraßen führen mitten durch. Zur Baumblüte, zur Weinlese im Herbst oder nach einem satten Sommertag, wenn die Sonne hinterm Vogesenkamm abkippt – hier wäre das Markgräfler Oberland in Bestform.

Blickpunkte hat es genug, besonders günstige Wanderausgangspunkte liegen bei Obereggenen und Schallsingen. Oberhalb von Schallsingen, an der Kreuzung nach Schloß Bürgeln liegt eine kleine Parkbucht wie eine Loge über dem Tal. Nur Landschaftsleugner können hier ohne Regung durchfahren.

Auch zwei Kilometer weiter in Richtung Kandern, auf der Paßhöhe Sankt Johannisbreite, wäre wieder so ein Platz, der das Markgräfler Hügelland besonders vorteilhaft zeigt. Ein Panoramawanderweg zum Waldparkplatz an der Stelli beginnt hier, er erschließt das Eggener Obst- und Weinland Höhe haltend und besonders blickreich.

Ein hoher Feiertag – *Obstblüte im Eggener Tal*

Vom Kracher zum Knupper: Bei aller Schönheit in der Totalen, ein Blick auf einzelne Flurstücke zeigt auch den Wandel im Tal. Das traditionelle Kulturland war lange geprägt vom Wechsel zwischen Weinbau und Hochstamm-Streuobstwiesen. Diese werden nun nach und nach durch Plantagen und

Niederstammanlagen ersetzt, wie sie auch am Bodensee oder in Südtirol stehen. Mit dem Obstgeschmack verändert sich auch die Landschaft, auch der Mindestlohn paßt nicht so recht zur langen Holzleiter. Vielfalt gilt als Störfaktor im überregional organisierten Handel, besonders gefragt sind große,

Birnbaum, Spalier und Spindel

lagerstabile Früchte, im Geschmack „süßlichmittelgut" – ein Wort aus den Katalogen des Erwerbsobstbaus. Die Folge: maschinenbearbeitbare Plantagen statt gemischter Bestände mit Hochstämmen.

Die neuen Kulturformen betreffen im Eggener Tal besonders den Kirschen- und Zwetschgenanbau. Lange prägten Lokalsorten die regionale Obstproduktion, bei den Kirschen etwa die legendären Markgräfler Kracher mit fast schwarzen, aromatisch-süßen Früchten und festem Biß. Ein optischer Nachteil der Kracher sind jedoch die schnell bräunenden Fruchtstile. Damit war das Ende für die Kracher und andere Regionalsorten wie Markgräfler Süßkirsche und Langstieler schon vorprogrammiert. Seit Mitte der 1980er Jahre werden bei Tafelkirschen zudem großfruchtende Sorten bevorzugt; bei maschinengeschüttelten Industriekirschen für Saft und Marmelade ist die einheitliche Fruchreife entscheidend.

Seine überregionale Attraktion verdankt das Eggener Tal aber nicht der Plantagenkultur von Handelsware, sondern dem Landschaftsmosaik und einer vielfältigen, lange dau-

Im Reich der Kirschen – *Auf der Pfilb oberhalb Feldberg*

ernden Obstblüte. In diesem Blütenbild spiegelte sich einst die kleinbäuerliche Nutzung des Landes: das Tal weiß getupft, jeder Baum ein Akzent. Haushohe Birnbaumpyramiden, in denen ein Bienenschwarm Nahrung findet, alte Kirschbäume mit aromatischen Früchten und geschätztem Möbelholz.

Mikrokosmos Streuobst: Man schätzt die Biodiversität im Streuobst auf 3000 Obstsorten, rund 5000 Tier- und Pflanzenarten haben ihren Lebensraum in Streuobstbeständen. Die Hälfte der noch vorhandenen deutschen Bäume, etwa 9 Millionen Exemplare, stehen in Baden-Württemberg. Im Regierungsbezirk Freiburg gilt das Eggener Tal, neben der Ortenau, als Schwerpunkt der Vorkommen.

Knapp 50 % des Bestandes an Streuobst-Hochstämmen sind Apfelbäume, 25 % Kirschbäume, der Rest Zwetschge, Birne, Walnuss et al. In den letzten 50 Jahren ist die Hälfte der Bestände verschwunden. Eine 2014 aufgelegte „Streuobstkonzeption" der Landesregierung versucht nun, die Restbestände durch Zuschüsse für Pflege- und Schnitt zu schützen (www.streuobst-bw.info).

Auslaufmodell Hochstamm – *Birnbaum im Eggener Tal*

Konzentrat und Kletterhalle: Im modernen Erwerbsobstbau spielt der einzeln stehende Baum keine Rolle mehr. Gepflanzt werden leicht zu erntende Niederstämme in Reih' und Glied oder Spindeln am Spalier; zudem werden die Anlagen gegen Unbefugte und Wildverbiß häufig eingezäunt. Als Schutz gegen Spätfrost, Schadinsekten und Hagel, aber auch weil die großfruchtigen Sorten während der Reife empfindlich auf Regen reagieren und platzen, werden Kirsch-Neuanlagen gerne mit einem Netz- oder Foliendach geschützt (vgl. S. 168). Man streife also mit offenen Augen über Land und erfreue sich an den Hochstämmen, sie werden schneller verschwinden als Gletscher.

Ein älterer Obstbauer sagte mir zum Thema: „Ich finde einfach keine Leute mehr, die auf der Leiter stehen und beidhändig ernten können." Durch die Einführung von Mindestlöhnen wird sich die Ernteproblematik – nicht nur beim Obstbau – weiter verschärfen. Zum Klettern geht man heute ohnehin in die Halle und hinterher gibts Multivitaminsaft. China produziert bereits soviel Apfelsaftkonzentrat wie der Rest der Welt

Fallobst gehört zur Freizeitgesellschaft

zusammen, das wird hier zur Schorle rückverdünnt, während heimisches Streuobst am Boden vergammelt. Das Schlußwort unserer kleinen Konsumkritik spricht T. S. ELIOT: „Wer das ganze Elend seiner Mitmenschen ermessen will, braucht sich nur ihre Vergnügungen anzusehen."

Wobei die Plantagenkultur im Eggener Tal wiederum nur eine Übergangsphase markiert. Mehr als Dreiviertel des in Deutschland verkauften Apfelsaftes wird aus Konzentrat hergestellt. Angesichts solcher Zahlen wirkt es fast schon kleinlich, alte und neue Formen der Obsterzeugung gegeneinander in Stellung zu bringen. Man sollte vielmehr jedem dankbar sein, der überhaupt noch ackert und das freie Land nicht nur als Kulisse für wechselnde Freizeitansprüche sieht.

Ein Obst-, Wein- und Wiesenland ist das Eggener Tal noch immer. Natürlich zur Kirschblüte im April, aber auch zur Reife ist es ein stilles Fest, auf den schmalen Straßen durch die Wiesen zu gondeln. Von der Landstraße 132 kommend über Schallsingen im freien Fall runter nach Obereggenen. Es ist nur ein Kilometer Gemeindeverbindungsstraße, aber was für

Hochzeit im Markgräfler Oberland – *Obstblüte um Obereggenen*

einer! Zwei, drei Schwünge durch Wiesen am Bach lang, vorbei an Veteranen, deren fruchtschwere Äste mit Holzstangen gestützt werden müssen – solange es noch einer von den Alten macht. Warum Aststützen setzen, warum buckeln, Obst sammeln und Saft pressen, wenn der Saft bei Aldi wächst? Weil in jeder Fuhre Mostäpfel, die beim Kammerer in Feldberg gepreßt und abgefüllt wird, auch eine Haltung steckt.

Mit dem Mountainbike läßt es sich schön durchs Eggener Obstland brettern. Schon für den Preis eines Hightech-Rades könnte man ein Stück Land kaufen und die Früchte kreislaufanregender Arbeit ernten. Das geht überall in der

Vorbergzone, wo Kulturland verkommt und verbuscht, dank starkwüchsiger Wurstigkeit. Und noch was: In mancher Trinkflasche dürfte was Isotonisches von Nestlé sein – heimischer Apfelsaft ist auch isotonisch.

Zwischen Gennenbach und Paradies: Zur Weinlese im Herbst paßt im Eggener Tal eigentlich nur das Wort bukolisch in seiner traditionellen Bedeutung: in der Art der Hirten, ländlich-idyllisch. Nur die Hirten liegen nicht mehr so pittoresk dahingestreckt im Feld wie im alten Arkadien. Statt dem Hirtenstab haben sie jetzt den Schlepper dabei und weniger Zeit.

Duft wie im Süden – *der Weg zum Paradies, oberhalb Feldberg*

Hoch ins Paradies: Von der Höhe gesehen wirkt das Eggener Tal noch immer wie eine Markgräfler Ideallandschaft. Man könnte also einfach einen jener Plätze ansteuern, zu denen schmale Straßen hochführen. Oben zwischen den Dörfern hat es immer einen Parkplatz und ein Wanderwegkreuz. Also über Gennenbach auf den Heidel, von Niedereggenen auf die Stelli, von Feldberg auf die Pfilb. Aussteigen und die Dinge laufen lassen (Details ab S. 167).

Ein Tal voller Möglichkeiten. Man könnte in Feldberg am Dorfbrunnen auf das Rebsträßle in Richtung Rheintal/Lipburg abzweigen. Es führt kurz und knackig steil zum Parkplatz beim Stalten hoch. Weiter am Saum zwischen Reben und Wald mit Tal- und Blauenblick. An der Stelle, wo das Sträßle nach Lipburg im Wald verschwindet, ist ein kleiner Parkplatz mit Sonnenbank. Ein Weg führt steil am Waldrand hoch, die Kiefern sehen hier aus wie Pinien, die Böschungen sind so trocken wie am Mittelmeer und im Sommer duftet es auch so. Nach zehn Wegminuten erscheint ein Wegkreuz namens PARADIES: hier gibt es keine Höchstparkdauer, soweit das Auge

Die kleine Welt im Innenhof – *an der Bürgelnstraße in Feldberg*

reicht keine Tankstelle, ein paar Schritte weiter in Richtung Blauen nur etwas Alpenblick. (Touren vgl. S. 169)

Feldberger Höfe und Hinterhöfe. Auf der Feldberger Ortsdurchfahrt fallen zum einen ein paar beachtliche Fassaden auf, aber schon wenige Gassen weiter wurden die Höfe durch Realteilung im Lauf der Generationenfolge immer verwinkelter, kleinbäuerlicher und damit auch prekärer. Landwirtschaft ist nicht immer existenzsichernd, in Feldberg gibt es heute nur noch zwei Vollerwerbsbetriebe. Die letzten gepflasterten Innenhöfe erinnern an jene Zeit, als die Kirschen im Tal noch etwas kleiner und die Torbögen etwas größer waren.

Auch in Feldberg sind noch solche Innenhöfe zu sehen. Etwa beim *Roßkopfhof* an der Bürgelnstraße Nr. 26, wo die beiden Flügel der Holztore meistens offen stehen. Früher war die Dorfmetzgerei im Haus, heute wird freitags und samstags von neun bis zwölf hinter einer alten Eichentür Bauernspeck und Schinkenspeck verkauft, immerhin. Auch der Garten gleich nebenan hätte einen Blick verdient. Mit einer ländlichen Pracht, die ohne Glaskugeln und Schleifchendekor auskommt. Oder eine Straße tiefer in *Ortliebs Hausbäckerei* eine Scharwaie holen, das markgräfler Vesperbrot bevor es Ciabatta gab.

Adressen und Hinweise

Touren: „Man genießt die Natur auf keine andere Weise so schön, als bei dem langsamen, zwecklosen Gehen." Alexander von Humboldts Aufforderung zum Umherschweifen paßt selten so gut wie im Eggener Tal. Mehrere günstig gelegene Wanderparkplätze erschließen die Südflanke, aber auch die wintersonnige Nordseite des Tals. Je nach Ausgangspunkt erschließt sich ein recht unterschiedliches Landschaftsbild, genug Möglichkeiten auch für mehrerer Besuche. Eine Auswahl:

 Ausgangspunkte: Die kleine Paßhöhe **Pfilb** liegt an der Kreisstraße zwischen Obereggenen und Feldberg. Von der Paßhöhe (Wegweiser, 416 m, Parkmöglichkeit) führen Panoramawege in alle Himmelsrichtungen, man bereut keinen. Fast zwingend wäre aber der Kammweg rüber zum Aussichtspunkt **Egt** (1,2 km). Von dort wieder Möglichkeiten zur Fortsetzung als Rundweg, über Feldberg, über Obereggenen. Oder auch, Höhe haltend und sehr

Blick auf Niedereggenen, darüber die Reben am Freudenberg

lohnend über das Wegkreuz **Heidel** zum restaurierten Trockenmauernbiotop am Freudenberg, wenig oberhalb von Niedereggenen. Dort ein 1,3 km Rundweg, Beginn oberhalb der Kirche Niedereggenen beschildert.

Aussichtsplatz am Steinenkreuz: Nur wenige Schritte vom Wegkreuz Egt zunächst der Aussichtshügel Steinenkreuz (Feuerstelle, Bänke). Eine weiche Kuppe, welche die Landschaft im Eggener Tal erschließt; inklusive Blauenblick, Bürgelnblick und Sicht auf die ansehnliche Struktur der Dörfer im Tal.

- **Das Trockenmauernensemble** am westlichen Freudenberg gehört zu den größten im Markgräflerland. Die alten Rebmauern sind nicht nur wegen ihrer Länge und landschaftskonformen Einpassung etwas Besonderes. Soweit noch möglich, wurde die alte Struktur der Mauern auch erhalten, also nicht neu aufgesetzt (wie etwa am Kastellberg bei Sulzburg). So bekommt man eine direkte Vorstellung von der ebenso ansprechenden wie mühsamen Terrassierung des Kulturlandes. Die Lage heißt zwar Freudenberg, aber Steillagen bringen nicht nur Freude. Heute lohnt die zeitintensive Bewirtschaftung solcher Kleinparzellen kaum mehr, entsprechend sind nur die größeren, dorfnahen Lagen mit Reben bestockt, der Rest verwildert leider weiter – trotz der vorbildlich restaurierten Trockenmauern. Zugang beschildert ab Niedereggenen.

- **Die Reihen geschlossen:** Oben an dem Ausgangspunkt **Pfilb** ent-

![Kirschplantage auf der Pfilb, bei Feldberg]

Undercover – *Kirschplantage auf der Pfilb, bei Feldberg*

stand vor Jahren – sinnigerweise direkt am markierten Kirschenpfad – eine jener Plantagen, die zunehmend das Bild im Tal prägen. Auf gut einem Hektar wurden jene modernen Sorten gesetzt, nach denen der Markt verlangt. Dank variabler Planen können Blüte und reife Früchte gegen Frost und Dauerregen geschützt werden – Kirschen undercover. Die Sorten sind so gestaffelt, daß über die gesamte Kirschzeit, also acht Wochen lang, geerntet werden kann. So eine Plantage kostet ca. 40.000 Euro je Hektar. Das sieht nicht mehr romantisch aus, sondern nach Erwerbsobstbau, wie er auch anderswo dominiert. Einerseits. Andererseits erklärt einem bei Bedarf jeder Landwirt im Tal, daß Zeit, Geld und Leute zur professionellen Pflege von alten Regionalsorten fehlen.

 Waldparkplätze: St. Johannisbreite bzw. Stelli. Beide Ausgangspunkte liegen am 3,5 Kilometer langen Panoramaweg, zugleich ein Obstlehrpfad mit pädagogischen, recht schön gefärbten Informationen zum Obstbau im Tal. Die Route verläuft entlang der gesamten Südflanke des Tals, durch reizvolle Obstwiesen, unterhalb vom Wald (im Bild oben, am oberen Bildrand). Nicht nur während der Blüte eine der schönsten Routen im oberen Eggener Tal. An diesem Panoramaweg liegt auch die auf Seite 350 gewürdigte Streuobstwiese.

Stelli: Anregend wäre es auch, von Niedereggenen über die Paßhöhe Stelli (Hütte, Wanderwegkreuz, 427 m) rüber nach Kandern-Feuerbach

Immer am Waldrand lang – *der Weg zum „Paradies" bei Feldberg*

zu schlängeln, auf einer Gemeindeverbindungsstraße letzter Ordnung. Der Abschnitt vom Wanderparkplatz an der Stelli runter nach Feuerbach wirkt wie ins Wiesenland hinein komponiert. Komponiert, nicht planiert. An einer Kurve oberhalb Feuerbach steht dann eine Vesperbank, die mehr als einen Satz verdient hätte. Ein Feldweg führt weiter nach oben und wer für solche Partien zugänglich ist, wird hinauf gehen und beschwingt sein.

Feldberg, Stalten, Paradies: Vom Dorfbrunnen in Feldberg führt ein schmales Sträßle hoch in die Reben und weiter Richtung Rheintal/Lipburg (Schild am Dorfbrunnen). Oben zunächst der Rastplatz **Stalten,** zugleich ein feiner Ausgangspunkt. Auf dem Stalten steht von der sogenannten Friedenslinde, die 1871 zum Ende des Deutsch-Französischen Krieges gepflanzt wurde, nur noch eine Baumruine. Im Jahr 2005 hat ein Sommersturm das Naturdenkmal zerlegt, nebenan wurde Ersatz gepflanzt. An der alten Linde auf dem Stalten ein Heimatgedicht von Fritz Wolfsberger:

Do sitz i ganz allai / e Amsle singt im Dolder / am Rebweg blüht der Holder / e Rösli träumt am Rai.

Eine so lauschige Stimmung ist auf dem Stalten eher selten. Der Grillplatz sorgt am Wochenende mitunter für Umtrieb, zur Kernfreizeit liegen Bratwurst- oder Lammkotelette (je nach anwesender Ethnie) auf dem Rost. Allein der Blick ist noch wie ehemals. Nochmal Wolfsberger: *„e Bild, recht für e Königsaal".*

„Paradies" bei Feldberg

Der Waldrandweg zum Paradies: Ruhigere Geister sollten der Nebenstraße in Richtung des versteckten Weilers Rheintal und weiter nach Badenweiler-Lipburg folgen. Unmittelbar bevor die Strecke im Buchenwald verschwindet, beginnt rechts (Parkstelle, Bank) ein besonderer Waldrandweg. Eigentlich kein Weg, sondern mehr eine Himmelsleiter (beschildert Richtung: Paradies).

Der Weg führt, zunächst steil ansteigend, zu den höchstgelegenen Reben der alten Weinlage am „Feldberger Paradies". Man kann hier wandern, man könnte dort oben, irgendwo beim Wegschild Paradies (auf 505 m) aber auch einen Nachmittag lang im Gras liegen und mit Schmetterlingen und Eidechsen diskutieren.

Die sonnigen Böschungen und Magerrasen werden hier nur einmal im Jahr gemäht, so bilden sich artenreiche Blumenwiesen, die im Hochsommer zur Schmetterlingsweide werden, überflogen von

Schachbrettfaltern und Bläulingen (im Bild auf Seite 171, oben rechts).

Die Weinberge reichen hier an die 500-Meter-Marke heran, höher über dem Meer wird im Markgräflerland nirgendwo Wein angebaut. Der weite Blick nach Südwesten hat etwas vom Meerblick: er reicht vom Feldberger Tal mit den mittelalterlich anmutenden Rebhäuslequadern bis nach Mulhouse und ins Burgunder Loch. So wird die Burgundische Pforte von älteren Markgräflern noch immer etwas mißtrauisch genannt. Aber neben Unwetter und Hagel kommt eben auch die mediterrane Wärme aus dem Burgund. Ein schöner Waldweg führt vom Feldberger Paradies zwischen Hörnlekuppe und Hanebecks Hof rüber nach Badenweiler-Sehringen. Ca. 2,5 km, an einer Stelle im Wald, genau oberhalb vom Hanebeck's Hof, hat man sogar etwas Alpenblick. Auf dem Anwesen Hanebecks Hof liegt ein schönes Ferienhaus (vgl. S. 39).

Adressen und Hinweise

Von wegen öde Provinz, im Eggener Tal gibt es nicht jeden Tag alles, aber zu gewissen Stunden Besonderes. Beispielhaft für viele andere beachtliche ehrenwerte Initiativen, eine Auswahl:

Einkaufen in Feldberg: An der ehemaligen Dorfmetzgerei, im schönen Haus der Familie **Rosskopf,** klebt fast schüchtern ein Pappschild an der Eichenholztür. Bürgelnstr. 26, Tel. 07631- 3552.

Ein paar Häuser weiter unten: **Ortlieb's Hausbäckerei,** hier wird jeden Tag im Holzofen handwerklich gebacken, Kleingebäck, Brote, auch die regionale Spezialität Scharwaie: ein flacher, runder Vesperlaib mit schöner Kruste, über Kreuz eingeschnitten mit Öl bestrichen und mit Hagelsalz bestreut, am besten schmeckt Scharwaie frisch vom gleichen Tag (Hinweisschild an der Dorfwaage); Brot möglichst vorbestellen, Tel. 07631-5437, am Freitag hat die Hausbäckerei auch einen Stand in Müllheim auf dem Marktplatz.

Kammerer Säfte: eine kleine Lohnmosterei am Ortsrand von Feldberg, auch ein Beispiel für sinnvolle regionale Kreislaufwirtschaft und für ein bewährtes Verfahren, das auch der Landschaftspflege dient. Die Äpfel der Anlieferer werden gewaschen, gemust, gepreßt, auf 80 Grad erhitzt und dann in 5 oder 10 Liter Bags abgefüllt. Jede Pressung und Füllung erfolgt für jeden Kunden separat, man erhält also den Saft der

Naturtrüb – *Mostäpfel auf dem Weg zur Trotte*

eigenen Äpfel. Wer entsprechendes Material hat, könnte sich hier auch sortenreine Apfelsäfte pressen und abfüllen lassen. Eine Spezialität, die anderswo zu stattlichen Preisen angeboten wird, hier aber noch viel zu wenig bekannt ist. So vermarktet die Essbare Landschaften GmbH elf verschiedene Sorten Apfelsaft von einer 1,5 Hektar großen Streuobstwiese im Wendtland für 18 Euro/fünf Liter; bei uns wird Apfelsaft um die 7 Euro je Fünfliterbag angeboten. Bei den höheren Preisen für sortenreinen Saft lohnt dann auch wieder die Pflege der alten Bestände. Der Saft im Bag bleibt (unter Luftabschluß) gut zwei Jahre frisch, nach Anbruch mindestens drei Monate. Niedermattweg 20, 79379 Müllheim-Feldberg, Tel. 07631-12885, www.kammerer-saft.de.

Waienfescht in Feldberg: der Musikverein Feldberg veranstaltet jedes Jahr an einem Sonntag Ende September ein Waiefescht: Bewirtung im idyllischen Innenhof der Familie Rosskopf (vgl. oben), Flammkuchen und Zwiebelwaien aus dem Holzofen, auch Suppe und Kaffee und Kuchen.

Maifescht: Jedes Jahr zum 1. Mai tagsüber in Feldberg-Gennenbach ein ruhiger und stimmungsvoller Hock am Dorfbach. Einwohner bewirten mit Kaffee und Kuchen zugunsten eines Kinderhilfsprojektes in Brasilien. Luftige Stimmung ohne Rumstata und Maibock.

Leberle in der Stube, Pergola im Garten – *Ochsen in Feldberg*

OCHSEN – Müllheim-Feldberg. Ein Traditionsgasthaus, das nach Generationswechsel den Spagat zwischen bodenständig und modern sucht; interessant wegen der Leberle- und Innereien-Klassiker, besonders reizvoll ist die ♣ selten stimmungssatte Gartenwirtschaft: Dort stehen locker verteilte Tische unter der weinberankten Pergola, davor der Staudengarten – Inselgefühl im Markgräflerland. Auch die alte Kachelofen-Stube könnte ein Schatz sein, wenn denn die gesamte Karte verläßlich auf der Höhe des Ambientes stünde. Immerhin, es gibt Weine lokaler Güter, vom Service mitunter heiter bis wolkig besprochen. Die konservative Küche setzt gerne auf alte Werte: reichlich Butter und Sahne sowie stabile Soßen gehören zum Kanon. Bemerkenswert verläßlich kommen freilich die Klassiker mit Innereien wie Nierle oder saure Leberle mit Rösti, auch die Vesper, alles Weitere ist eine Sache von Geschmack und Tagesform (auf beiden Seiten). Bürgelnstrasse 32, 79379 Müllheim-Feldberg, Tel. 07631-3503, RT: Do. **Preise**: mittel-gehoben.

HIRSCHEN – Obereggenen. Ein Reliktgasthof mit ländlicher Atmosphäre, der von einem festen Freundeskreis geschätzt wird. Das rustikale Moment einer geerdeten Dorfwirtschaft steht hier vor allem. Drinnen wurde vor Jahren zaghaft renoviert, auch energiesparend und ziemlich gelblich ausgeleuchtet; sonst blieb aber alles wie gehabt. Das überschaubare Angebot wirkt seit Jahr und Tag wie konserviert, in der

Gemütliche Landpartie – *Hirschen in Obereggenen*

kalten Jahreszeit wärmt der flaschengrüne Kachelofen, in dem am Freitag das hervorragende Bauernbrot gebacken wird.

Die Hirschenkarte liest sich wie in Stein gemeißelt, es gibt wurschtige Vesper und warme Angebote im altbadischen Drittelmix: vom Schwein, vom Rind, vom Kalb. Darunter die Dauerläufer Schnitzel, Rump- und Filetsteak, erstere in den Varianten Rahm/natur mit Zwiebeln/paniert. Dazu kommen großzügig geschnittene Vesper, darunter auch eine Schinkenplatte. Als Beilage wird Salat gereicht, der winterliche Feldsalat ist mit Maggi odoriert; immer gibt es einen sehr passablen Kartoffelsalat, dito Brägele, die auf der großen Platte gereicht werden, goldbraun überkrustet, freilich auch großzügig im Fett. Zur Saison auch Spargel, im Herbst Schlachtplattentermine, an eigenen Wochentagen Innereien wie Leberle (Di) und Sulz (nur Mi). Bei der Zubereitung rangiert Rustikalität vor Verfeinerung, dazu gibt es hauseigene Weine; die sind, wie sie sind.

In der Summe eine kernechte Dorfgaststätte, die Atmosphäre leidet allenfalls, wenn wegen Andrang eine Unruhe aufkommt, die dem Platz nicht angemessen ist. Eine besondere Sache – auch wegen des sozialen Gefüges – ist der Sonntagmittag, dann ist Bratenzeit mit einer erweiterten Karte. Die mürben Sonntagsbraten vom großen Stück mit klarem Jus werden eskortiert von weichem Mischgemüse, wie früher bei Tante Gertrud. Ein Sonntagserlebnis wäre auch die ganze, geschobene Kalbshaxe aus dem Ofen (auch werktags möglich, dann aber nur auf Bestellung).

Die gute Stube – *Landhotel Rebstock, Obereggenen*

Hirschen (Elisabeth Brucker), 79418 Schliengen-Obereggenen, in der Ortsmitte, Tel. 07635-1372. Sechs preiswerte Gästezimmer. Di ab 17 Uhr, Mi und So ab 12 Uhr, sonst ab 16 Uhr geöffnet. RT: Mo. **Preise:** günstig.

REBSTOCK – Obereggenen. In einem stillen Winkel des reizenden Eggener Tals hat sich eine besondere Herbergsform gehalten. Die Gastgeber Andrea und Walter Scharf führen den Rebstock und das zugehörige Weingut im Stil eines charmanten Landhotels mit kleinem Abendrestaurant – es wartet eine Einkehr mit Handschrift: Knapp zwei Dutzend Betten, dazu sonnige und stille Ecken in einem weitläufigen, verwunschenen Garten hinterm Haus; an warmen Sommerabenden wird auch im Innenhof serviert.

Das ganze Anwesen hat Stil und Niveau, ohne überdreht zu wirken. Die Gäste des Rebstock sind eher in der Erntephase des Lebens, leiser Luxus ist hier kein Fremdwort, man schätzt die zahlreichen Tourenmöglichkeiten ab Bettkante, ebenso wie die hauseigenen Weine und Brände. Um die kümmert sich der gebürtige Kärntner Walter Scharf mit Hingabe, sein feines Sortiment paßt zum familiären Stil im Haus. Andrea Scharf ist Gastgeberin und Küchenchefin und Freizeitberaterin in Personalunion. Zur persönlichen Atmosphäre paßt die Gaststube des Rebstock, eine Schönheit vom Lande, die man hinter der eher nüchternen Außenfassade kaum vermuten würde. Dezentes Licht, angenehme

Die Gastgeberin – *Andrea Scharf, Rebstock Obereggenen*

Akustik, Eichendielen, umlaufende Holzbank, ein Bild von einem Kachelofen, gepflegt gedeckte Tische. Platz nehmen und Behagen fallen hier zusammen und die Karte paßt zur Stube, zu den Gästen: serviert wird ein individuelles Angebot mit Fisch, Fleisch und Gemüse, vieles aus der Nachbarschaft. Zum Beispiel Wachtel und Löwenzahnsalat, Kaninchenrücken und Morcheln, Wolfsbarsch und Spargel, Käse aus dem Tal.

Es gibt im Rebstock jeweils zwei Menüs, eines davon ohne Fleisch, aber mit Fisch; sowie eine vegetarische Option. Die kulinarischen Karten werden jedoch öfter neu gemischt, „weil unsere Gäste jeden Abend etwas Besonderes bekommen sollen". Wer kein komplettes Menü möchte, kann auch einzelne Gänge frei kombinieren. Zum kulinarischen Kammerspiel passen die sauberen, vorwiegend trocken ausgebauten Weinen des Hausherrn. In der Summe ist der Rebstock mehr als eine gute Stube, er ist ein Beispiel gelebter Gastlichkeit.

Landhotel & Winzerhof Rebstock (Andrea und Walter Scharf), 79418 Schliengen-Obereggenen, Tel. 07635-1289, RT: Di, Küche von 18-20.30 Uhr (externe Gäste sollten möglichst reservieren). ♣ Schöne Terrasse im Innenhof. **Preise:** mittel-gehoben.

Tempel der Markgräfler

Ein Platz der großen Gefühle.
Auch ein Stück vom Hoffen und Scheitern.

11 | Gefühlsverstärker Bürgeln

Auf Schloß Bürgeln kommt einiges zusammen. Der historische Ort steht für Leidenschaft und große Geste, für Blüte, Niedergang und Scheitern. Auf Bürgeln fehlt es nicht an hohen Tönen, bis heute nicht. In der jüngsten Geschichte sorgt der Alltag jedoch für Erdung, mitunter auch für Ernüchterung. Aber dazu später.

Seine Aura verdankt Bürgeln RICHARD SICHLER. Anfang der 1920er Jahre weilte der Weltbürger zur Kur in Badenweiler, ein Feingeist und Kaufmann, der sich Knall auf Fall in ein vergammeltes Schloß verliebt. Sichler wird zum Mäzen, der Bürgeln regelrecht verfällt und sein halbes Leben und sein ganzes Vermögen auf diese Leidenschaft setzt.

Bürgeln ist aber auch die Geschichte eines Honoratioren-Vereins, der bereits 1920 gegründet wurde. Ein Club mit dem etwas frühvölkisch klingenden Namen BÜRGELN-BUND und der ehrenwerten Absicht, einen, den Tempel des Markgräflerlandes zu erhalten und zu promovieren. Ein Verein mit erhabenen Zielen, mit wenig Geld und noch weniger Mut, was später im Nationalsozialismus die unfreundliche Übernahme erleichtern wird.

Himmelsnähe – *Rheintalblick vom Rosengarten auf Bürgeln*

Nach Kriegsende wird der belastete Bürgeln-Bund von der Französischen Militärregierung zunächst aufgelöst. Nach seiner Wiedergeburt im Jahr 1949 geht es mit dem Bund ähnlich holprig weiter wie vor dem Krieg, nur ohne potenten Mäzen. Für mehr oder auch minder idealistisch gestimmte Patrioten und lokale Würdenträger scheint Bürgeln mitunter einfach eine Nummer zu groß.

Womit wir beim aktuell gefühlten Bürgeln wären. Bei der Ahnung, daß in der jüngsten Geschichte der Anlage manches Problem verwaltet, aber nicht gelöst wurde. Und so gehört zu Bürgeln bis heute die Frage, was könnte hier oben alles sein und leuchten und was ist?

Da ist vor allem ein bemühter Bürgeln-Bund, aber eben kein neuer Sichler weit und breit. Da ist viel Ehrenamt, aber

kaum Kapital, auch kein Geist, der Bürgeln auf Augenhöhe gegenübertritt und sagt, komm' wir gehen zusammen und machen große Schritte. Und so schwingt auf Bürgeln jedesmal auch etwas Verstörendes mit. Es ist das Unwucht zwischen einer betörenden Anlage und einem bieder-beschränkten, mal fast schon nachlässigen Umgang mit den Möglichkeiten. Und genau an diesem Punkt ist Bürgeln dann wieder typisch Markgräflerland, wo es einige begnadete Orte gibt, die so vor sich hinbürgeln. Sanft ruht das Momentum, nicht nur zu Bürgeln auf der Höh'.

Gefühlsverstärker Bürgeln: Bürgeln ist Sommerwind, der durch mächtige Linden vor der Westfassade rauscht. Bürgeln ist Himmelsnähe und überwältigender Blick von einer

Frühklassizismus und Rokoko – *Bürgelns Schaufront*

Schloßterrasse, die es im Markgräflerland nur einmal gibt. Das Schloß am Blauenhang ist kein imperialer Klotz, aber ein Platz, wo Gravität und Leichtigkeit zugleich anklingen.

Es heißt, Musik kann die Schwerkraft überwinden. Der Rosengarten auf Bürgeln beflügelt einen auch und nicht nur Johann Peter Hebel kam hier ins Schwärmen. Der Schlossherr und Mäzen Richard Sichler rief sein Personal gerne zum Sonnenuntergang auf die schwebenden Terrassen: „Mädels kommt raus, schaut Euch das mal an."

Wer von der Brüstung gen Tal blickt, wird es gleich sehen: Schöner Wohnen ist auf recht unterschiedlichem Niveau möglich. Heute ist Bürgeln zwar längst nicht mehr exklusiv wie einst, dafür aber allen offen. Auch arme Pilger können an der Aura teilhaben – und sie funktioniert: schon ein, zwei Stunden hier oben können einen Tag verzaubern. Wer es nicht glauben mag, gehe einfach unter den 170-jährigen Linden hindurch in den Rosengarten mit den buchsgesäumten Beeten. Elly Heuss-Knapp, die Frau des ersten Bundespräsidenten, gab auf der Terrasse zu Protokoll. „Das ist der schönste Punkt in

56 Räume, Kristall und Stuck – *Schöner Wohnen auf Bürgeln*

Deutschland, den ich kenne." Am schönsten Punkt des Landes steht heute nur eine einzige bescheidene Kalkstein-Bank vor der Südfassade des Schlosses, ein paar Schritte weiter oben steht nochmal eine unangemessen billige Bank unter einer Eiche. Trotzdem, oder vielleicht auch gerade deshalb, ein großartiger Ort. Die ästhetische Rechtfertigung des Dasein, hier könnte man darüber sinnieren.

Ein Schloß, viele Herren: Über Jahrhunderte diente Bürgeln als Probstei des Klosters St. Blasien und damit auch als Verwaltungs- und Finanzamt für das obere Markgräflerland. Nach den Verheerungen des 30-jährigen Krieges beauftragte St. Blasien im Jahr 1762 den Stararchitekten Franz Anton Bagnato mit dem Neubau, es entstand ein frühklassizistischer Schloßbau mit filigranem Rokokodekor.

Während der Säkularisierung fiel Bürgeln 1806 an den Badischen Staat, der die Liegenschaft schon drei Jahre später an eine Landwirtsfamilie verkaufte. Die richtete auf der Anhöhe bald eine einfache Schankwirtschaft ein. Parallel mit dem Aufstieg Badenweilers zum mondänen Badeort entwickelt sich auf Bürgeln bald rege Ausflugsgastronomie. Ende des 19. Jahrhunderts sorgen dann die aufkommende Wanderbewegung und der neu angelegte Höhenweg von Basel nach Pforzheim, der über Bürgeln führt, für einen steten Besucherstrom. Johann Peter Hebel kam, sah und dichtete:

> *Z'Bürgeln uf der Höh*
> *nei, was cha me seh!*
> *Oh, wie wechsle Berg und Tal,*
> *Land un Wasser überal*
> *z'Bürgeln uf der Höh!*

Noch vor dem ersten Weltkrieg verkaufen die Erben des letzten erfolgreichen Bürgelnwirtes das gesamte Anwesen für 120.000 Mark an die Witwe des adligen Majors a.D. von Gleichenstein. Die Freifrau aus Freiburg zeigt jedoch kein Interesse am Ausflugsbetrieb, sie sperrt Bürgeln zu und verliert nach dem Krieg endgültig die Lust an ihrem kostspieligen Landsitz.

Als erster erkennt der damalige Lörracher Bürgermeister Erwin Gugelmeier die Bedeutung Bürgelns. Gugelmeier gründet 1920 den „Bürgeln-Bund", in dem sich Gemeinden, Hoteliers und Gönner zur Rettung organisieren und Kapital sammeln. Damit war Bürgeln zwar gerettet, aber nicht saniert. Der Bürgeln-Bund mußte vielmehr schon im Jahr des Kaufs erkennen, daß er mit dem Erhalt der Immobilie hoffnungslos überfordert war.

Ein Verein und sein Mäzen: In dieser Phase tritt Richard Sichler auf, dessen Leidenschaft das Bild der Liegenschaft noch heute prägt. Im Juni 1920 erscheint der 44 Jahre alte Kommerzienrat gleich in der ersten Mitgliederversammlung, die der Bürgeln-Bund standesbewußt im *Haltinger Hirschen* abhält. Sichler, ein elegant gekleideter, schlanker und weltläufiger Unternehmer, hatte Bürgeln während der Kur in Badenweiler kennengelernt. Der Weltmann bringt sich ohne lange Vorrede sogleich als der Retter der Markgräfler Ikone ins Gespräch.

Sichler hat zu der Zeit bereits eine erste Karriere hinter sich.

Sechs Jahre dauerte die Generalrevision auf Schloß Bürgeln

Schon mit Mitte Dreißig war er Direktor der „Kathreiner Malz-kaffeewerke", er bewohnt ein Landhaus am Starnberger See und hält internationale Kontakte, die ihm bald den Posten des Generalbevollmächtigten der weltweit tätigen Lingner Werke (u.a. Odol-Mundwasser) einbringen. Der ledige Kommerzienrat Sichler tritt als ebenso selbstbewußter wie selbstloser Sponsor vor den Bürgeln-Bund. Er schlägt ein kostengünstiges Pachtverhältnis mit lebenslangem Nießbrauch vor und verspricht im Gegenzug die Totalsanierung des Anwesens nach allen Regeln der Baukunst, inklusive gastronomischer Öffnung und Führungen für die Allgemeinheit. Sichler wollte Bürgeln – koste es, was es wolle.

Insbesondere die versprochene Öffnung der Anlage überzeugt den Bürgeln-Bund. Sichler gibt noch im Jahr der Vertragsunterzeichnung die Planung eines großen Wurfs bei führenden Architekten in Auftrag. Der Münchner Theodor Veil gewinnt die Ausschreibung, bereits 1921 wird mit der sechs Jahre dauernden Generalrevision der Anlage begonnen, nicht zuletzt angesichts einer drohenden Hyperinflation scheut der vermögende Sichler auf Bürgeln keine Kosten.

Schöpferische Denkmalpflege – *Bürgelns Westfassade*

Der Mäzen und seine Vision: Von Anfang an ging es Sichler ums Ganze, die besten Planer und Handwerker waren ihm gerade gut genug. Geplant war eine Restaurierung als beziehungsreiches Gesamtkunstwerk von Baukörper, Außenanlage und Umgebung. Das ästhetische Konzept lebte weniger von prächtigen Details, Ziel war vielmehr eine imperative Wirkung der Schloßanlage, gerade auch im Bezug zur exponierten Lage. Z' Bürgeln auf der Höh' sollte ein „Tempel des Markgräflerlandes" materialisiert werden.

Sichler wollte alles und überforderte manche: Dreiviertel der angeheuerten Handwerker konnten das geforderte Qualitätsniveau nicht bieten und mußten wieder gehen, was zu

ersten Ressentiments bei der Bevölkerung in der Umgebung führte. Von seinen Bauleitern erwartete Sichler eine Hingabe auf der Höhe seiner Leidenschaft. Bald war es ein Problem, qualifizierte Kräfte über Jahre an das entlegene Bürgeln zu binden. Mancher einheimische Grobfinger dürfte den Herrn mit dem feinen, ovalen Gesicht, den notorischen Schöngeist und Fliegenträger aus der Großstadt verflucht haben.

Eine Sanierung als Gesamtkunstwerk: Allein im Hauptgebäude waren 56 Räume mit Rokokostuck zu restaurieren, das verfaulte Parkett und die gesamte Wandvertäfelung mußten gewechselt werden, Kachelöfen und ein Marmorbad mit Stein aus Carrara wurden eingebaut, Gemälde in der Kunsthalle

Hundert Meter handgeschmiedet – *Geländer an der Westfassade*

Karlsruhe restauriert. Allein schon wegen des maroden Zustandes war auf Bürgeln eine „schöpferische Denkmalpflege" gefragt, ein Ansatz, der über das reine Erhalten weit hinausgeht. Das einfühlsame Erneuern gehörte zu Sichlers ganzheitlicher Sicht der Restaurierung, Konzept und Ausführung gelten bis heute als beispielhaft.

Auch die Außenanlagen stehen für Aufwand und Anspruch: Das handgeschmiedete Eisengeländer vor der Schaufront ist über 100 Meter lang, die Kalksteinstufen der Eingangstreppe wurden von Basler Steinmetzen gefertigt. Die Steinhauer logierten damals im *Engel* in Sitzenkirch und wanderten morgens zur Arbeit nach Bürgeln. Gegen Ende der Außenarbeiten im Jahr 1926 mußten zwei bereits 80-jährige Linden, erst zwei Jahre zuvor aus Berlin geliefert, wieder verpflanzt werden, um die Sichtachsen vor der Westfront zu optimieren. Sichler verpflichtet dazu einen Gartendirektor aus Berlin. Zum Bewegen der Bäume werden eigens Flaschenzüge konstruiert – außer dem eigentlichen Schloßberg wurde auf Bürgeln so ziemlich alles versetzt.

1926 war es soweit – *Bürgeln wie neu*

Viel Pracht, wenig Pacht: Im September 1926 kommt es auf Bürgeln zum Eröffnungsfest. Volk und Würdenträger zeigen sich schwerst beeindruckt. Andererseits stieg mit dem nun erst richtig sichtbaren Aufwand auch das Mißtrauen in Teilen des Bürgeln-Bundes, wozu auch eine geringe Pacht beiträgt. So ist mit der glanzvollen Eröffnung bereits der Grundstein für lang anhaltende Grabenkämpfe gelegt: Der Mäzen erwartet Anerkennung für seine Leistung, die Neider, Mutmaßer und Gerüchtestreuer auf der anderen Seite können sich schlicht nicht vorstellen, daß solche Taten selbstlos geschehen. Man unterstellt Sichler unlautere Absichten, bis hin zur schleichenden Aneignung der Liegenschaft.

Vom Abschluß der Restaurierung bis in die frühen 1930er Jahre lebt Sichler auf seinem Schloß im Stile eines Grandseigneurs. Geschäftsleute, Freunde und Damen kommen und gehen. 1932, nach seinem endgültigen Ausscheiden bei Lingner in Dresden, zieht Sichler ganz nach Bürgeln, er lebt von Kapitaleinkünften und Beraterhonoraren, unter anderem vom jüdischen Kaufhausmogul Carsch, auch zu anderen jüdischen Geschäftsleuten unterhält Sichler enge Beziehungen.

Im 2. Weltkrieg wird die Immobilie zur Beute der Partei

Ein Schloß und die Nazis: In den 30er Jahren laufen auf Bürgeln plötzlich nicht nur die lokalpolitischen Linien über Kreuz. Sichler bekommt wegen seiner jüdischen Kontakte Probleme mit den Nationalsozialisten. Im Sommer 1933 setzt er sich zunächst nach Basel ab, schon 1934 ermittelt die Zollfahndung, die Gestapo unterstellt ihm politische Umtriebe. Sichler setzt sich daraufhin nach Shanghai ab.

Mitte der 1930er Jahre hängen vor der Westfront Bürgelns rote Hakenkreuzfahnen, was Sichler nicht daran hindert, weiter für die laufenden Kosten der Anlage aufzukommen. Im Jahr 1939 kehrt Sichler sogar nach Bürgeln zurück, wo sich die Lage weiter zuspitzt. Der Bürgeln-Bund als der eigentliche Eigentümer wird längst von Mitgliedern der Markgräfler NSDAP dominiert. 1943 wird Sichler vom Bürgeln-Bund ausgeschlossen, zudem fordert der NS-Kreisleiter die Ehrenbürgerwürde Sichlers abzuerkennen. Der Obereggener Bürgermeister kuscht und führt weisungsgemäß aus.

Aber nicht nur lokale Vasallen, auch Parteigrößen haben seit dem Kriegsausbruch ein Auge auf die exklusive Immobilie. Das Interesse diverser Parteiorganisationen kumuliert in einem Bieterstreit zwischen Reichsluftfahrtministerium, Hermann Göring und der Goebbels-Stiftung. Das Luftfahrtministerium will ein Erholungsheim für Piloten, Göring geht es wohl eher um ein Depot für seine Beutekunst, die NS-Stiftung will auf Bürgeln linientreue Literaten einquartieren und denkt an eine Villa Massimo für dichtende Nazis. Sichler wird bedrängt, bleibt aber smart und stets bemüht, auch für sich zu retten, was zu retten ist.

Jahrelang wird um Bürgeln taktiert und juristisch gestritten, lokale Freundschaften gehen zu Bruch. Schließlich kommt die Goebbels-Stiftung zum Zug, sie rückt im Juli 1944 auf Bürgeln ein, Sichler behält sein Wohnrecht, das er zusammen mit seiner zweiten, 31 Jahre jüngeren Ehefrau Nelly auch nutzt.

Gegen Kriegsende rückt die Front immer näher, am 3. März 1945 schreibt Sichler ein letztes Mal einen sarkastischen Lagebericht an die Goebbels-Stiftung. „Unter diesen Umständen müssen wir damit rechnen, daß Bürgeln vorübergehend von feindlichen Truppen besetzt wird, d.h. solange, bis der Führer den Gegenangriff befiehlt." Einen Monat vor der endgültigen Kapitulation gerät Bürgeln unter Artilleriebeschuß, eine Granate beschädigt Dach und Innenräume erheblich. Gleich nach dem Kriegsende wird der Bürgeln-Bund von der Französischen Militärregierung aufgelöst. Sichler kann auf Bürgeln bleiben, doch sein Vermögen hat sich während der Kriegsjahre schier aufgelöst.

Bürgeln wie gehabt – ein Schloß, viele Interessen: Sichlers Bürgeln-Leidenschaft bleibt ungebrochen. Schon im Sommer 1945 veranlaßt er die Reparatur der Kriegsschäden, bald kommt das gesellschaftliche Leben wieder in Schwung. Der gut vernetzte Sichler findet auch in der Nachkriegszeit schnell politischen Anschluß, schon 1946 wird er Wirtschaftsberater vom ersten badischen Staatspräsidenten Leo Wohlleb. Die Gesellschaft erscheint wieder auf Bürgeln, Lilian Harvey gibt 1949 ein Privatkonzert.

Wieder zugänglich – *der Rosengarten auf Bürgeln*

Ein halbes Leben und sein ganzes Vermögen hat Roland Sichler für Bürgeln gegeben, die letzten Jahre vor seinem Tod im Jahr 1952 geben ihm die Genugtuung, seiner Leidenschaft auch in schwierigster Zeit treu geblieben zu sein. Der bis zuletzt rüstige Sichler stirbt mit 76 Jahren im Müllheimer Krankenhaus überraschend an einer Herz- und Gehirnembolie, seine Urne ist auf Bürgeln beigesetzt. Auf der Steintafel steht nur: Richard Sichler, 1876-1952.

In der jüngsten Geschichte Bürgelns ist niemand vom Format Sichlers erkennbar. Auch niemand, der sich ähnlich bedingungslos wie Sichler für die Ikone des Markgräflerlandes eingesetzt hätte. Sichler starb im Glauben, die Dinge für seine Frau und für Bürgeln geordnet hinterlassen zu haben.

In den Nachkriegsjahren glauben freilich viele Vieles. Selbst die Kirche interessiert sich plötzlich wieder für Bürgeln, Baden geht im neuen Bundesland Baden-Württemberg auf, 1949 gibt es einen neu gegründeten Bürgeln-Bund. Es treten gewendete Würdenträger und Lokalmatadoren auf, Bewahrer und Modernisierer, auch gibt es in den Nachkriegsjahren noch

Die schönste Bank im Markgräflerland – *Winter im Rosengarten*

genug alte Rechnungen. Im Gewirr der Interessen, vermu-
teten Rechte und Ansprüche, verkämpft sich Sichlers Witwe
Nelly zusehends. Die Mittel werden knapp, nach Ablauf des
Pachtvertrages läßt Sichlers Witwe ihr Inventar versteigern
und verläßt 1957 das Schloß.

Verwalten statt gestalten: Während langer Jahre wurde die
Anlage nicht entwickelt, sonder eher wie eine Festung ver-
waltet. Besucher durften sich außerhalb der eng gesetzten
Besuchszeiten an Verbotsschildern delektieren. Über Jahr-
zehnte gelang es dem Bürgeln-Bund allenfalls ansatzweise,
ein Nutzung zu etablieren, die der Bedeutung des Markgräfler
Kronjuwels entspricht und entsprechend gradlinig – also ohne
Rücksicht auf Vettern und Günstlinge – umgesetzt wird.

Nach der Jahrtausendwende gab es einen sanften Zwischen-
hocheinfluß, beständig bleibt aber bis heute die suboptimale
Außenwirkung. Auch das bündische Taktieren gehört zu den
Konstanten auf Bürgeln, was daran liegen mag, daß im hono-
rigen Trägerverein mit seiner teils unhonorigen Vergangenheit
mancher Würdenträger nach Gutsherrenart auftritt und sich

Himmlische Bühne – *Terrasse auf Bürgeln*

vom niederen Volk nicht gern molestieren läßt. Andererseits: wo der Himmel so nah, erscheint selbst manche Schloß-Kuriosität in einem milderen Licht.

Bürgeln ist, wie es ist. Heute zählt der Bürgeln-Bund e. V. ca. 550 Mitglieder, 1. Vorsitzender ist der Schliengener Bürgermeister Werner Bundschuh, 2. Vorsitzende die Lörracher Landrätin Marion Dammann. Spenden sind stets willkommen: www.schlossbuergeln.de.

Unternehmerisches Denken oder eine klare Nutzungskonzeption stehen bis heute nur in zarter Blüte. Im neuen Jahrtausend kam auf Bürgeln immerhin einiges in Bewegung. Die

Türen stehen für Tagesbesucher offen, die prächtigen Außenanlagen wurden teilweise wieder hergestellt und sie sind teils öffentlich zugänglich. Das Veranstaltungskonzept wird seit Jahr und Tag mit mehr oder auch weniger Verstand bearbeitet. Das gastronomische Niveau der Schloßgastronomie während der letzten Jahre wäre ein Thema für den Kummerkasten. Kurios eingeschränkte Öffnungszeiten gehörten ebenso zur Schloßwirtschaft wie die bizarre Differenz zwischen dem Potential und der Realität des Angebotes.

Frischer Wind, neuer Geschmack: Nach dem jüngstem Pächterwechsel Ende 2014 ist es für eine endgültige Einschätzung

Kleine Stube am großen Ort – *Schloßwirtschaft Bürgeln*

zu früh; aber die neuen Öffnungszeiten und das deutlich erweiterte gastronomische Konzept lassen zumindest hoffen. Der recht kleine Gastraum wurde bereits um eine Kaffeestube im 1. Stock erweitert, die Panoramaterrasse soll demnächst mit einer beweglichen Verglasung geschützt werden, Abendöffnungszeiten sind vorgesehen. Wunder gibt es immer wieder, vielleicht sogar auf Bürgeln.

Und dann wären da noch Blicke und Wanderwege in alle Himmelsrichtungen. Und mit dem Rosengarten vor dem Südflügel der Platz mit der schönsten Gartenbank im Markgräflerland.

Literatur: Anton Josef Martin, Z'Bürglen auf der Höh, Richard Sichler auf Schloß Bürgeln. Die Geschichte des Weltbürgers, Ästheten und größten Bürgeln-Mäzens, inklusive der wenig bekannten lokalen Rankünen und Konflikte während der Nazizeit und danach. Eine tief schürfende Monographie, die vielen persönlichen Motiven und gesellschaftlichen Entwicklungslinien zum Thema Bürgeln nachgeht. Heimatkunde im besten Sinne, im lokalen Buchhandel.

Adressen und Hinweise

Mein Bürgeln ginge so: an einem Tag mit bewegtem Himmel vor oder nach dem Ausflugsbetrieb kommen, die westliche Schaufront des Hauptgebäudes passieren und in den Rosengarten gehen. Von den basteihohen Mauern Ausschau halten, vielleicht etwas lesen, vielleicht nur staunen, dann eine größere Runde um das Schloß gehen.

 Touren: Wanderwegweiser beim Parkplatz und beim Brunnen unterhalb der Schloßwirtschaft (640 m). Naheliegende Möglichkeiten: Sitzenkirch 2,4 km, Blauen 5,5 km, Badenweiler 8 km. Ein lohnender Wald- und Wiesenweg führt von Bürgeln über das reizende Tälchen am Lippisbach rüber zur Sausenburg (von Bürgeln 3,5 km), die Ruine steht nun wieder frei auf 665 m. Eine Option wäre auch eine Runde über den Engel in Sitzenkirch (ein Weg ab Bürgeln 2,5 km, aber 200 Höhenmeter).

Engel-Sitzenkirch: einfache Vesper mit hausgebackenem Brot, durchgehend Warmküche, jeden Freitag Zwiebel-, Rahm- und Speckwaien, „Metzgete zur üblichen Zeit", RT: Mi bis 16 Uhr und Do, Tel. 07626-380).

- **Schloßführungen** in der Saison tägl., Dauer eine knappe Stunde Vom 1.3. bis 31.10. jeweils um 11, 14, 15, 16, 17 Uhr. Vom 1.11. bis 28.2. jeweils am Fr, Sa, und So um 14, 15, 16 Uhr. Sonderführungen nach Absprache möglich. Weitere Infos zu den Veranstaltungen, Führungen, Konzerten, Mietmöglichkeiten der Räumlichkeiten für Feiern: www.schlossbuergeln.de.

SCHLOSSWIRTSCHAFT BÜRGELN. Ländlich-gediegene Wirtsstube mit kolossalem Kachelofen und breitem bürgerlichem Angebot, Kaffeezimmer im 1. Stock. Vesperkarte, auch Wildgerichte aus heimischer Jagd, hausgebackene Kuchen (Spezialität Schwarzwälder); geplant sind für 2015 zudem Eventangebote wie Dinner bei Kerzenschein, Oster- und Muttertagsbrunch. Draußen wartet mit der großen Freiterrasse das eigentliche Pfund der Bürgeln-Gastronomie, erhabene Lage und Blick sind einzig im Markgräflerland. Offener und gedeckter Freisitz ♣ mit weitem Panorama auf's Dreiländereck (Verglasung geplant). Schloßrestaurant (Armin Schütz), Schloss Bürgeln 1, Schliengen, Tel. 07626-293. Geöffnet von 11.30 Uhr bis 22 Uhr, RT: Mo.

- Zugang vom Parkplatz bis zur Schloßanlage ca. 300 m zu Fuß; Restaurant-Abendgäste können direkt vorfahren, für Gehbehinderte ist die Zufahrt jederzeit möglich. Aktuelle Winter-Zeiten, Extras, Veranstaltungen: www.schlossrestaurant-buergeln.de.

Champagnerreinetten am Lipberg

*Alte Streuobstwiesen liefern nicht nur Früchte,
sondern auch Emotionen.*

12 | Nochmal mit Gefühl: im Lipburger Tal

In esoterischen Kreisen wird gerne vom „richtigen Zeitpunkt" geredet. Wenn es um heimisches Obst geht, ist der Blick für den richtigen Zeitpunkt ziemlich unscharf geworden. Im Herbst liegt auch im Lipburger Tal körbeweise Fallobst am Boden. Zeitgleich wird in der nächsten Edeka-Filiale Spalierobst aus Ländern der EU angeboten; gezüchtet für den Massengeschmack, kalibriert in der Größe. Der nächste Bioladen bietet im November kernlose Trauben aus Südafrika und Kochbananen aus Uganda an – auch kein optimaler Zeitpunkt.

Ein schön gewachsener Gravensteiner Apfel kostete vor 100 Jahren mehr als eine Reichsmark, die Früchte wurden einzeln in Seidenpapier gewickelt und bis an den russischen Hof geliefert. Gravensteiner gibt es in den Aktiv-Märkten nicht mehr, Freiherren von Berlepsch und Champagnerreinetten auch nicht.

Die Champagnerreinette ist eine alte Landsorte aus der Champagne, 1799 zuerst beschrieben, seit 1857 zum Anbau als Wirtschaftsapfel für Hausgärten empfohlen. Ihre Schale ist glatt, zuerst grüngelb, später wachsgelb, die Sonnenseite zartrosa getönt. Pflückreife ab Mitte Oktober, Genußrei-

Handelsklasse null – *drei Freiherren von Berlepsch*

fe erst ab Dezember. Die mittelgroßen Früchte halten sich hartnäckig am Baum, in Württemberg heißt die Sorte deshalb auch „Loskrieger". Oft leuchten noch im Dezember die letzten wachsgelben Reinetten im kahlen Geäst von Streuobstwiesen, im kühlen Lager bleiben sie haltbar bis in den nächsten Frühsommer. Die spitze Säure baut sich während der Lagerzeit ab, auf der Schale bildet sich mit der Zeit eine Fettschicht, die den Apfel vor dem Austrocknen und Schrumpeln schützt. Im Elsaß heißt die Champagnerreinette deshalb auch Glattapfel, in Baden Wachsreinette, im Freiburger Raum Zwiebelapfel. Für jene, die ihre Sinne noch beisammen haben, ist der Reichtum heimischer Früchte ein Geschenk, auch ohne Seidenpapier.

Emotionales Grundeinkommen: Im Obstsortiment des Einzelhandels, auch in Bioläden, spielen bewährte Lokalsorten keine Rolle mehr. Wer ist schon mal einem Freiherrn von Berlepsch im Neukauf begegnet? Der Apfel gehört zwar zu den feinsten Tafeläpfeln, ist aus dem Sortiment aber ebenso wie die Champagnerreinette verschwunden. Der Apfel von heute

Flow – *im Lipburger Tal*

sollte vor allem fest, groß, süßlich, säurearm und rotwangig sein, Aroma Nebensache. Wer Berlepsch, Goldparmänen und andere alte Sorten sucht, bekommt sie allenfalls auf Wochenmärkten, oder dort, wo Handelsklassen keine Rolle spielen.

In einer Garage frostfrei gelagert, hält sich eine Kiste mit Lageräpfeln über Monate, was ein Luxus wäre, der etwa soviel kostet, wie eine mit Puderzucker aufgehübschte Dessertvariation. Wer noch einen Schritt weiter gehen möchte, könnte sich auch nach einer alten Streuobstwiese umschauen. Ein Stück Land mit ein paar Bäumen, denen etwas Zuneigung gut täte, läßt sich pachten oder auch kaufen.

Viele Streuobstbesitzer sind mittlerweile in einem Alter, in dem sie Bäume und Flächen einfach nicht mehr pflegen können, mancher ist froh, wenn sich jemand seinem Stückle Obstwiese annimmt (*). Die Pachtkosten sind unerheblich, selbst der Kauf einer handlichen 10 Ar Streuobstwiese kostet nur meist einen kleineren vierstelligen Eurobetrag. Soviel wie

* Bei Interesse frage man dort nach, wo Obst vor der Tür steht, bei einem Landwirt oder auch beim Ortsvorsteher. Wer sich für ein Stück im Lipburger Tal interessiert, kann auch mit dem Autor Kontakt aufnehmen.

Bitte leise eintreten – *Yogazentrum Obstwiese*

ein Cluburlaub mit Normobst vom All-you-can-eat-Buffet. Zudem gilt: Eine eigene Obstwiese garantiert nicht nur Früchte, sondern auch ein emotionales Grundeinkommen.

Emotionen erntet auch, wer spät im Herbst noch einmal um den Lipberg geht. Wenn die letzten Reinetten schon ein paar kalte Nächte auf der Schale haben. Im Markgräflerland gibt es keinen Hafen mit schaukelnden Fischerbooten, denen man hinterher träumen könnte. Aber es gibt Wiesen, auf denen es wie auf hoher See ist – mit einem Apfel in der Hand, zum richtigen Zeitpunkt. Der Volkskundler Andreas Hartmann, Professor in Münster, schreibt zu den Inhaltsstoffen einer Lokalsorte:

„Das gesamte Tableau unseres früheren Befindens kann im Aroma einer bestimmten Apfelsorte oder im Duft einer Backstube aufgehoben sein."

Ich kann aus Selbsterfahrung bestätigen: wer sich um eine Obstwiese kümmert, erntet Früchte, Achtsamkeit und Emotionen. Eine Obstwiese ist wie eine große Yogamatte.

Konzentrat, vom Sommer gekocht – *wilde Zwetschgen am Lipberg*

Landpartie mit zwei Beutelchen: Am Lipberg wachsen nicht nur Äpfel, sondern auch Butter- und Mostbirnen, verwilderte Mirabellen und Zwetschgen, und alles hat seine Zeit. Die wilden Zwetschgen sind ab Mitte September soweit. Als Kulturfolger erobern sie steile Böschungen am Rande von Streuobstwiesen, aufgelassenen Weinbergen und verwaisten Hausgärten. Das wilde Obst gedeiht dort, wo Generationen geackert wurde, nun gehen dort halbe Stellen mit zwei Hunden spazieren. Die Fünfzigprozentigen gehen aber nur selten in ein Pflaumendickicht. Viele urbane Spätaussiedler wissen auch gar nicht mehr, wie eine reife Goldparmäne schmeckt.

Dafür haben manche zwei Beutelchen dabei, eins für die Nüsse, eins für den Hundedreck. Und seit ein paar Jahren gibt es jetzt auch hier, im hinteren Lipburger Tal, diese Kackverbotschilder. Hunde sind wunderbare Tiere, aber sie sind eigentlich nicht als Callboys gedacht.

Höchste Genußreife: Am besten schmecken die halbwilden Hauszwetschgen im September, an einem der letzten Sommertage. Die weiß bereiften, wachteleigroßen Früchte sind

Generationenfrage – *alte und junge Kirschen am Lipberg*

dann fast überreif. Oben am Stil leicht runzlig, aber das ist es gerade. Ihr Fruchtfleisch löst sich dann leicht vom Stein, es schimmert zuckersatt, fast bernsteinfarben. Ein Konzentrat, süß wie Zwetschgenmus. Nicht im Kupferkessel gekocht, sondern vom Sommer. Einerseits.

Andererseits sind verholzte Böschungen und Zwetschgenhecken ein Zeichen nachlassender Landwirtschaft. Wie erodierende Trockenmauern, von Misteln befallene Bäume oder restlos aufgelassene Flurstücke. Auch die Rebfläche am Lipberg geht weiter zurück, vielen Obstwiesen fehlt es an Pflege. Da stehen Baumveteranen, die schon lange nicht mehr geschnitten wurden, Solitäre mit vergreisten Ästen, die nur kleine Früchte tragen und irgendwann einfach abbrechen, weil sie die eigene Last nicht mehr tragen können. Es geht halt, solange es noch geht, sagt man auch hier, aber manchmal ist der richtige Zeitpunkt schon vorbei.

Nach ein, zwei Jahren gehört unbewirtschaftetes Land den Brombeeren, danach den Schlehen und dem Pioniergehölz. Wo das Gelände einigermaßen eben ist, wurden ein

Ruhiges Land, dramatischer Himmel – *am Lipberg*

paar neue Plantagen angelegt; durch Privatinitiative werden neuerdings auch rund um den Lipberg ein paar wertvolle alte Streuobstbestände gepflegt und erweitert. Auch einzelne Trockenmauern werden erhalten. Für den kostendeckenden Erwerbsobstbau ist das Tal aber zu kleinflächig und zu steil – und der allgemeine Obstgeschmack zu stumpf.

Hängegleiter und Fleischkäs': Das Lipburger Tal ist mehr als nur Landschaft, seine harmonischen Schwünge sind eine angewandte Seelsorge. Oben am Blauenhang verstreut, liegen die Landhäuser von Sehringen. Anderswo würde man so eine Augenweide als Parksiedlung vermarkten. Auf den mageren Wiesen am Waldrand stehen im Frühling die lila Kerzen der Knabenkraut-Orchideen. Die Wälder sind pilzreich, der Himmel über den Vogesen sorgt für jene Abwechslung, die das ländliche Leben nicht täglich bieten kann.

Weiter unten, zu beiden Seiten vom Dorfbach, Lipburg mit ein paar alten Gassen, Scheunen und letzten historischen Hausfronten, die an jene Zeiten erinnern, als am Samstagnachmittag in der Wanne gebadet wurde.

Idylle und Wandel – *Lipburg wächst behutsam*

Am Hang zwei kleine Neubaugebiete, oben am Sonnenbrühl reichen die Häuser fast bis ins Reich der wilden Zwetschgen. Aber die Lebenslinien werden nicht mehr von der Landwirtschaft bestimmt. Carport statt Schopf, Badelandschaft statt Wannenbad, die Küchen sind größer geworden, die Hausgärten kleiner. Ob gekocht wird, ist eine andere Frage.

Unten im Dorf gibt es einen Brunnen, ein historisches Uhrentürmle, zwei Galerien, Elkes Dorfladen mit Metzgerei, da und dort steht ein Tisch mit Obst und Honig aus dem Tal an der Straße. Im Dorfladen praktiziert der freundliche Metzger Berthold Schwald, Elke steht hinter der Theke und schneidet gut ab. Dreimal die Woche gibt es Handwerk zu fairem Preis, am Mittwoch ab 17 Uhr heißen Fleischkäse aus dem Ofen, Extrawürste auf Anfrage, Saucenknochen und Dorfnachrichten gratis.

Wilde Zwetschgen, Streuobst und heißer Fleischkäs' – die ländliche Idylle ist aber nur ein Teil vom Ganzen. Oben beim Friedhof landen Hängegleiter auf himmlisch gelegenen Wiesen, auf den Rundwegen flaniert Genußbürgertum durch jene Streuobstwiesen, die alle lieben, aber keiner mehr pflegen will.

Orchideenblüte und Blauenblick – *bei Lipburg*

Da und dort gärt Fallobst. Auch rund um den Lipberg sieht es
mal nach Dorf, mal nach Freizeitpark und auch mal nach Effizienzlandwirtschaft aus. Eine himmlische Landschaft, irdisch
bespielt. Wer ein Gefühl für den richtigen Zeitpunkt hat, wird
reich belohnt. Nicht nur zur Orchideenblüte.

Adressen und Hinweise

Ausgangspunkt Lipburger Tal: Eine blickreiche Runde um
den Lipberg könnte beim Friedhof beginnen (Wanderwegweiser Römerweg, wenige Meter oberhalb vom Friedhof,
an der Landstraße nach Badenweiler).

Oder man beginnt direkt in der Dorfmitte von Lipburg. Ein Wanderwegweiser mit den nächstliegenden Zielen steht im alten Ortskern zwischen Buswartehäuschen und Dorfbrunnen (Lipburg, 390 m). Gleich
gegenüber ein markantes Uhrentürmle (mit der historischen Turmuhr
von 1906 hinter Glas). Direkt am Brunnen ein derzeit leer stehendes
historisches Gebäude, das mittelfristig mit einer Dorfwirtschaft belebt
werden soll.

- Auch eine kleine Inspektion lohnt in Lipburg, sie zeigt, wie so oft auf
dem Land, sehr unterschiedliche Lebenswelten. Lipburg hat eine Dorf-

Rinderlende, luftgetrocknet *– beim Metzger Schwald in Lipburg*

metzgerei, eine Kunstschule und eine hoch spezialisierte Galerie für europäische Werke der Glasmalerei vom Mittelalter bis zur Gegenwart. In den unmittelbar anschließenden Höfen, Hinterhöfen und Winkeln wären dann wieder Einblicke ins traditionelle Dorfleben möglich. Und wie so oft im Markgräflerland, bewegt sich das ländliche Moment zwischen Schlepper und SUV, Metzgete und freiem Gestalten.

- **Literarische Touren** auf den Spuren von René Schickele, Emil Bizer und Oskar Schlemmer, vgl. im nächsten Kapitel ab Seite 218.

- **Touren ab Sehringen**: Höher im Tal gelegene Tourenausgangspunkte (mit Parkplatz) liegen an beiden Seiten der Sehringer Ortsdurchfahrt, sowie beim Gasthaus Grüner Baum mitten in Sehringen (dort ein Wanderwegweiser, Touren-Landkarte im Buswartehäuschen direkt an der Landstraße 132).

- **Fasnachtsfeuer**: Alljährlich am Samstagabend nach Aschermittwoch wird der Lipberg zum Austragungsort für das Scheibenfeuer. Ein alter Reigen um Feuer und Theke, mit dem die Markgräfler Fasnacht traditionell ausklingt. Vitale Stimmung und geselliges Beisammensein für Jung und Alt; aufrichtig-einfache Hüttenbewirtung ab 18 Uhr, ab 21 Uhr trennt sich dann die Spreu vom Weizen(bier). Open end je nach Glut und Stimmung (vgl. auch Seite 346).

Farben im Herbst – *in einem Lipburger Schopf*

- Dorfmetzgerei Berthold Schwald – Elke's Dorflädeli, 79410 Badenweiler-Lipburg, Lipburger Str. 8, Tel. 07632-7465, regionales Fleisch aus erster Hand, eigenes Wurstsortiment, dazu noch einige Basisprodukte wie Brot (Fr und Sa), Feldsalat, Kartoffeln; auch Apfelsaft von regionalen Obstwiesen in der 5-Liter-Box. Metzger Berthold Schwald geht auch auf Kundenwünsche ein und besorgt bei Bedarf einen kapitalen Braten oder ein besonderes Stück für den Grill am langen Spieß. Im kalten Halbjahr auch Spezialitäten wie luftgetrocknetes Markgräfler Trockenfleisch von der Rinderlende (Bild oben links), sowie ein Monate gereifter luftgetrockneter Hinterschinken, im Winter auch mal ganze am Knochen gereifte Schinken. Der Laden ist ein Exempel – es geht also doch. Geöffnet: mittwochs und freitags von 15 bis 19 Uhr, samstags von 9 bis 13 Uhr.

- **Glasmalerei** vom großformatigen Glasfenster bis zum kleineren Liebhaberstück. Barbara Giesicke, Glasgemälde vom Mittelalter bis heute, Ziegelweg 6, 79410 Badenweiler-Lipburg. Tel. 07632-823080, www.giesicke.com, Besichtigungen nach Vereinbarung.

- **Kunstschule** beim alten Rathaus: Galerie Helmers, Freie Schule für künstlerisches Gestalten e.V., Ernst-Scheffelt-Straße 22, 79403 Badenweiler-Lipburg, www.galeriehelmers.com

Einkehrhinweise Sehringen, siehe Seite 231

„*Tradition ist die Bewahrung des Feuers,
nicht die Anbetung der Asche.*"

GUSTAV MAHLER

13 | Glut und Asche in Badenweiler

Badenweiler hat genug Tradition, vielleicht sogar mehr als genug. Bereits im 2. Jahrhundert nach Christus ließen Römer am Fuß des Blauen die größte Wellnessanlage nördlich der Alpen errichten. Fünf-Sterne-Standard mit Fußbodenheizung, thermalwassergespeister Schwitzgrotte und Aqua-Fun. Gleich nebenan stellten Legionäre und Glücksritter ihre komfortablen Landhäuser in die milde Halbhöhenlage über dem Rheintal. *Villeggiatura* hieß das einst. Es muß hoch hergegangen sein in der antiken Sommerfrische am Fuß des Blauen.

Nach zweihundert Jahren kamen die Alemannen aus dem Blauenwald und legten das römische Spaßbad in Schutt und Asche. Es folgten 1200 Jahre dunkles Mittelalter ohne Fußbodenheizung. Später kam rund um Badenweiler der Bergbau auf, aber die Bäder blieben noch lange kalt. Erst im 16. Jahrhundert wird Badenweiler wieder als Badeort erwähnt, aber schon im 17. Jahrhundert brannten die Franzosen das Schloß nieder. Mitte des 18. Jahrhunderts dann eine zarte Renaissance mit zunächst vier Wirts- und Badehäusern. Allerdings mußten die Gäste ihre Möbel zunächst selbst mitbringen, was die Buchungszahlen in engen Grenzen hielt.

Nur Nostalgie – *Kaffeemühle und Wandelhalle im Kurpark*

Ruf und Realität: Nicht nur die Zahl der Gäste, auch ihre Zufriedenheit war schon immer Thema in Badenweiler. Bereits 1782 wurden von Markgraf Karl Friedrich, der als Förderer eines fortschrittlichen Kurbetriebs galt, Vorschläge eingefordert, „um den verlorenen Ruf und Glanz Badenweilers wiederherzustellen." Die Badwirte der Logierhäuser waren vom Qualitätsmanagement freilich kaum angetan. Aus Badenweiler hieß es zur großherzoglichen Evaluierung lapidar, man „bedürfe keiner basler oder französischen Köchinnen, keiner besseren Logis noch Meubles." Auf kritische Stimmen wird noch heute so ähnlich reagiert. Badenweiler ist tip top. Basta.

Seit jeher kaschiert die lange Traditionslinie Badenweilers die eine oder andere Schwäche des Geschäftsmodells. Was kümmern weiche Betten, wo Tschechow seine letzten Tage verbrachte, mag mancher bis heute denken. Dabei hatte schon der große Russe seine Bedenken: „Badenweiler ist ein sehr origineller Kurort, aber worin seine Originalität besteht, ist mir noch nicht klar geworden."

Andererseits sorgten regelmäßige Aufenthalte der Großherzoglichen Familie, die mitsamt Entourage monatelang in

Kollektiver Freizeitpark – *Cassiopeia Therme*

Badenweiler weilte, schon früh für ein gewisses Selbstbewußt-sein vor Ort. Vielleicht erklärt dies auch eine durch nichts zu erschütternde Subventionstreue der Obrigkeit, die bis zum heutigen Tage anhält: Die Anlage des prächtigen Kurparks wurde einst von einer Herzoglichen Badanstaltenkasse ge-fördert, die den Ertrag staatlich konzessionierter Glücks- und Hazardspiele abschöpfte. Bis heute werden Bau, Rückbau und Neupositionierung diverser Kureinrichtungen aus der Stuttgarter Landeskasse großzügig bedacht. Dito Ernennung, Freistellung und Neuinthronisierung von Marketingexperten, die munter wechseln, aber stets frischen Wind ankündigen. Bei so viel Umtrieb zeigt mancher Badwirt wie anno 1782 wenig Neigung zur Optimierung von Logis und Meubles. Ach Badenweiler, dein Eifer ist so lau und verlässlich wie die Rö-merquelle – 1 Million Liter am Tag, 26,4 Grad, seit 2000 Jahren.

Kurmusik & Kaffeemühle: Im 19. Jahrhundert begann Baden-weilers große Zeit als Heilbad: Ab 1823 wurde das Römerbad im Rivierastil eines Grandhotels erbaut, 1842 wird ein Groß-herzoglicher Badearzt ernannt, 1853 ist das großzügige Kur-

Blasser Mythos – *Hotel Römerbad*

und Konversationshaus fertig, ergänzt um eine 50 Meter lange „Wandelbahn" am Fuß des Burgbergs. Die Gußeisenkonstruktion mit Ladenlokalen darf als Frühform eines Einkaufszentrums gelten. Im Anschluß beginnt die legendäre Kurparkpromenade, bis heute *Kaffeemühle* genannt. Zwischen Bridge im Konversationshaus und Dinner im Römerbad konnten die Kurgäste über den Niederungen des Rheintals ebenerdig ihre Runden drehen. Eskortiert von exotischem Gehölz aus fünf Kontinenten, der Spaziergang als Statusdemonstration.

Vom Hofsaal zum Flachbildschirm: Gut 100 Jahre lang spielte die Kurmusik eingangs der Kaffemühle mindestens dreimal täglich. Als „Medizin aus der Muschel" galt das Kurkonzert noch bis in die 1970er Jahre. Beim Abendkonzert saßen Witwen mit Hut in der ersten Reihe. Ihre Blumensträuße landeten zusammen mit dem Schlußapplaus zu Füßen eines rumänischen Dirigenten, der sein dunkel glänzendes Haar in Künstlerlänge trug. Bei floralen Überkreuzwürfen kam es mitunter zu delikaten Szenen unter den Verehrerinnen. Ich durfte das Getuschel noch hören, konnte es damals aber nicht deuten.

Römerbad heißt jetzt Panacée

Nur wenige Jahre später klang die Kurmusik dann eher wie ein Requiem auf vergangene Zeiten.

Badenweiler ist voll solcher Geschichten, die meisten spielen in der Vergangenheit. Auch der Hoteldampfer mit dem großen Namen *Römerbad* besteht im Wesentlichen aus Geschichten. „Tournedos Römerbad (1 Piece)" gab es einst für vier, das „Soufflé Rothschild" für 3 Reichsmark. Nach mehreren, teils kurios gescheiterten Rettungsversuchen, liegt das Schicksal des historischen Grandhotels heute in den Händen thailändischer Eigentümer. Statt Soufflé Rothschild werden nun diverse Currys auf einer speziellen Thai-Karte angeboten. Eine Thai-Köchin macht das durchaus passabel, die Standardkarte erinnert jedoch mehr an kontinentale Hotelküche. Die Atmosphäre im hallenhohen Speisesaal schwankt wie gehabt zwischen blassem Mythos und Wartesaal. Unvergeßlich vom letzten Besuch bleibt mir jene hochbetagte Dame, die nach dem Dinner ihren Mann instruierte: „Ich nehme jetzt an der Bar noch einen Wodka. Du kannst ja schon mal hochgehen."

Im historischen Hofsaal von 1880 erinnern blinde Silber-Spiegel im Versailler Stil an die große Zeit des Hauses. Am

Wasser wie immer – *nur die Gäste haben sich verändert*

Wochenende wird hier sogar wieder ein High Tea serviert. Zur britischen Teezeremonie lodert Kaminfeuer, allerdings auf einem Flachbildschirm. Die ehemalige Kaffeeterrasse zum Schloßplatz hin wurde mit grünem Kunstrasen ausgelegt, die eigentlich stimmungsvolle Hotelbar heißt nun nach dem Jahr der Eröffnung *18:25*. Die altgediente, auch für Raucher offene Bar könnte ein feiner Rückzugsort sein. Könnte, müßte, sollte – wenn der thailändische Pianist beherzt in die Tasten greift, kann man das mögen, muß aber nicht.

Vom Soufflé Rothschild zum digitalen Kamin, von der Teeterrasse zum Kunstrasen, das ist sicher nicht die ganze Geschichte Badenweilers, aber es ist die Zusammenfassung von Aufstieg, Hybris und Straucheln – viel mehr kann einem Grandhotel nicht passieren. Die aktuellen Vitalisierungsversuche wirken bemüht bis kurios. Die imposante Fassade steht noch – nur die Gäste hat jemand vergessen.

ANTON TSCHECHOW starb im Juli 1904 in Badenweiler an Herzversagen. Für museal grundierte Veranstaltungen und Delegations-Empfänge wird Tschechows Hinscheiden bis heute gerne bemüht. Einen Monat vor seinem Tod war Tsche-

Kanderner Straße 14 – *Gedenkstein an René Schickeles Wohnhaus*

chow noch im Römerbad, das damals eine große Zeit noch vor sich hatte. Gerne würde ich lesen, was der sensitive Autor zum kalten Kaminfeuer im Hofsaal zu sagen hätte.

Glut und Asche: Anderthalb Jahrhunderte lang brannte das touristische Feuer Badenweilers. Ein paar Gründerzeitfassaden leuchten noch und je mehr die große Vergangenheit verblaßt, desto heftiger wird sie beschworen. Die Glut der Moderne mag längst anderswo leuchten, unsere Toten kann uns keiner nehmen.

Heute sorgt ein steter Strom von Tagesgästen aus elsässer Vorstädten für ein lebhaftes Badevergnügen zwischen Entspannungsbecken und thermaler Drosselgass'. Das ehemalige Markgrafenbad heißt jetzt spätrömisch Cassiopeia-Therme und das paßt schon. Zur zertifizierten Wellness gehören heute unter anderem lange Thermennächte mit Tec-Zone und Moving-Light; Dozentin Roswitha gibt ein kostenloses Proseminar über „Die Sprache der Zehen".

Präsidenten von Heuss bis Rau kamen einst nach Badenweiler. Heute gehen Cindy und Bert in Funktionskleidung vom

Drei Stufen über dem Wiesenmeer – *René Schickeles Haus*

Schloßplatz zur Saunalandschaft – Badenweiler ist ein Volks-
bad geworden. Außerdem kommen 100 Jahre nach Tschechow
auch wieder vereinzelt Russen. Die haben vielleicht weniger
Geist, aber mehr Kapital als damals. Vorläufige Zwischenbi-
lanz: Badenweilers Quellen werden nie versiegen.

Gottbegnadet, naziverdammt: Und dann wären da noch
die anderen Badenweiler Biographien. Geschichten und Tra-
gödien, die marketingmäßig wenig bringen. RENÉ SCHICKE-
LE zum Beispiel, der in Badenweiler nie mehr so richtig in
Mode kam. Schon 1933 mußte er sein Haus an der Kanderner Straße Nr. 14 Richtung südfranzösisches Exil verlassen.
Oben zwischen Blauenwald und Rheintalweite gab es vor
dem 2. Weltkrieg eine kleine Künstlerkolonie. ANNETTE KOLB
schrieb in ihrem Häusle unmittelbar neben dem repräsen-
tativen Hof von Schickele. Zwei Häuser weiter, ebenfalls von
PAUL SCHMITTHENNER zu Beginn der 1920er Jahre gebaut, das
sogenannte Haus des Malers.

Drei Stufen über dem Wiesenmeer: Schickeles Architekt
Paul Schmitthenner war nur ein Jahr jünger als der Schrift-

„Schönheit ruht in der Ordnung" – *Schmitthenners Entwurf*

steller und ebenfalls im Elsass geboren. Heute würde man Schmitthenner einen Stararchitekten nennen. Sein Konzept der „Gartenstadt" mit ruhigen, konservativen und handwerklich qualitätvollen Hausformen, ebenerdigem Wohnen und umschlossenen Gärten, wirkt aktueller denn je. Die Villenkolonie von Carlowitz bei Breslau, die Gartenstädte Staaken bei Berlin, Plaue an der Havel, auch die berühmte Siedlung Piesteritz wurden von Schmitthenner geplant.

Über Schickeles Haus schrieb Schmidthenner: „Das Weite, das Großartige beginnt, wenn du durch die Fenstertüre auf die mäßig große Sandsteinterrasse trittst, drei Stufen über dem Wiesenmeer." Alle drei Schmitthenner-Häuser stehen noch an der Kanderner Straße, mehr oder minder wie damals, nur die Umgebung hat durch weitere Bebauung und Verwaldung an Reiz verloren.

Der Nationalsozialismus trennte Schickeles und Schmidthenners Lebenslinien. Im Jahr 1931 wurde der Architekt in die Preußische Akademie der Künste Berlin gerufen, 1933 trat er der NSDAP bei, seine staatsnahe Karriere in Berlin begann. Kurze Zeit galt Schmitthenner als erster Baumeister des na-

Frühling am Badenweiler Römerberg – *Emil Bizer, um 1950*

tionalsozialistischen Apparates, eine totale Vereinnahmung lehnte er jedoch ab.

„Schönheit ruht in der Ordnung", war ein Credo Schmidthenners, der sich von 1941 an zumindest im ästhetischen Widerstand gegen die Monumentalarchitektur der Nationalsozialisten befand. Was den Führer nicht daran hinderte, den Architekten in die „Gottbegnadeten-Liste" aufzunehmen.

Ganz anders René Schickele, der während seiner Badenweiler Jahre auf die Liste der Verdammten geriet. Schickele, geboren 1883 im elsässischen Obernai, war der Sohn eines deutschen Weingutbesitzers und Polizeibeamten und einer französischen Mutter, im Spannungsfeld zwischen französischer und deutscher Kultur entstand auch Schickeles Werk. Im September 1922 bezog der Autor sein großzügiges Landhaus an der Kanderner Straße, wo er sich auf Anhieb wohl fühlt. Am Fuß des Blauen, mit Blick auf Rheintal und Vogesen, entstand eines seiner Hauptwerke, die Romantrilogie *Das Erbe am Rhein*, mit einer grenzüberschreitenden Handlung.

Zwischendrin – *René Schickele auf der Rheinbrücke in Neuenburg*

Im schönsten Exil der Welt: Mit seinem Malerfreund EMIL
BIZER (1881 – 1957) streifte Schickele ausgiebig durch seine
Wahlheimat: „Hier ist der warme, gehütetste Winkel des alemannischen Gartens. Lebte ich hier in der Verbannung, es
wäre das schönste Exil der Welt, am Rande eines tiefen Waldes
auf der einen, eines ständig sich wandelnden Himmels auf der
anderen Seite – und so heiter."

Schickele verarbeitet seine Streifzüge durchs Markgräflerland in der 1933 zunächst bei S. FISCHER aufgelegten *Himmlischen Landschaft* (Neuauflage 2007 im Oase Verlag). Das Werk
mit dichten Episoden und Miniaturen liest sich wie ein heiter-
beschwingtes Gegenstück zu seinen großen Romanentwürfen.
„Halbe Tage war ich unterwegs, versuchte den neuen Wein,
wie er hier gedeiht, bekam braungelbe Finger vom Schälen
der Nüsse, und fuhr zu guter Letzt ins Elsass hinüber, um
auch den dortigen zu versuchen." Für Schickele war der Rhein
keine Grenze, sondern ein Scharnier. Damit war sein Schicksal in Badenweiler besiegelt. Schon 1932 sieht Schickele eine
„mehrjährige Sonnenfinsternis" heraufziehen.

Während die Lage für den Europäer in Badenweiler immer

René Schickeles Lieblingsweg *– im Lipburger Tal*

schwieriger wird, macht sein Architekt Schmitthenner Karriere. 1933 tritt der Architekt in die Partei ein, im selben Jahr muß Schickele „sein weißes Haus, seine Arche" verlassen. Er emigriert nach Südfrankreich, wo er 1940 in Vence stirbt.

Wege im alemannischen Garten: Von Schickeles Landhaus an der Kanderner Straße lassen sich jene Runden drehen, die der Schriftsteller mit seinem Malerfreund EMIL BIZER schätzte. Etwa die reizvolle Einstunden-Runde durchs Lipburger Tal um den Lipberg.

René Schickeles Rundgänge im Lipburger Tal klingen wie eine Verzauberung: „Eines nachts ging ich in den Mond hinein bis zu einer Bank, von der man über ein kleines, vielfach bewegtes, aber geschlossenes Tal blickt. Die Bank steht neben einem niedrigen Steinkreuz am Waldrand. Es ist ein wundervoller Platz zum Alleinsein, zum Schauen und zu jener tieferen Art von Schau: dem Horchen…".

Eine Bank und den Platz beim niedrigen Steinkreuz gibt es heute noch: der Ort liegt am Beginn des Weges, der von der Lipburger Kriegsgräberstätte (Ehrenfriedhof) in eine Senke

Oskar Schlemmers Aussichtsplatz – *auf dem Lipberg*

führt (vgl. Karte S. 230).

Erst 1956 konnten Schickeles Überreste auf den Friedhof im Lipburger Tal überführt werden. Das Grab ist leicht zu finden, es liegt nur ein paar Schritte vom Eingangstor entfernt, rechter Hand, Nr. 159/160. Der erhaben gelegene Lipburger Friedhof ist ebenfalls ein Ort, den Schickele beschrieben hat. Vom schmiedeeisernen Tor, das „immer halb offen steht" bis zum Talgang, dessen harmonisch bewegte Linien noch heute berühren.

Der bewegte Blick: Auch dem Bauhauslehrer OSKAR SCHLEMMER (1888 – 1943) hat es im Lipburger Tal gefallen. Ein Lieblingsplatz – auch der seiner Frau Tut – war der Aussichtsplatz oben auf dem Lipberg. Auch dies eine Stelle mit „vielfach bewegtem Blick": auf Lipburg im Tal, auf den Blauengipfel, auf die Weite im Rheintal und den Vogesenkamm.

Auch Schlemmer geriet auf eine Liste: unter den Nationalsozialisten verlor er 1933 seine Professur, 1937 wurden dann fünf Werke von Schlemmer in der berüchtigten Münchner Propagandaausstellung *Entartete Kunst* gezeigt. Ein insze-

Oskar Schlemmer in Dessau, 1929

niertes Tribunal, das dazu diente, die Elite der Klassischen Moderne zu diffamieren.

Dank einer kleinen Erbschaft gelang es Schlemmer dennoch, oberhalb des Lipburger Tals im Ortsteil Sehringen zu bauen. Ein bescheidenes Landhaus mit sonnengegerbter Holzfassade, kleinem Atelier und einer roten Veranda zum Rheintal. Das Haus steht heute noch an der Sehringer Straße Nr. 13, oberhalb der Engstelle auf der Ortsdurchfahrt.

Oskar Schlemmer gehörte zu den prägenden Lehrern am Bauhaus, erst in Weimar, dann in Dessau, er wurde als Lehrer und „Formmeister" berufen, eine Schlüsselposition, die bald für Probleme mit den völkischen Beobachtern sorgte.

Doppelte Tragödie: Bereits 1930 wurden Arbeiten Schlemmers, die für das Folkwang Museum bestimmt waren, mutwillig zerstört. Im aufkommenden Nationalsozialismus wurde seine wirtschaftliche Situation dann immer schwieriger. Dennoch glaubte Schlemmer zu lange und viel zu blauäugig an einen vorübergehenden Spuk.

Trotz künstlerischer Ächtung und wirtschaftlicher Probleme begann er 1937 mit dem Hausbau in Sehringen. Seine Badenweiler Zeit sollte nur knappe zwei Jahre dauern, aber Schlemmer hatte über dem Lipburger Tal noch ein letztes Mal einen, seinen Platz gefunden: „Ich sehe in die in der Morgensonne langsam entstehende Landschaft: die hellviolettbraunen Waldungen, der blau weiße Schnee, das schwarze Geäst der kahlen Bäume. Diese Landschaft ist schön, selbst wenn sie konventionell gesehen wird."

Heute verbirgt sich das verwahrloste Schlemmer-Haus hinter hohen Bäumen auf einem verwilderten Grundstück. Seit Jahrzehnten wird von Nachfahren um das Erbe gerungen, das Badenweiler Domizil ist dabei nur ein kleiner Bruchteil in einem erbitterten Streit, bei dem es um hohe künstlerische und finanzielle Werte geht.

Neben der familiären Dimension hatten die Auseinandersetzungen eine öffentliche: der Streit verhinderte eine angemessen breite öffentliche Wahrnehmung des Werkes. Die letzte große Retrospektive Schlemmers in Deutschland fand 1977 statt, selbst die Abbildungen seiner Werke in Katalogen waren lange Zeit problematisch. Die Situation änderte sich erst 2013, weil 70 Jahre nach dem Tod das Urheberrecht erlischt, die Werke können nun auch im Bild gezeigt werden.

In der Stuttgarter Staatsgalerie wurde Ende 2014 die umfassende Werkschau „Visionen einer neuen Welt" eröffnet (bis April 2015); sicher werden weitere Ausstellungen folgen. Dennoch gilt: zu Lebzeiten wurden Oskar Schlemmers Werke

Sehringer Straße Nr. 13 – *Schlemmers Wohnhaus und Atelier*

von den Nazis diffamiert, nach seinem Tod behinderte ein Erbstreit die Rezeption – eine doppelte Tragödie.

Fette Milch in magerer Zeit: Aus der Sehringer Zeit Schlemmers sind anrührende Briefe erhalten, die ein Leben zwischen Hoffnung und Zweifel dokumentieren. Im August 1937 wartet Schlemmer als Künstler auf den Ausschluß aus der Reichskulturkammer, als Bauherr freut er sich über Materiallieferungen: „Mit knapper Not bekamen wir gerade noch die Röhren für die Warmwasserheizung, die laut Vierjahresplan für Juli gestrichen seien."

Der verarmende Weltkünstler übt in Sehringen die Selbstversorgung auf dem Lande, er hilft beim Bau eines Hühner- und Schafstalls: „Dieses Frühjahr hatten wir von drei Schafen acht Junge, die wir großenteils verkauft und eines davon gegessen haben. Die Wolle ist ja heute ein sehr begehrter Artikel. Unsere Wolle wird gegenwärtig zu Decken verarbeitet." Im Oktober 1937 werden schon die Lämmer des nächsten Frühjahrs erwartet, einen Monat später schreibt Schlemmer dann voller Verzweiflung: „Ein Sommer, ein Hausbau. München und die ‚Entartung'. Ein Atelier, groß und schön, ohne Sinn und Zweck."

Im Januar 1938 spitzt sich die Situation weiter zu. Schlemmer erwägt, vorübergehend mit Landschaftsmalerei und Kopien alter Meister über die Runden zu kommen. „Die Malerei müßte sich zumindest auf die Landschaft umstellen, eine Sache, die auch mit Würde und Anstand getan werden kann und als Intermezzo vielleicht sogar begrüßt werden dürfte (…). Daneben vielleicht Kopien, freie, nach guten alten Holländern, wie eine kunstgewerbliche Heimarbeit." Dazu kam es nicht mehr. In der Not versuchte Schlemmer sich als Handwerker bei einem Malerbetrieb, in Wuppertal bei einer Lackfabrik. Zuletzt malte er Tarnanstriche an Fassaden. Er wird elend. Schlemmer stirbt 1943 in Baden-Baden.

Die Umschaltung des Blicks: Im Januar 1938 beschreibt Schlemmer die Krisengespräche am Sehringer Frühstückstisch, die stets damit enden, „mich sofort, sei es was und wie es sei, nach einem Geldverdienst umzutun und dieses Haus und seine Träume zu verlassen." Unter welcher Spannung Oskar Schlemmer zu dieser Zeit stand, zeigt ein Tagebucheintrag vom Februar 1938. Beim Blick in die Morgenlandschaft des Lipburger Tals genügen Schlemmer wenige Gedanken, um vom Konkreten zum Abstrakten zu kommen. Eine Passage, die auch Manifest seiner Arbeit sein könnte:

Es genügt aber die Umschaltung des Blicks, ein Blinzeln, um ganz andere nicht minder schöne Elemente der Form und Farbe lebendig werden zu lassen. Es sind wahrscheinlich diejenigen, die nur mir oder dem geschulten Malauge möglich sind. Nun ist es nicht mehr die Landschaft, wie sie jedweder sieht, gelangweilt, ob dem Alltäglichen des Eindrucks: nun ist es ein phantasievolles Spiel von geheimen Geometrien, von linearen Formen, die sich zu farbigen Flächen zusammenschließen, ein „Fest der Augen", ein Ornament voll seltenster und seltsamster Bedingungen. Diese Sehart ist zu verfolgen, zu kultivieren und

„Vielfach bewegtes Tal" – *der Weg um den Lipberg*

zu einem wiederum allgemeingültigen und verständlichen Endziel zu bringen.

Umschaltung ins Lipburger Tal: Schon nach kurzem Blinzeln wird einem klar, was für ein Glück es bedeutet, über so ein gesegnetes Land gehen zu können. Ohne Gefahr, auf eine Liste zu geraten, ohne Berufsverbot. Und was für eine Verpflichtung, aufrecht weiter zu gehen.

Adressen und Hinweise

 Für eine Runde durch das „vielfach bewegte Tälchen", auch im Sinne seiner historischen Bewohner, gibt es zwei günstige Ausgangspunkte:

Ausgangspunkt Badenweiler, Kanderner Straße: Direkt an René Schickeles ehemaligem Landhaus am Ortsrand von Badenweiler, Kanderner Straße Nr. 14. Das gepflegte Haus ist heute in Privatbesitz, es

liegt hinter einer baumhohen Buchenhecke; die mächtige Linde auf dem Vorplatz ist aus der Zeit Schickeles. Ein großer Parkplatz liegt direkt oberhalb des Hauses Kanderner Straße.

Ausgangspunkt Lipburger Friedhof (Karte S. 230): Oder man beginnt am Parkplatz beim Lipburger Friedhof, somit bei Schickeles Grabstätte. Keine hundert Meter davon steht der Wanderwegweiser Römerweg (455 m), unmittelbar neben einer Sitzbank und einem Speierlingsbaum. Der Wegweiser erschließt Rundwegmöglichkeiten zwischen 30 Minuten (Lipberg) und drei Stunden (Hörnle-Feldberg).

Um den Lipberg: Vom Lipburger Friedhof führt ein Feldweg in elegantem Schwung durch Obstwiesen hoch zum Lipberg. Die animierende Runde vom Friedhof ausgehend um den Lipberg, gehört zu den schönsten und – wie zu lesen war – schicksalsträchtigsten Spaziergängen im Markgräflerland. Oben auf dem Lipberg ein Aussichts- und Nachdenkplatz, auch die Sonnenuntergänge haben Format. Außerdem stimmt Feldweg nicht ganz, denn eigentlich gibt es am Lipberg eher Traumpfade: Streuobstwiesen, mächtige Birnenpyramiden, letzte Rebberge; Panorama auf Rheintal und Vogesen.

Schlemmers Bank auf dem Lipberg: Die kleine Kuppe nur fünf Minuten vom Friedhof war einer von Schlemmers Lieblingsplätzen. Schlemmers Frau Tut wünschte sich hier oben eine kleine Erinnerungsstätte. Es dauerte gut 20 Jahre, aber immerhin wurde 1981 eine Sitzgruppe mit zwei Bänken eingeweiht, zu der Tut Schlemmer „eine namhafte Geldspende" beigesteuert hat, wie der Ortschronist seinerzeit bemerkte. Die alten Linden oben auf dem Lipberg hat der Sturm geputzt, aber es wurden neue gepflanzt, zwei Bänke stehen auch dort. Keine Tafel der Erinnerung, aber Meinungsfreiheit soweit das Auge reicht.

Weitere Touren: Auch für einen Blauenaufstieg oder für eine Zwei-Täler-Wanderung über das Eggener Tal hoch nach Schloß Bürgeln wäre der Lipburger Friedhof ein guter, weil freundlich und offen gelegener Ausgangspunkt. Auf den Blauen: 8,5 km, aber 700 Höhenmeter; über Sehringen direkt nach Bürgeln 7 km, 200 Höhenmeter.

Einkehren: Derzeit wenig Auswahl; direkt in Lipburg gibt es schon länger keine Einkehr mehr, der „Schwanen" mit einer 1966 eigens eingerichteten René Schickele Stube ist kein Gasthaus mehr. So bleibt nur der Römerweg nach Badenweiler-Sehringen. Eine schöne Partie von 30 min ab Lipburger Friedhof bzw. Wegweiser Römerweg: geschwungene Wegführung durch offenes Weideland. Der letzte Abschnitt

230

Viel grün, viel Bio – *Mondweide in Badenweiler-Sehringen*

des Römerweges quert unterhalb von Sehringen Streuobstwiesen, Schlemmers Landhaus liegt unmittelbar oberhalb dieser Wiesen und der Landstraße, das Haus ist allerdings wegen der hoch gewachsenen Nadelbäume kaum mehr zu sehen.

GRÜNER BAUM – Badenweiler-Sehringen. Prächtig und solitär gelegener Landgasthof wenig oberhalb der Landstraße 132 mit ♣ Freiterrasse nach Westen, im Anschluß der halbschattige Sommergarten unter den Linden. Vesper- und Standardkarte mit einer Spannweite von Wurstsalat bis Rinderroulade. Junge Gastgeber, mittlere bis ambitionierte Preise, im Haupthaus auch Gästezimmer. Tel. 07632-7411, RT: Mo (guter Ausgangspunkt für Touren im Tal, Wanderkarte im Buswartehaus an der Straße).

Café und Bistro MONDWEIDE – Badenweiler-Sehringen: Romantiknest in einem ehemaligen Gehöft von 1786, das Kaminzimmer im Stil nostalgischer Landhausgastronomie; ♣ die stimmig-ländliche Gartenterrasse mit Blechtischen auf Gras und naturnahem Umschwung. Hoher Bio-Anteil auch bei Speisen und Besuchern. Vesper, Salate und warme Speisen, schöne Auswahl guter hausgemachter Kuchen; Quiches, Fondue und Raclette (bei letzteren beiden Voranmeldung erforderlich, dito beim beliebten Sonntagsfrühstück); Abendveranstaltungen, bei Betrieb mitunter Wartezeiten. Bürgelnweg 3, Tel. 07632-824445, Do/Fr/Sa 14-22 Uhr, So 9-18 Uhr; **Preise:** mittel. Eine Ferienwohnung „Buschwindhaus"; Verkauf von Antiquitäten und Trödel.

Seit 1832 steht die Linde am Luginsland

Ein Platz zwischen Himmel und Erde,
mit freier Sicht auf Hochblauen und Tiefebene.

14 | Lug ins Land um Müllheim

Oberhalb der Müllheimer Weinlagen Reggenhag und Pfaffenstück liegt der 360-Grad-Aussichtsplatz *Luginsland*. Von der
achteckigen, von Alter und Wetter gezeichneten Aussichtsbank sieht man Breisgau und Kaiserstuhl, die Staufener Burg
und das Weilertal mit dem Badenweiler Burgberg. Man blickt
auf den nahen Römerberg und den fernen Vogesenkamm.
Im Vordergrund des satten Panoramas liegt das Müllheimer
Gewerbegebiet mit jenen emsigen Mittelständlern, die auf
Sonntagsreden als Rückgrat der deutschen Wirtschaft gelobt
werden. Zum Beispiel NEOPERL und AUMA, Spezialisten für
Flow, zuhause am Waschbecken (Neoperl), weltweit in der
Wasser- und Energiewirtschaft (Auma).

Wer sich für die gesamte Spannweite von Handel und Wandel interessiert, sollte also unbedingt mal hoch zur Luginsl-
landlinde. Traditionelles Gutedelland, neue Vorstadt und die
Produktionshallen von hidden Champions kommen sich selten näher. Nur zweihundert Meter entfernt vom Luginsland
steht das von weitem sichtbare Rebhäusle am Jägerdenkmal
– noch so ein Platz zwischen Himmelswiese und Industrige-
biet. Wieder mit Panorama auf Hochblauen, blühende Landschaften und stockenden Verkehr am Feierabend.

Zu den kleinen Irritationen zählen die Emissionen der

Blick vom Luginsland zur Staufener Bucht

McDonalds-Niederlassung im Müllheimer Gewerbegebiet. Bis hoch in die Reben sorgt der Verpackungsmüll nächtlicher Gelage für farbige Akzente. Ansonsten dynamisches Oberrheinland, mal als Augenweide, mal als Wachstumszone. Unten auf der Bundesstraße leuchtet das Modell Deutschland gegen Feierabend als kilometerlange Fahrzeug-Lichterkette.

Ein paar Eigenheiten der Müllheimer Funktionsauslagerung werden wir noch später begegnen. Vom Luginsland aus gesehen wird es aber gleich klar: In einem Mittelzentrum wie Müllheim liegt das Zentrum nur noch bedingt in der Mitte.

Pause am Jägerdenkmal: An einem Junitag, der wie Winzer-
sekt perlt, duftet es oben am Jägerhäusle nach Rebblüte – ein
süßer Duft, der an die Lindenblüte erinnert, nur feiner. Es
grünt, die Rebflur sieht nach Arbeit aus. Die jungen Triebe
einer Rebe heißen nicht zufällig Schosse, sie sind wüchsig
und bilden bald eine dichte Laubwand. Wer jetzt nicht spritzt,
heftet und ausbricht, steht spätestens Ende Juli nicht mehr im
Weinberg, sondern in einem Blätterwald.

Oben am Jägerdenkmal machen Rebleute vom Müllheimer
Weingut Dörflinger Mittagspause. Jeder hat seine Ecke auf

Jägerhäusle mit Blauenblick

der Holzbank, dazwischen Wasserflaschen, eine Flasche Weißburgunder steckt in der Kühlmanschette. Man lugt ins Land und kommentiert den privaten Personennahverkehr: „Ah, da unten fährt der schöne Gerhard."

Am Rebhaus am Jägerdenkmal wird das obligatorische Graffitti-Geschmier immer mal wieder überstrichen. Zur Mittagspause im Rebhaus ist auch der allgemeine Grobianismus ein Thema. Einer kennt einen, „der ist Ausbilder bei der Bundeswehr und hat zwei Söhne, die im Gau rumrandalieren". Wenig später erzählt mir jemand von einem Müllheimer Polizisten, dessen Sohn auf Geburtstagsfeiern die gastgebenden Eltern zur Begrüßung anrülpst. Die bürgerliche Mitte liegt weich, aber nah am Abhang.

Winzer HANS WERNER OETTLIN kommt am Wochenende öfter mal zum Jägerdenkmal hoch und sammelt den Müll der Wohlstandsverwahrlosten zusammen. Er macht das ohne viel Worte, ehrenamtlich. Er sagt: „Ich schäme mich."

Dies ist kein Erziehungsratgeber, aber der öffentliche Raum erscheint mitunter wie die logische Verlängerung mancher Kinderstube. Konfliktscheue Eltern, die sich als Serviceagen-

Grüne Welle – *auf dem Wiiwegle bei Auggen-Hach*

tur verstehen, haben ihren Anteil daran. Jedes Scherbenviertel fängt klein an, am Küchentisch, am Luginsland, auf einer Fanmeile, die zum Hoheitsgebiet wankender Gestalten wird – Ende der Suada.

Die grüne Welle: Trotz aller Festveranstaltungen sind es wenige, die einen Sinn für Form, Rhythmus und Schwung ihres Lebensumfeldes haben. Fromme Reden sind das eine, etwas anderes ist es, einen Nußbaum zu schätzen, der an der richtigen Stelle steht, einen Weg zu gehen, der verführt oder das kleine Glück einer Bank am richtigen Ort. Heimat lebt vom wachen Blick, nicht vom Schulterklopfen auf lokalen Symbolveranstaltungen.

Es heißt nicht umsonst Rebmeer. Die grüne Welle trägt einen, beim langen Gehen über Hügel und Weinberge entsteht ein Gefühl von Autarkie und Eigensinn, alleinstehend kann eben auch ein Prädikat sein. Nur begegnet man Einzelgängern in freier Natur immer seltener, zu den aktuellen Rollenmodellen im Grünen zählt eher die Frau mit mehreren Begleithunden.

Moderne in Müllheim – *Zypressen, Kreisel, Lidl*

Magere Mitte, fette Ränder: Auch in Müllheims Zentrum ist vieles im Fluß. Am Klemmbach, früher ein Revier der Müller, Gerber und Färber, schließen sich die letzten Baulücken. Wobei die ertragreiche Kunst der innerstädtischen Nachverdichtung mit einigem Eifer betrieben wird. Die alte Stammtischlosung „eins geht noch" ist zur Maxime von Bauträgern geworden. Was dennoch fehlt, ist ein Stadtzentrum, das den Namen auch verdient. Zentrale Achsen wie die Wilhelmstraße wurden verkehrsbefreit und damit nahezu totsaniert – und im Stadtrat bis heute kein Mut, eine so offensichtliche Fehlentwicklung zu korrigieren. Über ein städtebauliches Filetstück, unmittelbar am Marktplatz gelegen, debattieren die Fraktionen seit Jahren, jetzt soll's wieder mal ein Investor richten.

Oben an der Wilhelmstraße wartet ein aseptisch sanierter Markgräfler Platz, auf dem man an einem gewöhnlichen Alltag instinktiv den Mantelkragen hochschlagen möchte. Seine Belebung mit Cover-Night-Veranstaltungen im Sommer und einer vorweihnachtlichen Eisbahn wird als Erfolg verbucht. Eventismus statt Substanz, der große Wurf geht jedenfalls anders. Die Fassaden in den Fotos oben erzählen die Geschichte

Klassik in Müllheim – *Markgräfler Museum im Blankenhorn Palais*

nochmal, ohne Worte. Die Gebäude stehen keine 200 Meter Luftlinie voneinander entfernt.

Man kann in Müllheim-City Handyverträge abschließen, tagsüber kommt man vor Verkehr kaum über die Werderstraße, wie lange es dort noch tragbare Hemden und essbare Landgurken gibt, weiß aber derzeit keiner so genau. Und so ergab es sich zu Müllheim wie anderswo, nur krasser: eine biedere Landstadt hat sich zum Mittelzentrum entwickelt – und darüber fast seine Mitte verloren. Funktional und moralisch.

Nun wird in Müllheim über einen neuen Supermarkt-Standort so heftig gestritten, als gelte es, eine Kathedrale zu bauen. Wenn die Kiste steht, wird es in der Eingangszone ein Backparadies mehr geben, mit Stehtischen und Aufbackbrezeln. Ein gediegenes Kaffeehaus, eine gemütliche Teestube, eine elegante Bar, eine Markthalle als Schaufenster regionaler Produktion, ein patentes Gasthaus für die ausgeschlafene Mitte wird es deshalb noch lange nicht geben. Vielleicht bringt die Sanierung des *Alten Spitals* in der Hauptstraße wieder einen gastronomischen Treffpunkt. Ansonsten mag man sich beim abendlichen Gang über die tagsüber so quirlige Werderstraße

239

Am Römerberg – *Emil Bizer, um 1950*

klammheimlich fragen. Mensch Müllheim, warum läßt du dich nur so gehen?

Im Milchschaumgürtel: Müllheims Fett hat sich an den Rändern abgelagert. Richtung Vögisheim, über dem Helios-Krankenhaus, demnächst auch gen Niederweiler, wird der Speckgürtel breiter. Wobei Speckgürtel für die Intensivbesiedlung des Helioshügels nicht das richtige Wort ist. Der Sparkassenslogan „Mein Haus, mein Auto, mein Boot" war einmal; zwischen Krankenhaus und Erlenbuck stechen andere Trümpfe: Meine Haushälfte, meine Eigenleistung, meine Hypothek.

Was die Anmutung der Fassaden betrifft, kenne ich einen Müllheimer Bauingenieur, dem man nur den Köder Erlenbuck hinwerfen muß, um einen Wutanfall auszulösen. Mir dagegen helfen solche Neubau-Cluster. Man muß die Dinge dort ganzheitlich sehen und tief einwirken lassen. Die Freiheit hinter der Zwergkonifere muß eine Besondere sein. Jedesmal geht es mir nach der Anwendung jedenfalls viel besser.

Am Helioshügel – *Müllheim, 2014*

Des Fürsten neue Kleider: Nicht nur auf dem Helioshügel wurde die bürgerliche Parole „Macht Obstwiesen zu Neubaugebieten" nach Kräften erfüllt. Auf der Röte, wo früher der Rebwärter die Stare verjagte, steht ein altes Bammerthäusle nur noch zur Zier: ein ruhiger Bau mit quadratischem Walmdach inmitten innovativer Neubaulösungen. Anstelle eines Bammert sorgen nun Bewegungsmelder für Sicherheit. Auf der Einweihung einer Fabrikantenvilla vergaß der Bauherr nicht, seine einbruchshemmende Verglasung extra zu erwähnen. Auch die Fassade des einen oder anderen Neubaus mahnt an harte Zeiten, einmal mehr trifft es der Volksmund: Luxusbunker.

Kurioserweise steht das arbeitslose Bammerthäusle auf der Röte in der Lina-Kromer-Strasse. LINA KROMER (1889-1997) stammt aus Obereggenen; die Hebelpreisträgerin des Jahres 1956 schrieb Landschaftslyrik in Markgräfler Mundart: *un über allem gwaltig / dr Blaue wiene Fürscht! / Am grüene Mantel, faltig / as Endi Wißdornshürscht.*

Von der Röte aus gesehen, steht der Blauen noch immer

Ein Fürst im grünen Mantel – *Blauenblick vom Jägerdenkmal*

gewaltig, er trägt seinen Mantel aber nicht mehr wie ein Fürst. Welcher Fürst toleriert einen Sendemast und ein seit Jahren vor sich hin erodierendes Gasthaus auf seinem Belvedere?

Und wenn es denn nach den neuen Vögten geht, die genau wissen, wie die Welt zu retten ist, gehören unbedingt noch ein paar XL-Windräder auf den Hochblauen. Wie sich die Zeiten doch ändern, Klientelpolitik und Ökokapitalismus heißen jetzt „Bürgerwind".

Bauernbrot und Sapori del Sud: An guten Tagen erinnert Müllheim aber auch an sein Gegenteil. Von der Röte ist es nicht weit zum Stadtteil Vögisheim. Von dort führt eine schmale Straße raus zur Hofstelle Zizingen, die schon auf Auggener Gemarkung liegt. Es ist eine kurze Landpartie vorbei an Salatfeldern und Wiesen, eine freilaufende Hühnerschar zeigt im Zweifel, wo's lang geht oder man folgt einfach dem erstaunlich steten Verkehr, der am Mittwoch den *Hofladen Rüdlin* ansteuert.

Im Abseits von Vögisheim also eine beliebte Quelle für akkerfrisches Gemüse, das gute Bauernbrot kommt ab Mitt-

Immer wieder mittwochs – *auf zum Hofladen in Zizingen*

wochmorgen direkt aus dem Steinofen, es gibt immer Eier
von freilaufenden Hühnern, dann und wann auch frisches
Schlachtgeflügel – vor allem aber: der Duft nach Scholle und
frischem Brot weckt die Lebensgeister.

Auch innerstädtisch gilt in Müllheim einerseits, anderseits.
Wo der Klemmbach den Marktplatz trifft, sind ein paar stimmungsvolle Winkel und informelle Treffs. Etwa die Markttage
am Dienstag, besonders aber am Freitag- und Samstagvor-
mittag, die dem ansonsten prekären alten Zentrum gut tun.
In der sozial trocken gelegten Wilhelmstraße liegt auch das
innen und außen sehenswerte Markgräfler Museum im *Blankenhorn Palais*.

An der Klemmbach-Brücke dann *Sapori del Sud*, ein zur
Institution gewordenes Café-Feinkost-Ladenlokal des Revier-
italieners Rocco Marcantonio. Seit Jahren Futterkrippe und
soziokulinarischer Treff der Extra-vierge-Fraktion, die in Müllheim beachtliche Stärke erreicht hat. Für Café, San Daniele
und Prosecco gibt es keine Alternative zu Roccos Stüble. Ja,
die weichen Standortfaktoren, auch Milchschaum und Man-

Unsere Latte gib' uns heute – *Rocco, Sapori del Sud*

delgebäck gehören dazu (geöffnet von Di bis Sa, besonders belebt an den Markttagen: Di, **Fr und Sa**).

Vor Jahrzehnten trafen sich die ersten Gastarbeiter mangels Alternativen noch am Bahnhof, heute trifft sich das Genuß-bürgertum beim Italiener. Sage einer, unsere Gesellschaft sei nicht durchlässig.

Biedermeier und Bahnschranke: Direkt gegenüber vom Marktplatz liegt das Markgräfler Museum im *Blankenhorn Palais* – ein Schatzkästlein der Stadt. Erbaut wurde das Hof-anwesen zu Ende des 18. Jahrhunderts in großbürgerlichem Zuschnitt, zweigeschossiges Hauptgebäude mit Ballsaal und Ballustrade, Wintergärten mit reichen Schmiedeeisen-Ornamenten, die anschließenden Flügelbauten rahmen den großzügigen Innenhof. Die historische Eleganz der Liegen-schaft erinnert an Repräsentationsbauten in Frankreich, hier leuchtet Müllheim und allein das wäre einen Besuch wert.

Im Erdgeschoß des Ensembles war einst das Gasthaus zur Krone, das erste Haus am Platz. Von 1955 bis 1973, als Müll-

Ein Schatzkästlein – *Museum im Blankenhorn Palais, Müllheim*

heim noch den Status einer kleinen Kreisstadt hatte, wurde das Anwesen als Rathaus genutzt. Nach seiner Umwidmung zum Markgräfler Museum erinnert das Palais auch an den Namenspatron und Weinbaupionier ADOLF BLANKENHORN (1843-1906). Der Winzersohn studierte Chemie und promovierte bei Robert Bunsen in Heidelberg. Blankenhorn gilt als früher Mentor eines naturwissenschaflich fundierten Weinbaus, er war zudem wesentlich an der Einführung reblausresistenter Rebunterlagen beteiligt.

Biedermeiersaal, Laubengänge und Dachstock des Blankenhorn Palais' wurden stilvoll hergerichtet, die Präsentation museumspädagogisch ansprechend gestaltet. Die Beletage im 1. Stock ist ein Schaufenster einer vergangenen Epoche: eine Landstadt im Biedermeier, Salons mit Intarsienparkett. Eine Etage höher konnte die beachtliche Kunstsammlung vom Beginn des 20. Jahrhunderts bis zur Gegenwart sukzessive erweitert werden. Malerei und das grafische Werk von EMIL BIZER sind besonders repräsentativ vertreten – auch dank

Frau auf dem Feld – *Emil Bizer, um 1956*

einer Schenkung seines Sohnes *Dr. Bernd Bizer*. Neben anderem zeigt das Markgräfler Museum, wie eine Weinbauregion einmal ausgesehen hat. Damals, als es noch Ochsenkarren und Kopftuch-Landfrauen gab.

Im Kompetenzzentrum: Müllheim ist natürlich nicht nur Erinnerung. Seit Jahren sucht die Landstadt nach einem zukunftsfesten Leitbild und seit Jahren wirkt die Industrie dabei mehr auf der Höhe der Zeit als die Verwaltung. Deren Versuche, modern zu wirken, treiben derzeit seltsame Blüten. Wenn eine Bürgermeisterin öffentlich Hefeteig präsentiert, um die Innovationskraft einer bequem und breit gewordenen ehemaligen Kreisstadt zu beschwören, wirkt das schwachlustig bis bizarr.

Ziemlich auf der Höhe der Zeit wirkt dagegen ein Gebäude, das nur ein paar Schritte vom Markgräfler Museum entfernt liegt, ebenfalls in der Wilhelmstraße. Etage zwei heißt das Kompetenzzentrum, immerhin 12 Einzelpraxen bieten dort ihre Dienste an. Die Spannweite der Tätigkeitsschwerpunkte

Etage Zwei ◀

Ute Barteldres Ingrun Wolburg
Studio für Bewegungskunst und Therapie
GYROTONIC© GYROKINESIS©, Physiotherapie
07632 5776

Ingeborg Dahlke
Lizenzierte Feldenkrais Pädagogin
017649 88 49 31 www.feldenkraisnet.de

Ralf Freudenberger
Dipl. Gitarrenlehrer
07634 506492

Charlotte Hansen-Martin
Physiotherapeutin
Energetische Körperarbeit, Tai Ji Quan- Unterricht
07631 17 19 63 www.hansen-martin.de

Birgit Hartmann-Eisele
Entwicklungsorientierte und integrative Lerntherapie
07632 828786

Wolfgang Hillemann
Dipl. Gitarrenlehrer
07631 170 138

Dr. phil. Hanns Gerhard Koelbing
Dipl. Psychologe, psycholog. Psychotherapeut
Verhaltenstherapie und Beratung
07631 9382087

Geneviève Mégier
Cellounterricht
07631 170138

Schule für Raja Yoga und Meditation
Patrizia Heise Christa Mosch Maria Roth
07631 979657

Roland Schulze-Schilddorf
Mediation und Moderation
07631 747594 www.mediation-muellheim.de

Tilo Wachter
Percussion-Unterricht, Klang-Cranio, Musikseminare
07631 179058 …

reicht vom Studio für Bewegungskunst bis Raja Yoga .

Als die Straßen Müllheims noch mit dem Birkenbesen gefegt wurden, praktizierte im nämlichen Haus die Metzgerei Boll. Bereits in den 70er Jahren des letzten Jahrhunderts erkannte der BOLLE ERNST, wie er bei manchen bis heute heißt, die Zeitzeichen. Die Metzgerei wurde um eine Heißtheke erweitert, es gab Fleischkäsweckle und Pommes. Müllheimer Zeitlinien – von der Heißtheke zur Etage zwei, vom Fleischkäs' zur Körperarbeit.

Im Hühnerstall: Aber keine falsche Nostalgie, im Müllheim der 70er Jahre war nichts besser als heute. Das Kreisstädle mit dem fast verschwundenen Autokennzeichen MÜL war ein enger Stall. Auf ereignislos verlungerte Sonntage folgte eine Woche in einem Gymnasium, das nicht nur von außen aussah wie eine Kaserne. Der Ton drinnen trieb viele – auch mich – ein Stückchen raus in die Welt. Nach Staufen oder nach Freiburg. Dort gab es Pommes an jeder Ecke und der Markt war größer, in jeder Beziehung.

Müllheimer Sommer *– Restaurant Taberna am Marktplatz*

Neue Heimat: In Amerikas Klein- und Mittelstädten erleben die alten Zentren nach einer langer Phase der Auszehrung eine Renaissance. Ausgerechnet im Land der langen Wege geht man wieder um's Eck, wo es lokales Obst, gute Bücher und ein Nachbarschaftsgespräch obendrauf gibt. Gleichzeitig schließen in den USA massenhaft jene austauschbaren, gesichtslosen Vorstadt-Shoppingkisten, die nichts bieten, was das Internet nicht auch (oft noch billiger) bieten könnte. Hierzulande wird es noch die üblichen 20 Jahre dauern, bis deutlich wird, was Stadtqualität ausmacht. SUV, Sonderangebot und cover night allein machen eben auch nicht glücklich.

Zu Müllheims Vielfalt wäre noch einiges zu sagen. Man könnte von Originalschauplätzen berichten, etwa von der Mikrogastronomie beim *Wurstsalat-Karle*: mit Suppenküche, Bar- und Terrassenbetrieb in der Hauptstraße. Unter der Woche Mittagsessen, Samstagmittag ab 12 Nudelsuppe mit Rindfleisch. Lang geköchelt wie zu Hause bei Muttern. Deshalb sitzen dort auch immer wieder welche, deren Zuhause sich im Lauf der Jahre irgendwie verflüchtigt hat.

Müllheims schöne Seite – *Markt und Blankenhorn Palais*

Man könnte ein Sittengemälde über die Pizzeria *Turnhalle* schreiben. Untere Werderstraße, dort wo Müllheim ein wenig Neuköllner Charme zeigt. Andererseits wird gleich gegenüber beim *Eisen-Eckert* noch immer im grauen Hausmeister-Krause-Kittel bedient. Jedenfalls erblüht in der Turnhalle das völkerverbindende Moment einer Pizza, besonders wenn sie dünn und knackig gebacken bestellt wird, also *buon cotto*. Es gibt kaum eine Alternative zur Turnhalle, deshalb sitzen dort auch vereinzelt Gäste, die wissen, daß ein Seeteufel mit Zweierlei vom Fenchel gut und schön ist – aber ohne so eine Pizzeria wäre ein Mittelzentrum einfach ärmer. Außerdem kommen Statusesser mit dem Betriebssystem der Turnhalle nur bedingt zurecht, was kein Fehler sein muß.

Man könnte erzählen, wie und wo die Wohlfühlboheme geschlechtsneutral und allergenfrei einkauft. Wer auf sich hält, geht nicht in irgendeinen Laden, sondern zum Öko-Vorzugsladen *Löwenzahn*, oder mangels einer Alternative vor Ort nach Buggingen zum Premium-Edeka-*Sutter*. Ansonsten eben Wochenmarkt und danach an den Dorfbrunnen. Aus dem sollte heute aber Milchschaum fließen. Jede genußfähige Frau hat ihren Nach-dem-Markt-Italiener, die Begleitmänner warten dort geduldig auf ein Warmgetränk und ein paar Emotionen, wie sie es zuhause gelernt haben.

Auch die Kulturveranstaltungen haben hier etwas vom Gutedel, sie sind bekömmlich, ausgewogen und säurearm. Wenn einem Gesundheit und Schicksal gewogen bleiben, kann man am Klemmbach auf eine fast schon provozierend angenehme Art und Weise älter und gelassener werden. Für alles andere ist ein Mittelzentrum auch nicht zuständig.

Adressen und Hinweise

 Touren: Wer Müllheim aus der Distanz besichtigen möchte, kann auf der Route des Markgräfler Wiiwegle über die Aussichtsplätze an der Luginsland-Linde (Wegkreuz, 337 m) und am Jägerdenkmal gehen. Selten bringen ein paar Schritte soviel Übersicht. Das Blauenpanorama ist einzig, die Sicht auf eine Landstadt, die über sich hinauswächst, eher ernüchternd. Luginsland – beim Blick aufs Land wird auch die Dynamik der Verlagerung deutlich: Müllheims neues Zentrum liegt draußen, im Neuland zwischen Bundes- und Waschstraße. Von hier oben sieht aber alles noch ganz passabel aus.

TABERNA – Müllheim: Seit Mai 2013 ist in der Taberna wenig wie es war. Der ehemalige Quartierstreff, einst eine eigenwillige Interpretation des Formats Sozialstation con cucina, wurde in Küche und Service komplett neu aufgestellt, allein die plüschfreie Anmutung mit Kellergewölbe und blanken Holztischen blieb erhalten. Die neuen Pächter Raffaele Cesare Cannizzaro (Küchenmeister) und Sabine Olsen setzen nun auf eine avancierte mediterrane Gastronomie. Die korrespondierenden Gäste gehen zur Demonstration ihrer Vorlieben nicht auf die Straße, sondern ins Lokal. Das trifft sich, denn die mediterrane Küche der Taberna ist frisch und fein, mitunter auch hochfein. Alles andere ist, wie es ist. Der warme Moment, auch die emotionale Tiefe einer Mama-Gastronomie suche man anderswo – es gibt Pürree statt karierter Tischdecke, es gibt Label-Produkte statt origineller Regionalität, übrigens auch bei den Weinen.

Küchenmeister Cannizzaro ist mehr kulinarischer Feinmechaniker als Allrounder – und so deliziös schmeckt es auch. Stimmig und beliebt ist das kompakte Mittagsangebot an Werktagen, drei kleine Vorspeisen, zwei Hauptgänge und ein Dessert können dabei frei und durchaus

Gelbe Beete auf blankem Holz – *Restaurant Taberna, Müllheim*

preiswert kombiniert werden (zwei Komponenten zu 13,50, drei zu 17 Euro). Abends steigen die Preise signifikant (Menukombi aus der Tageskarte 39 bis 59 Euro), mit einem Fläschle Wein, Schmierstoffen und Kleinteilen kommt man rasch in die Zone der konventionellen Gourmetgastronomie, was auch atmosphärisch gilt. Nicht nur die Gelegenheitstrinker von einst fühlen sich dann etwas deplaziert. Aber das hatten wir schon, Sozialstation con Cucina war einmal, nun heißt es eher „Menüs tischweise".

Taberna Restaurant, 79379 Müllheim, Marktplatz 7, Tel. 07631-174884. ♣ Terrasse über dem Klemmbach, 11.30 bis 14 Uhr und ab 17.30, Küche bis 22 Uhr. RT: So und Mo, www.restaurant-taberna.de

Markgräfler Museum Müllheim, Dauer- und Sonderausstellungen zu Kunst, Kultur und Geschichte des Markgräflerlandes: Vier Etagen, 1.500 qm Gesamtfläche im Blankenhorn Palais in der Stadtmitte. Das Museumsziel zwischen Freiburg und Weil. Wilhelmstraße 7, Müllheim, Dienstag bis Sonntag: 14 bis 18 Uhr.

Hofladen Rüdlin, 79424 Auggen-Zizingen 1, Tel. 07631-2580, Mi tagsüber 8 bis 18 Uhr, in Auggen: Sonnbergstraße, Sa. 8 bis 13 Uhr.

Appartement-Hotel im Weingarten; 12 komfortable Appartements am Hang über der Stadt in angenehmer und ruhiger Lage, Sauna. www.app-hotel-im-weinberg.de

Haus der Grundversorgung – *Warteck, Niederweiler*

Gasthaus WARTECK – Niederweiler: Das Traditionsformat Dorfgasthaus wurde in Müllheim-Niederweiler in einer robusten Variante
wiederbelebt. Ein Treffpunkt vom Feierabendbier unter Kastanien über
die Skatrunde bis zum Vereinsgespräch, im ersten Stock ein großer
Bühnensaal für Veranstaltungen, im trocken möblierten Gastraum
runder Tisch und Kachelofeneck für ein Treffen im trauten Kreis.
Von Damenkranz bis Dämmerschoppen geht hier fast alles. Blanke
Holztische, viel (für manche arg viel) grün-gelbes Licht aus Weinfla-
schenlampen, unprätentiöse, unter Volllast auch laute Stimmung und
Akustik, volksnahe Preise, speditive Bedienung und ein Zuspruch, der
Pessimisten widerlegt.

Die Warteck ist eine unkomplizierte Alltagseinkehr mit Weinen vom
ortsansässigen Weingut Schneider und einfacher Basisküche, kulinarische Ansprüche erfülle man sich anderswo. Die Karte bietet zwar jedem etwas, aber keine Offenbarung. Ein paar weinaffine Vesper mehr,
etwa ein qualitatives Schinkenplättle oder auch salzige Kleinigkeiten
könnten sicher nicht schaden.

Volksgasthaus, Bühensaal, Nebenraum, ein paar renovierte Gästezimmer – in der Summe dient die Warteck der Grundversorgung an
einer Schnittstelle zwischen Kleinstadt und Dorf.

Gasthaus Warteck, Weilertalstr. 7, 79379 Müllheim-Niederweiler, RT:
Mi, sonst ab 16.30 Uhr, So ab 11.30 Uhr; Tel. 07631-705888. Stim-
miger ♣ Wirtsgarten. **Preise**: günstig-mittel.

Klausurgastronomie – *Nostalgie in der Klemmbachmühle*

KLEMMBACHMÜHLE – Müllheim-Niederweiler: Die historische Klemmbachmühle ist ein Romantiknest, still am Bach gelegen, drinnen mit Antiquitäten extrem nostalgisch ausstaffiert, draußen eine Terrasse und schattige Plätze unterm weit auskragenden Mühlendach. Das Haus wird vom langjährigen Gastgeber bewußt niedertourig geführt, es gibt ein sehr überschaubares, aber sorgfältig zubereitetes Angebot an Vespern und kleineren warmen Speisen. Die werden jeweils tagesaktuell auf einer Tafel angeboten oder auch angesagt, nachmittags auch Kuchenauswahl. Das Vesperangebot unterscheidet sich durch die gehobene Qualität der verwendeten Grundprodukte vom konfektionierten Touristenmampf, die Käseauswahl (Rohmilch, mitunter auch Ziege) kommt direkt von einem Händler in Mulhouse, Wurst und Fleisch für Ripple und Schnitzel sind wie die Maultaschen und die Bratwürste vom Gesellschaftsmetzger Dirr aus Endingen, dazu gibt es ausschließlich Weine vom Müllheimer Weingut Dörflinger, gerne aus den Lagen vom gegenüber liegenden Römerberg. Insgesamt passen idyllische Lage, das überschaubare Angebot und der persönliche Betriebslauf gut zusammen. Am schönsten als Sommerfrische am Bach, auch ein ruhiges Winterversteck am Kachelofen, niemals ein Laufsteg.

Klemmbachmühle, 79379 Müllheim-Niederweiler, Römerstraße 7, Tel. 07631-2800. Tägl. von 14 bis ca. 22.30 Uhr, warme Gerichte von 18 bis 21.30 Uhr (im Winter macht der Wirt auch mal Pause). Sommerfrische ♣ Terrasse am Bach, außerhalb der Saison abends meist recht ruhig. **Preise**: mittel.

Blick zum Blauen – Emil Bizer, 1942

*„Als ich noch den Platz suchte, wo ich mich niederlassen
wollte, traf ich den Maler Emil Bizer und dem war es gleich so klar
wie der Herbsttag, der uns zusammenführte, daß es nur hier sein
könnte. Er nannte mir keine Gründe, sondern ging mit mir spazieren."*
René Schickele, Himmlische Landschaft.

15 | Himmelswiese und Judengalgen

Die Landstraße von Müllheim nach Zunzingen führt über eine kleine Anhöhe, die unter Einheimischen bis heute *Judengalgen* genannt wird. Auf den Wegschildern des Schwarzwaldvereins, die kaum eine Kreuzung auslassen, bleibt das markante Wegkreuz namenlos. Das erstaunt, weil es sich einerseits um einen gut dokumentierten historischen Flurnamen handelt, zum anderen um eine Landmarke mit Aussicht. So wählte der große Markgräfler Stimmungsmaler EMIL BIZER für seine Hochblauen-Motive häufig jene Perspektive, wie sie die Höhe am Judengalgen bis heute bietet. Bizer und sein Schriftsteller-Freund RENÉ SCHICKELE sind in den 1920er Jahren des öfteren über die Feldwege zwischen Römerberg, Innerberg und Judengalgen gezogen. 1942, als das nebenstehende Bild entstand, war Bizers Weggefährte aber schon im südfranzösischen Exil verstorben.

Nach einer Volkssage aus dem 19. Jahrhundert erinnert der alte Flurname an die Hinrichtung eines Juden durch Hans Hartmann von Habsperg. Der hoch Geborene war zur Mitte des 16. Jahrhunderts Oberamtmann der Herrschaft Baden-

weiler. Über den Vogt von Badenweiler, dessen ruppige Amts-
führung bekannt war, heißt es der Sage nach:

*Als er nun eines Tags mit seinem Diener und dem Hatschier von
Müllheim gegen Sulzburg ritt, gewahrte er, von der Höhe aus, den
Juden, der bei Erblickung des Landvogts eilig die Flucht ergriff.
Letzterer ließ ihn jedoch durch seine Begleiter einfangen und dessen Zwerchsack untersuchen, worin sich ein paar Hühner fanden,
die der Jude, wie er gleich eingestand, in Zunzingen gestohlen hatte. Da erinnerte Hapsperg denselben an seine Drohung und ließ
ihn durch seine Leute ohne weiteres an den nächsten Nußbaum
aufknüpfen. Dieser Platz, welcher an dem Kreuzweg liegt, wird
davon noch heute der Judengalgen genannt. Nachher berichtete
der Landvogt dem Markgrafen, daß er den Juden, vorbehältlich
der höheren Genehmigung, habe henken lassen, und bat um deren
Ertheilung. Diese erfolgte zwar, jedoch mit der Weisung, künftig
die Todesurtheile nicht nach, sondern vor der Vollstreckung bestätigen zu lassen.*

Vom Judengalgen ins Exil: Bizers Werke – gerade die großen
Formate – zeigen immer wieder einen Blick über Felder- und
Vorberge, wie ihn die Höhe oberhalb von Zunzingen, oder
auch die Himmelwiese am Niederweiler Innerberg bietet.
Auch Obstblüte- und Weingartenmotive auf dem Weg über
Innerberg und Römerberg nach Oberweiler gehören zu Bizers
Werk. Der „Frühling" aus seinem Vier-Jahreszeiten-Zyklus von
1934 erinnert, mitsamt Bammerthäusle und blühendem Pfir-
sichbaum, an eine Weinberg-Partie am Innerberg nicht weit
vom Judengalgen. In Bizers Wander- und Skizzenbuch stehen
auch knappe Tagebuchnotizen. Einträge zu Wetter, Himmel,
Begleitung und Gesundheit gehören fast immer dazu: „Schöner Tag. Gang durch die Ebene. Noch sind die Matten grün.
Herbstliche Färbung. Erkältet."

Als Emil Bizer seine Jahreszeiten malte, lebte sein Weggefährte René Schickele schon ein Jahr im Exil. Nach zehn
glücklichen Jahren mußte der Schriftsteller seine Badenweiler
Wahlheimat und das Landhaus am Fuß des Blauen 1933 ver-

Frühling im Weinberg – *Emil Bizer, 1934*

lassen. Die Flucht vor den Nazis vor Augen, schrieb Schickele seine bittersten Zeilen ans Ende der „Himmlischen Landschaft": „Als ich auf die Terrasse trat, legte mir die Sonne eine schwere Hand auf die Schulter."

Auf dem Judengalgen legt sich heute keine schwere Hand mehr auf die Schulter. Erst recht nicht oben auf der Himmelswiese, die so abgehoben liegt, wie sie heißt. Allenfalls keimt leichter Zweifel beim Blick auf die näher kommende Müllheimer Baugrenzen. Auch eine Hoffnung angesichts des einigermaßen unversehrten Blauenpanoramas könnte man haben, vielleicht bleibt dem Blauen noch jene Würde, die ihm Bizer einst gegeben hat.

Landfrau, Innerberg, Hochblauen – *Emil Bizer, um 1940*

Möglich aber auch, daß moderne Erlöser das Land mit alternativlosem Sendungsbewußtsein überziehen werden. Ihre Widersacher werden sie subtil drangsalieren, jedenfalls nicht gleich „henken" und schon garnicht ohne Rückendeckung aus Berlin und Brüssel. Obwohl die Legitimation ex post bis heute eine beliebte Praxis ist. Man denke an die Eurorettung und oder an eine Energiewende, die vor allem Subventionsgewinner und Moralisten hervorbringt. So sind Judengalgen und Himmelswiese ein ungleiches, aber denkwürdiges Paar. Orte der Willkür und Mahnung in einem. Außerdem hilft Schickele bei aufkommendem Gequatsche: „*Er nannte mir keine Gründe, sondern er ging mit mir spazieren.*"

Schneeglöckchenfragen am Römerberg: Für den sinnlichen Fußgänger gibt es einen schönen, programmatischen Satz von ROBERT WALSER. Der Schweizer Schriftsteller und lebenslange Sucher fand: „Entzückend schön und uralt gut und einfach ist es ja, zu Fuß zu gehen." Robert Walser war ein großer Autor, der es nicht leicht hatte mit den Kleinigkeiten im Leben. Arm, unstet und einsam geworden, hörte er schon als Fünfzigjäh-

Alles erinnert an sein Gegenteil – *Rebe im Winter*

riger mit dem Schreiben auf. Nach achtundsiebzig Lebens-
jahren, am Weihnachtstag 1956, legte sich der gemütskranke
Walser auf einem Spaziergang einfach in den Schnee. Er starb
mit ausgestreckten Armen.

Beim Gehen zu Fuß geschieht das meiste von allein, man
muß sich nur etwas Zeit lassen. Zwischen Himmelswiese und
Judengalgen – und überhaupt. Im März 1919 schrieb Walser
in der Neuen Züricher Zeitung: „Ich habe Schneeglöckchen
gesehen; in Gärten und auf dem Wagen einer Bäuerin, die
zu Markt fuhr. Ich wollte einen Busch davon kaufen, dachte
aber, es schicke sich für einen stämmigen Menschen, wie ich
bin, nicht recht, nach so zartem Wesen zu fragen." Passen
Schneeglöckchen nur zu zartgliedrigen Menschen? Kann ich
Mitbürgern, die Blumen an der nächsten Tankstelle kaufen,
im Fall der Fälle wirklich trauen? An welcher Tür klopfe ich,
wenn meine Art zu leben den Vertretern der alternativlosen
Moral nicht mehr paßt? Schwere Fragen. Wer sie beizeiten
stellt, hat einen Vorsprung.

Beim Gehen geschieht das meiste von allein. Nochmal
Walser: „Nur hübsch ausharren. Das Gute kommt schon.

Auch unterwegs gilt: *„Geduld bringt Rosen."*

Gutes ist uns immer näher, als wir glauben. Geduld bringt Rosen. Dieser alte, gute Spruch fiel mir ein, als ich letzthin Schneeglöckchen sah." Schneeglöckchen zu Rosen. Warum, darum! Oder mit Walser: „Weil sie anders sind. Alles erinnert stets an sein Gegenteil."

Vielleicht paßt hierher die Vermutung, daß immer weniger Menschen in freier Natur alle fünf Sinne nutzen: sehen, hören, fühlen, riechen und schmecken. Vielen genügt ein eingeschränktes Sichtfeld, bei verstöpselten Restsinnen. Andere folgen nur noch ihrem Trieb. Schneeglöckchenfragen stellt kaum noch jemand, schade eigentlich.

Oft heißt es auch „Der Weg ist das Ziel". Wer die Floskel ernst nimmt, müßte zumindest auf den Weg schauen. Wege können verführen. Zum Thema Sommer, Feldweg und Sensibilität hat mir ein älterer Markgräfler Landbewohner etwas Besinnliches aus seiner Jugend erzählt: Auf den Feldwegen gingen die Kinder in der Nachkriegszeit oft noch barfuß. In der Sommerhitze bildeten sich in den Wegspuren breite Risse im nackten Lehm. In den ausgefahrenen Furchen wurden die

Gehen im Sommer – *mit puderfeinem Lehm zwischen den Zehen*

Lehmscherben unter Viehhufen und Wagenrädern schnell zu Mehl gemahlen. Ein großes Vergnügen war es damals, barfuß über die Wegspuren zu gehen und das puderfeine Mehl zwischen den Zehen zu spüren. Heute schmückt sich manche Gemeinde, auch das nahe Badenweiler, mit einem eigens angelegten Park der Sinne. Dort gibt es Barfußwege mit Einstreu wie im Hamsterkäfig.

Rote Ampeln, sanfte Monster: Dem französischen Historiker Emmanuel Todd sind jene Gesellschaften suspekt, die vor einer roten Ampel strikten Gehorsam zeigen. Wer die deutsche Achtung und die südeuropäische Verachtung roter Ampeln kennt, ahnt vielleicht, daß es doch noch zu einem Europa verschiedener Geschwindigkeiten kommen könnte. Was kein Fehler sein muß, absoluten Gehorsam gibt es bekanntlich nur im totalen Staat.

Andererseits wird Enzensbergers *Sanftes Monster Brüssel* Mittel und Wege finden, Ampelgehorsam, Energiebedarfsausweise und Normalgewicht weiter zu harmonisieren. Zudem läßt sich eine rote Ampel leicht durch Wohlfühlvokabeln erset-

Ein Fürst im grünen Mantel – *Blauenblick vom Jägerdenkmal*

zen, die ebenfalls alternativlosen Gehorsam verlangen. Im Namen von individueller Gesundheit und globaler Weltrettung läßt sich noch mancher arme Sünder ertüchtigen. Die Rundfunksteuer wird jetzt vom Beitragsservice eingetrieben. Der Idealbürger hört Staatsfunk und glaubt an Muttis Versprechen.

Zu Robert Walsers Zeiten gab es noch keine ADAC-Plus-Mitgliedschaft, für Walser konnte jeder Weg der letzte sein. Der Markgräfler wird den Eigensinn und die Gelassenheit, die einen Landbewohner einst auszeichnete, noch gut gebrauchen können. Die sanften Monster kommen näher. Wer sich beizeiten Schneeglöckenfragen stellt, sieht sie früher.

Die Abbildung auf der Seite gegenüber stammt aus einem Skizzenbuch von Emil Bizer (Original im Markgräfler Museum, Müllheim). Eintrag: „Sehr schön. Atelier Krohn. Mit Studni. Rundweg. Eigenart. Himmel." Die Skizze zeigt das Weilertal, am Horizont die Vogesen, rechts am Rand beginnt der Innerberg; Studni. = Hanns oder Ingeborg Hecht-Studniczka, beide waren befreundete Schriftsteller. Krohn war einst die Galerie und Kunstbuchhandlung in Badenweiler.

Adressen und Hinweise

 Touren: Im Sinne von Schickele und Bizer läßt sich eine Runde über den Badenweiler Römerberg am beziehungsreichen Judengalgen beginnen. Ein Wegkreuz mit Radwegweiser liegt direkt an der Landstraße Müllheim - Zunzingen. Wer von der Anhöhe auf dem Landwirtschaftsweg zunächst Richtung Niederweiler und Innerberg geht, erreicht nach 500 Metern ein Wanderwegkreuz vom Schwarzwaldverein: Bei den Hürsten, 322 m (auch zu erreichen über den Friedhof Niederweiler).

Hürste sind mit Buschwerk bewachsene, verhurstete Böschungen, sie gehörten früher zum Landschaftsbild wie jene Lesesteinhaufen, Einzelbäume und Ochsenkarren, die auf Emil Bizers Motiven so häufig erscheinen wie die Landfrau mit Kopftuch.

Vom Wanderwegweiser Bei den Hürsten geht es auf kurzem Weg hoch zum 406 m hohen Innerberg (zugleich auch Route des Markgräfler Wiiwegli). Die sogenannte Himmelswiese liegt unterhalb vom weithin sichtbaren Fernmeldemast auf dem Innerberg, bzw. etwas oberhalb vom ebenfalls gut sichtbaren Bammerthäusle am Innerberg.

Ein schöner Weiterweg führt von der Himmelswiese zunächst zum Wanderwegweiser Römerberg, es ist ein Weg zwischen Reben und Waldrand, mit Blick auf Blauen und Badenweiler. Vom Wegweiser Rö-

263

Nahe der Himmelswiese – *Rebhaus am Innerberg*

merberg Fortsetzung durch den Laubwald über das Wegkreuz Philips-
linde, entweder direkt zum Einkehrschwung nach Zunzingen oder
weiter durch die Reben bis Müllheim-Britzingen. Ab Römerberg sind
zahlreiche Wegvarianten über dem Weilertal möglich.

KRONE – Zunzingen. Die Stärke der Krone wächst aus der Beschränkung. Was es nicht gibt, kann nicht mißraten. Und das, was
in der Krone auf den Tisch kommt, hat Substanz und es paßt zum
Betriebssystem, das bislang allein von der Kernfamilie getragen wird.
Wirt Adolf und Köchin Tina Rüdlin sind jetzt seit bald 30 Jahren die
Garanten der Krone, dazu kommen ein, zwei Aushilfen und mitunter
auch mal einer der beiden Söhne des Hauses.

Das Angebot scheint mittlerweile so statisch wie ein Gesetzestext, es
gibt ordentliche Vesper mit selbstgebackenem Brot und wenige warme
Gerichte. An einem Sommertag sitzt man ländlich-traditionell im Hinterhof unter dem ausladenden Scheunendach, an kalten Tagen spendet
der flaschengrüne Kachelofen Behaglichkeit im kleinen Sechstisch-
Gastraum, das schlichte Nebenzimmer erhält seine Anziehung mehr
von den Gästen als von der Einrichtung. Die Standard-Vesperkarte
bietet Handfestes mit Bauernbrot (Freitag ist Backtag), so von Stram-
mer Max bis Münsterkäs', wobei der selten kultivierte Wurstsalat im
streichholzdünnen Feinschnitt zu den stillen Spezialitäten des Hauses
zählt. Dazu gehören auch die Desserts, etwa die hausgemachten,
rehbraunen Meringuen oder der eigene Kuchen.

Vesper, Schnitzel & Lokalgeschichten *– Krone, Zunzingen*

Auch bei den warmen Gerichten keine Experimente, sondern Basisangebote: eine helle, feine Kalbsbratwurst im Kittel, Schäufele, dünn ausgeklopfte, rösch gebackene Schweineschnitzel, auf Wunsch mit einem selbst gezogenen Sößle; dazu gibt es jeweils einen soliden Kartoffelsalat, oder die fein angemachten, gemischten Salate. Beim Weinangebot existieren wenige, aber gute Alternativen zum Faß- und WG-Wein (danach fragen, Flaschen werden mit Stielglas serviert). Das Getränkeangebot wird zudem um einen Espresso in Originalqualität bereichert. Die Faema auf dem Tresen zeigt, daß der kleine Schwarze zu den Leidenschaften des Wirtes gehört.

Trotz des reduzierten Angebotes herrscht in der Krone bisweilen ein Andrang, als seien andernorts die Herdplatten rationiert, was doch etwas erstaunt, denn Wunder werden hier keine serviert, aber respektable Standards zu durchweg vernünftigem Preis. Und so fragt man sich einmal mehr: warum begreift andernorts keiner, was der Gast schätzt. Kommt doch endlich mal runter von Eurem Gekünstle, möchte man dauerklagenden Wirtsleuten raten.

Einige Eigenheiten sind bei so einer Charaktereinkehr unvermeidlich, wozu auch mal Wartezeiten in der Saison zählen, wenn der Familienbetrieb an seine Grenzen stößt. Die Zuwendung des Wirtes Adolf hat zwei Seiten: hocken und reden zugleich geht, hocken und laufen zugleich geht aber nicht, und dann soll er auch noch kassieren. Stammgäste haben aber einen klaren Blick für die offenen Zeitfenster im Leben eines Wirtes.

Adolf Rüdlin rechnet ab

Gesamthaft ist die Krone eine Referenz in der Klasse „solide Landschänke". Was die Zukunft angeht, wünscht man der Familie, vor allem dem Vorstandsvorsitzenden, eine gute Hand bei der Lösung der näher kommenden Generationenfrage. Die Krone hat Einsatz verdient, von Alt und Jung.

Gasthaus Krone (Fam. Rüdlin), 79379 Müllheim-Zunzingen, Tel. 07631-2984, geöffnet ab 15 Uhr; RT: Mo und Di. Ferienwohnung. ♣ Terrasse im Innenhof und unterm Scheunendach. **Preise:** günstig.

GUTSSCHÄNKE DR. SCHNEIDER – Zunzingen. Drinnen Massivholzmöbel statt Wagenradromantik, im großzügigen, eingekiesten Innenhof reichlich Platz für einen Gutedel unter den Sternen, exakter: unter der rosenumrankten Pergola. Dort sieht man an einem Sommerabend auch mal vereinzelt Gäste, die sich vor dem Weggehen noch kurz was anderes anziehen, was dem Markgräflerland sowenig schadet wie dem Auge des Betrachters.

Auf der Karte ein breites Angebot ausschließlich gutseigener Weine, die hier bemerkenswert preiswert ausgeschenkt werden. Die Speisekarte genügt kalten und warmen Standardsituationen, sicher auch mehr dem Wunsch nach großer Portion, als dem nach verfeinerter Regionalküche. Das bunt gemischte bis zusammen gewürfelte Angebot

Weingut & Wirtsgarten – *Gutsschänke Dr. Schneider, Zunzingen*

reicht vom Flammkuchen über Ziegenkäse und Wildbratwurst bis zu Garnelen mit Knoblauchbutter und noch weiter hinaus ins Reich des Bemühten. Die Portionen sind üppig, Weißraum auf dem Teller gilt als Sünde. So läßt sich fokussieren: man sitzt ländlich-kommod zwischen Gutedel und Spätburgunder, der Wirtsgarten hat Atmosphäre, es wird ein jeder satt, aber nicht jeder Feinschmecker wird glücklich sein.

Nachsatz: Obwohl das Konzept der Gutsschänke eine ideale Ergänzung eines Weingutes wäre, haben solche Formate im badischen Oberland wenig Tradition, was doch etwas überrascht. Im mitunter satt und selbstzufrieden wirkenden Markgräflerland konnte sich bislang noch niemand dauerhaft zur Nachahmung von einem so schlüssigen Konzept bequemen. Schade, Tradition ist kein Sofa.

Gutsschänke Dr. Schneider, 79379 Müllheim-Zunzingen, Tel. 07631-17 12 30. Di bis Sa 17-23 Uhr, So ab 12 Uhr. ♣ Wirtsgarten unter einer Rosenpergola. **Preise:** günstig.

Fuchs und Has, Idyll und Panorama

Weg und Landschaft gehen auf dem Wiiwegle selten so perfekt zusammen wie zwischen Britzingen, Muggardt und Sulzburg.

16 | Britzingen – Sulzburg: Dialektik am Weinweg

Um Britzingen beginnt eine besonders reizende Passage auf dem Markgräfler Wiiwegle. Die gute Wegstunde zwischen Britzingen und Sulzburg gilt als Königsetappe – die korrespondierenden Weinlagen heißen zutreffend Rosenberg und Sonnhole. Von Süden, vom Innerberg herunterkommend, führt einen der Britzinger Weg heran, aber wie: Über die Reben am Rosenberg geht es runter bis zur Schwärzestraße und zum Wanderwegkreuz Krebsmatt am Ehebach. Und immer liegt Britzingen wie auf dem Präsentierteller vor einem, rebumkränzt, kirchturmgekrönt und solardachgeschmückt.

Die Weinwegroute verläuft dann gleichsam im Rücken des Dorfes: bald beginnt ein kissenweicher Wiesenweg, der ebenfalls zu den zarteren Passagen des Wiiwegles gehört. Im Sommer könnte man hier im kurzen Gras auch barfuß gehen.

So zwanzig, dreißig Jahre dauert es, bis man die richtigen Schuhe am Fuß hat, und nochmal so lange, bis man sie am richtigen Ort wieder ausziehen kann. Hinter Wildhecken dösen Schuppen und Holzbeugen; Gärten im Wechsel mit kleinen Mähwiesen. Die brachten vor Jahren etwas Hasenfutter und werden heute noch mit Mühe vor dem Verbuschen be-

Frühlingsausbruch – *bei Britzingen*

wahrt. „Wir machen's halt, solang's noch geht", sagen die Älteren dazu, die keinen Plan B haben und auch keinen brauchen.

Am Wegkreuz Sonnhole geht es dann wieder hoch zum Panoramaweg, der nicht nur so heißt. Die Route verläuft an den Bergmatten entlang blütenreicher Magerwiesen. Britzingen, Sonnhole, Bergmatten, im Frühjahr Orchideen und Obstblüte, im Herbst Weinlese und Farbrausch, unten windet sich die Badische Weinstraße durch die Idylle. Mehr Schatzkästlein geht fast nicht. Zumindest von hier oben sieht alles noch so aus, als sei nichts gewesen.

Ein Tisch am Weg: Verborgen hinter Rebhügeln erscheint der Weiler Muggardt – ein wenig Krähwinkel, ein bißchen Rückzugsort mit Galeriestimmung. Keine hundert Einwohner, eine Dorfstraße, zwei Brunnen, ein Atelier, gepflegte Hausgärten. Wiiwegle und Bettlerpfad führen mitten durch das Talende. Wenn das Wort von der versteckten Idylle irgendwo paßt, dann in Muggardt, am Bach lang. Auch die Menschen schauen etwas anders als in einem Neubaugebiet. Der Wanderer wird in Muggardt nicht beargwöhnt sondern betrachtet.

Treffpunkt für die Agendagruppe Muggardt

Leider ist der Weiler bereits seit gut zehn Jahren gasthaus-frei, was bei der Lage besonders schmerzt. Ein Traum, wenn in Muggardt ein aufrechter Landgasthof an der Biegung des Bettlerpfades liegen würde. Aber daraus wird wohl nichts mehr, für das schon länger geschlossene *Café Sacher* fand sich kein neuer Gastgeber.

„Es will doch keiner meh' am Sunndig schaffe", sagt mir ein Muggardter, der das Lindenlaub vor seiner Hofeinfahrt zusammenkehrt. „Sind die Menschen am Sonntag jetzt zufriedener, mit ihrer verordneten Freizeit", frage ich zurück. „Hesch au wieder recht." Dialektik am Wiiwegli.

Außerdem hat ein guter Mann von Muggardt eine massive Holzbank auf sein Anwesen gestellt, ein Dach aus rohen Balken drüber gezimmert und ein Schild geschnitzt: „Muggardter Schdammdisch". Ein kommunales Sitz- und Schwätzangebot seit vorne im Café Sacher „s'Loch zu isch."

Ein Tisch als Angebot an alle, die hier des Weges kommen. Eingeborene, Wanderer, Zugezogene. Es gibt runde Tische, Bürgerforen und Agendagruppen. Man kann als freier Mensch aber auch einen Tisch an den Weg stellen und den Dingen ih-

Höhe gewinnen – *Markgräfler Weinweg bei Muggardt*

ren Lauf lassen. Die Abteilungsleiter des Lebens werden jetzt fragen, ob es an diesem Tisch auch etwas zu trinken gibt, und wenn ja, wann und zu welchem Preis. Das Leben antwortet: wer würdig ist, findet einen Weg. In Muggardt und anderswo.

Also kein Gasthaus, aber genug zu sehen: Ausgerechnet in Muggardt wirken manche Gärten, als hätte sie ein Designer arrangiert, natürlich mit der gebotenen Zurückhaltung von Spätberufenen. Blechgießkannen, Kompostmieten, krumme Beete, sorgfältige Unordnung, keine klare Kante. Falls den Fotografen mal die Ideen ausgehen, in Muggardt gibt es noch Landlust-Motive. Allein, wie die Bruchsteinmauer aus dem Ort führt, ist ein Erlebnis. Auch das Bammerthäusle auf der Muggardter Höhe steht so begnadet im Land, als kämen bald welche vom Film vorbei. Wenn die Pfirsichbäume dort oben blühen, ist für mich Frühlingsanfang.

Vom Rübengarten zum Blumengarten: Die Bauerngärten, wie wir sie heute sehen und schätzen, sind kein bodenständiges Kulturgut, sowenig wie schmucke Rabatten und blü-

Schöner gärtnern – *Mit dem Städter kommt das Dekorative aufs Land*

hende Hofeinfahrten. Die alten Gärten auf dem Land waren ursprünglich der Not gehorchende Kraut- und Rübengärten. Die Blumen, die Ästhetik und all die netten, mitunter auch nur albern-dekorativen Elemente kamen erst später dazu, als erste Städter auf's Land zogen.

Der idealisierte Bauerngarten von heute entstand aus einer Vermischung unterschiedlicher Stile: in einer ersten Zuzugswelle brachten Ärzte, Lehrer, Pfarrer und andere Studierte ihre Vorstellungen vom Guten und Schönen aufs Land; in der Stadt ausgebildete Gärtner okulierten und pfropften Obstbäume. Es kam zur Verschmelzung ländlicher Elemente (Nutzpflanzen und Kräuter) mit städtischen (Blumen und Zierpflanzen). Generationen später fand schließlich auch die Sprache der Innerlichkeit in oberbadische Hausgärten. Das esoterische Klangspiel der Asienfahrer, Anti-AKW-Wimpel, auch der gepflegte Nonkonformismus der Muggardter Gärten sind nur ein Beispiel unter vielen. Da und dort wehen sogar tibetanische Gebetsfahnen in Markgräfler Gärten, die sowenig Bauerngärten sind, wie die Dörfer Bauerndörfer sind.

Blick aus dem Bammerthaus bei Muggardt

Anmut auf den ersten Blick – *bei Laufen*

Sanfte Hügel, weiches Licht, aber keine Toskana: Wege und Landschaft kommen auf dem Wiiwegle selten so glücklich zusammen wie auf der Partie zwischen Britzingen, Muggardt und Sulzburg. Die Vorbergzone liegt vor einem wie durch ein geöffnetes Fenster betrachtet. Man blickt auf Kulturland, das sich von selbst ins Bild setzt.

Natürlich ist das Markgräflerland keine deutsche Toskana. Wenn an der einfältigen Floskel irgend etwas einleuchtet, dann ist es die ähnliche Wahrnehmung der Landschaft. Beide Regionen bieten Anmut und Gefälligkeit auf den ersten Blick, beide Regionen wurden in Jahrhunderten mehrfach umgegraben, gestaltet, wieder und wieder verändert. So entstanden Regionen, die vom Extremen befreit sind.

Anders als im kargen Gebirge, in endlosen Steppen oder am offenen Meer muß sich der Betrachter weder in der Toskana noch im Markgräflerland seine Bilder selbst erschaffen, ästhetische Phantasie ist nicht nötig. Man sieht vielmehr eine strukturierte Kulturlandschaft, sie bietet Halt auf den ersten Blick, auch Harmonie und Geborgenheit bei mäßiger Offenheit. Eine Schönheit, die keiner Begründung bedarf.

Mildernde Umstände – *Spätherbst bei Sulzburg*

In der Markgräfler Ideallandschaft wird die Geometrie der Felder und Rebberge von Einzelelementen betont. Nußbaumsolitäre, die gelben Säulen der Pappeln im Herbst, die markanten Kirchtürme von Britzingen, Betberg, Laufen und St. Ilgen, der Hintergrund gerahmt von den Vogesen, weich gezeichnet vom Dunst im Rheintal – nur das Kernkraftwerk Fessenheim fügt sich nicht so recht ins Bild.

Ideal und Realität: Auch die idealisierte Toskana bietet einen steten, aber weichen Wechsel von Geometrie und Akzent, bei überschaubarer Ausdehnung. Wobei die oft bemühten Zypressen in der Toskana sowenig heimisch sind, wie manches mediterrane Accessoire hierzulande.

Ähnlichkeiten bei landschaftsprägenden Elementen sind ohnehin nur zufällig: Walnuß- und Obstbaumsolitäre, die im Markgräflerland ein Bild bestimmen können, haben in der Toskana keine Entsprechung. Die Olivenbäume stehen dort in Hainen. Die klaren Hausformen toskanischer Gehöfte haben

unverkennbar eine städtische Renaissance-Architektur wie
in Siena und Florenz zum Vorbild, historische Höfe im Markgräflerland orientierten sich an der ländlichen Notwendigkeit,
jedenfalls nicht an urbaner Eleganz. Unter dem Torbogen
einer markgräfler Einfahrt mußte der Heuwagen durchkom-
men, die hohen Steintreppen der alten Laufener Winzerhöfe
dienen nicht der Repräsentation. Die Weinkeller waren so
hoch gebaut, daß eine Treppe den höhergelegenen Wohnraum
erschließen mußte.

Außerdem ist die Markgräfler Toskana nicht allein. Bekanntlich gibt es von der Uckermark („Toskana des Nordens") bis
zum Kraichgau („Badische Toskana") gut ein Dutzend deutsche Provinzen, die sich mit fremden Federn schmücken. Im
Fall des Markgräflerlands gelten aber mildernde Umstände.
Wer an einem Malkasten-Spätherbsttag im Rebland zwischen
Britzingen und Sulzburg unterwegs ist, weiß warum.

Der Mais kommt näher – *bei Britzingen*

Kein Land ohne Geschichte: Reben, Bammerthäusle und romantische Ausblicke sind nur ein Aspekt der Landschaft. Ebenso wichtig ist der Prozeß, der Landschaft formt und verformt. Aus historischer Perspektive gibt es keine Ideallandschaft, sondern eine stete Dynamik. Gleich welche Berater aktuell das Sagen haben, jede Nutzungsart bleibt letztlich eine vorübergehende Episode in der Geschichte der Landschaft.

Auch der scheinbar ruhigste Winkel einer Kulturlandschaft ist Resultat eines steten Gewitters von natürlichen Einflüssen und menschlichen Motiven. Erosion und Rodung zerstörten nicht nur, sie gestalten auch. Ein Mosaik kleiner Parzellen, die von Hand gelesen werden, sieht anders aus als eine ausgeräumte Großlage, die mit dem Vollernter befahren wird. Wo der Vollernter verkehrt, haben weder Rosenbüsche noch Weinbergpfirsiche am Ende der Rebzeilen einen Platz.

Die Handlese aus Steillagen oder der Apfelsaft aus Streuobst

schmeckt nicht nur anders, solche Produkte formen auch ein Land. Ihr Konsum kann Landstriche erhalten oder verändern. Wobei Verzicht nicht immer zur anmutigen Landschaft führt. Tofu statt Lamm und Outdoorjacke statt Wollpullover bedeutet auch weniger Erlös bei Schafhaltung und extensiver Weidewirtschaft, was letztendlich zum Verbuschen und Zuwachsen ganzer Landstriche führen wird. Die moralinsatte Haltung derer, die keine Tiere essen mögen, garantiert noch lange keine reiche Kulturlandschaft.

Energiewende heißt Landschaftswende: Selbst die den Deutschen so lieben Urwälder haben indirekt zu einer historischen Ernährungskrise beigetragen. Weil große Säuger unter den mächtigen Baumkronen keine Futterpflanzen mehr fanden, ging den damaligen Jägern bald die Beute aus. Ein paar tausend Jahre und ein paar Ideallandschaften später konnten dann die Maler der Romantik den anmutig-lichten

Zauber von Waldweiden idealisieren: auf Jäger folgten Wald-
bauern, die ihr Vieh in die Wälder trieben. Eine neue Form
der Weidewirtschaft entstand, die ebenso zu einem speziellen
Landschaftsbild führte wie die Handlese in Steillagen, wie
das Plantagenobst, wie der maschinengerechte Weinbau des
frühen 21. Jahrhunderts.

Die traditionelle Prägung des Markgräflerlandes durch kleine Feldschläge in der Ebene und Wein- und Obstkulturen
am Hang wird derzeit von Sonderkulturen verändert. Beim
Maisanbau zur Biomassegewinnung kann man allerdings nur
bedingt von einer Kulturlandschaft sprechen. Primär geht es
bei der Biomasse- und Gasproduktion um eine Subventions-
abschöpfung, die ganze Landstriche radikal verändern kann.

Schon heute stehen Energiepflanzen auf einem Fünftel der
Ackerfläche in Deutschland, in der Folge sind die Pachtpreise
für Ackerland in den letzten zehn Jahren um 40 % gestiegen.

Essbare Landschaften bei Muggardt – *Wein, Weide und Streuobst*

Bei der industriellen Bewirtschaftung der Rheinebene, die sich derzeit bis in die Vorberge ausbreitet, wirkt Landwirtschaft weder gemütlich noch gestrig. Der Große frißt den Kleinen, mit oder ohne Bio-Siegel. Der neue Landwirt ist kein Krauter, sondern kalkulierender Unternehmer. Getrieben von der sogenannten Energiewende verändert die Agrarindustrie das Land mehr als Generationen konventionellen Landbaus davor. Für Streuobst-Nostalgiker bleiben Nischen, wie gehabt.

Das und noch mehr kann einem durch den Kopf gehen, auf der Königsetappe des Weinweges von Britzingen nach Sulzburg. Das Land ändert sich aber nicht nur optisch, manchmal begegnen einem jetzt knatternden Quads zwischen Muggardter Höhe, Sedanplatz und Bubenberg. Aber seit Robert Walser wissen wir, alles ist auch sein Gegenteil. Und die Stille nach dem Quad ist die schönste.

Adressen und Hinweise

 **Touren:** Kaum eine ansprechendere Passage auf dem Weinweg, als die fünf Kilometer zwischen Britzingen, Muggardt und Sulzburg, wo das Markgräflerland zur Hochform aufläuft. Das Wiiwegle (partienweise auch der Bettlerpfad) führen auf halber Höhenlage durch die Vorbergzone – oft mit Panorama auf Rheintal und Vogesen. Harmonischer gehen geht fast nicht. Startpunkt in Britzingen bei WG oder Kirche, oder nahe der Schwärzestraße nach Badenweiler (Wanderwegweiser dort: Krebsmatt oder Sonnhole).

Wer länger gehen möchte, nimmt die schöne Partie über Innerberg

Königsetappe auf dem Weinweg: *Britzingen – Laufen – Sulzburg*

und Römerberg dazu und startet bereits beim Niederweiler Friedhof; von dort sind es dann gut 4 km bis Britzingen, bzw. gut 9 km bis nach Sulzburg; Wanderwegweiser beim Niederweiler Friedhof: Auf dem Rust bzw. In den Hürsten.

- Ein weiterer Ausgangspunkt wäre der Weiler Muggardt bei Britzingen, Wanderwegweiser Kleematt an der Straße nach Muggardt, oder Parkplatz Muggard am oberen Straßenende. Gute Einkehren unterschiedlichen Charakters in Britzingen und Laufen (vgl. nächste Seite bzw. S. 291.

Eine kulinarische Burg – *Hirschen in Britzingen*

HIRSCHEN – Britzingen. Der Hirschen ist angesagt, man sieht das
schon an den Limousinen vor der Eingangstreppe. Im Gastraum und
auf dem Teller wird gewöhnlich aber nicht nach Hubraum unterschie-
den, jedenfalls garantiert ein Zylinder mehr noch keinen freien Platz.
Der Montagsstammtisch vom Turnverein genießt alte Rechte, ebenso
manche eingesessene Runde der anonymen Kulinariker. Man sollte,
besser man muß diese Lokalregeln respektieren, wie das in Institu-
tionen halt so ist. Gewachsener Eigensinn und aufrechtes Handwerk
zeichnen den Hirschen als Landgasthof aus und so kann man nur hoffen, daß all die medialen Lobeshymnen den Wesenskern des Hauses
nicht beschädigen. Andererseits haben die Gastgeber schon manches
Wetter kommen und gehen sehen.

Faßwein und Turnverein also, auch Prominenz an Filet und alles
geht recht gut zusammen. Das Ganze leistet ein traditioneller Familienbetrieb in konventionell-gemütlichen Wirtsräumen. Seit mit Martin
Schumacher der Sohn des Hauses am Herd steht, konnte der Hirschen
nochmal richtig zulegen und manchmal wird einem fast bang vor soviel
Zulauf. Da keine Wartelisten geführt werden, hilft oft nur mehrfacher
Versuch oder man kommt einfach auf gut Glück.

Besonders für regionales Fleisch und seine präzise Zubereitung hat
Schumacher ein Händle. Manches Stück von Weidelamm oder Reh
kommt hier so punktgenau auf den Teller, wie wir es in hochklassi-

Es ist geschafft – *Martin Schumacher vom Hirschen, Britzingen*

gen Häusern gerne hätten. Dabei klingt die Hirschenkarte durchweg erwartbar, sie verspricht keine Wunder, bringt aber öfter mal was Besonderes (heimisches Wild, Weiderind, Lamm von nebenan). Gekocht wird zuverlässig und nahrhaft, den Wunsch nach Leichtem oder Trendgerichten muß man anderswo stillen. Gerade bei den Standardpositionen im Vesper-, Forellen-, Schnitzel- und Kotelettsektor ist der Hirschen eine sichere Adresse. Die Suppenschüssel steht hier auf dem Tisch und das Cordon-Bleu hat einen Ehrenplatz.

Unter den Vespern fällt ein Schinkenspeck von der eigenen Sau auf, der hauchdünn aufgeschnitten zur Delikatesse für jene wird, die bei einem Fettrand nicht in Deckung gehen. Zu den Stärken des Hirschen zählt auch der glänzende, lauwarme Kartoffelsalat; auch die goldbraun gebratenen Brägele und Raschel-Pommes gehören zur S-Klasse im Markgräflerland. Das Flaschenweinangebot ist voll befriedigend, auf der Karte einiges von der benachbarten WG, sowie Optionen von namhaften Privatgütern aus der Region. In der Summe sind es solides Handwerk und unaufgeregte Verlässlichkeit, die das Haus zur gutbürgerlichen Burg machen. Für alle, die rechtzeitig reservieren oder montags vom Turnverein kommen.

Hirschen (Fam. Schumacher), 79379 Britzingen, Tel. 07631-5457. RT: Di und Mi. Gästezimmer, **Preise:** mittel.

Distinktionsmerkmal Garten

*Weingüter, Gemüsekeller, Obststände, Gärtnerei & Cafe –
Laufen ist eine Einkaufsmeile für Landlust-Fans.*

17 | Landlust in Laufen

Allein, wie einen die Landstraße 125 ins Dorf leitet. Gleich aus welcher Richtung man kommt, die Weinberge sind immer mit von der Partie. Auf der Ortsdurchfahrt, die auch noch Weinstraße heißt, reihen sich dann die Haltepunkte. Auf Neudeutsch könnte man sagen, Laufen sei eine Shoppingmeile, lauter Outlets in Innenhöfen.

Vom Demeter Hofladen im Gewerbegebiet sind es nur ein paar Meter zur Vollwert-Schreinerei von JONNY BRÄNDLIN, wo Markgräfler Walnußbäume zu Eßtischen werden. Kapitale Achtender, an denen drei Generationen Platz finden, wenn sie denn Zeit haben. Ein, zwei Schwünge weiter das bemerkenswerte VDP-Weingut SCHLUMBERGER und andere mehr.

Laufen wird im Sommerhalbjahr zum Parcour, Obst und Gemüse im Gewölbekeller, oder doch in den Hofladen an der Weinstraße Nr. 8, wo ein breites Tomatensortiment wartet. Einkehren ginge auch, gepflegt italienisch im LA VIGNA. Ein Mittagstisch im Halbschatten der Pergola wird dort ohne Weiteres zum leisen Luxus (Details, vgl. S 291). Zusammenfassung der Ausführungen: Wer in und um Laufen nicht ins Schwärmen kommt, sollte seine Kreuzfahrt durch's Markgräflerland am besten gleich abbrechen.

Blühende Landschaften – *Laufen im Markgräflerland*

Made in Markgräflerland: Und da wäre mit der Staudengärtnerei GRÄFIN VON ZEPPELIN noch ein weiterer Höhepunkt.
Eine während Jahrzehnten gewachsene Institution, über deren immense Sortenfülle das meiste schon -zig mal geschrieben wurde. In der Nachmoderne ist das Schwarze unter den
Fingernägeln zu einem neuen Distinktionsmerkmal geworden, deshalb gibt es in einer Gärtnerei natürlich nicht nur
Pflanzen. Die neuen Schwielen dürfen gerne vom Umgang mit
einem handgeschmiedeten Spaten stammen, der Strohhut
sollte zur Schürze passen, auch der Haushund sollte wieder
mal was Neues bekommen. Wir ahnen es auch in Laufen, die
Unschuld des Hobbygärtners war einmal.

Vor wenigen Jahren wurde die Anlage um einen geräumigen
Glaspavillon erweitert, mit LILIEN-CAFÉ und Freiterrasse, mit
einem breiten Fachbuch- und Freizeitsortiment, das auch
einige augenzwinkernde Kompendien bereit hält, etwa einen
„Grundkurs grüner Daumen". Zudem gibt es ausgesuchtes
Gartengerät und ein breites Sortiment an Landlust-Zubehör
und Devotionalien für frisch keimende Pläne.

Im Reich der Pfingstrose – *Staudengärtnerei Gräfin von Zeppelin*

Blütenträume: Pflanzen wachsen im fast 500 Quadratmeter großen Gewächshaus-Pavillon keine, die müssen draußen bleiben, auf den vier Hektar weiten Südhängen oberhalb vom Laufener Kirchturm. Dort werden nicht weniger als 2.500 winterharte Gartenpflanzen kultiviert, darunter 500 Sorten Schwertlilien, 300 Taglilien, 200 Pfingstrosen, 60 Türkenmohnsorten und mancher seltene Blütentraum. Mehr über die einzigartige Sortimentsbreite und parkweite Präsentation der Staudengärtnerei Gräfin von Zeppelin zu schreiben, hieße, Lilien nach Laufen tragen.

Auf einem ihrer letzten Ausflüge, die noch selbstständig möglich waren, besuchte meine Mutter die Staudengärtnerei Gräfin von Zeppelin zusammen mit einer Freundin. Mutter schenkte ihrer fürsorglichen Begleitung damals eine zartrosa blühende Pfingstrose für deren Garten. Die Pfingstrose blüht Jahr für Jahr und die Erinnerung blüht auch. Blüten sind Brücken.

Prachtstauden in prächtiger Lage – *Gräfin von Zeppelin, Laufen*

Dorfläden und Kühltheken: Laufens Weinstraße bietet vom Massivholzmöbel über Weißburgunder bis zum Türkenmohn ein breites Sortiment, alles made in Markgräflerland. Das ist schon deshalb bemerkenswert, weil einige Dorfkerne längs der Weinstraße ihre Funktion als Einkaufsquelle praktisch ganz verloren haben. Wie weit die Auszehrung schon ist, zeigt das schwierige, mitunter auch frustrierende Ringen um Dorfläden. In Staufen-Grunern gibt es eine überaus erfolgreiche Initiative, in Britzingen wird derzeit frohen Mutes geplant, mitunter werden aber die Mühen der Ebene unterschätzt – gegen den Trend zur Hedonisten-Convenience wirkt mancher Dorfladen wie ein anrührendes Museum.

Weiter im Süden, längs der Bundesstraße um Auggen und Schliengen, ist der Prozeß der innerörtlichen Auszehrung voll im Gang. Am Ortsrand hängen Netto und Penny vital am Kreisel, während in der Mitte der Leerstand zunimmt. Auf der grünen Wiese zwischen Laufen und Ballrechten-Dottingen gibt es auch einen der neuen, hellen und so schön bunten Edeka Märkte. Die Leute gehen gerne hin, das Personal ist

Schmeck den Süden – *La Vigna, Laufen*

freundlich, der Einkaufswagen pfandfrei. Neben gefühlten
fünfzig Yoghurtsorten bietet die Kühltheke von Edeka-Sutter
auch Veggie-Gyros und fleischfreie Schnitzel aus Ländern der
EU. Zum kulinarischen, aber auch zum sozialen Stand der
Dinge erfährt man im Kühlregal bei Edeka mehr als in mancher Studie zur Lage der Nation. Bunte Schnittblumen gibt
es natürlich auch in den neuen Edeka Märkten, Laufener
Pfingstrosen gedeihen aber noch in der Staudengärtnerei.

Adressen und Hinweise

LA VIGNA – Laufen: Mitten im Ort liegt der Weinberg von Familie
Esposito. Das Haus gilt seit Jahren als Komfort-Italiener. Zu recht, ge-
boten wird ein gehobenes, aber nicht abgehobenes Programm, das da
und dort noch immer von den süditalienischen Wurzeln des La Vigna
Paten und Seniorchefs Antonino Esposito geprägt ist – produktnahe
Küche statt belangloser Kopie.

Der gebürtige Sorrentiner Antonino Esposito hat zwar schon länger
das hochverdiente Ruhestandsalter erreicht, aber irgendwie steht er
dann doch wieder am Herd, meistens jedenfalls – und sein Stil und
sein verschmitztes Lächeln schmecken einfach. Die Kontinuität im Haus

Mittags im Halbschatten – *Sommerterrasse La Vigna, Laufen*

ist freilich durch die Ehefrau und den Schwager Thomas Schmeißer garantiert, auch Tochter Diana ist in Küche und Service engagiert, so bleibt die Einkehr im Weinberg wohl auch in Zukunft eine familiäre Angelegenheit. Die Stimmung im aufgeräumten Gastraum ist mehr Kammerspiel als Bühne. Wer ins La Vigna geht, möchte nicht schaulaufen, sondern genießen. In der mediterranen Komfortzone bleibt das Haus eine der wenigen Möglichkeiten im Markgräflerland.

Das fängt bei Vorspeisen wie den gegrillten Calamaretti an, die pur und exakt zubereitet zu Tisch kommen. Auch „Gamberoni mit Lorbeer gebraten auf Kichererbsen-Creme" sind keine Verlegenheitsvorspeise, sondern so besonders wie die durchweg hausgemachte Pasta. Trattoria-Klassiker wie die Papardelle mit Ragout stehen fast immer als Zwischengericht auf der Karte, ebenso ein Risotto und Raviolivarianten. Zu den saisonalen Akzenten zählen im Frühjahr ein gehobelter Salat aus kleinen, lila Artischocken, im Herbst auch mal Steinpilze und Trüffel, zudem hält das Betriebssystem neben dem Menü auch kleinere Teller bereit: im La Vigna mit einer Vorspeise, einer Pasta und einer guten Flasche zufrieden sein, geht durchaus. Die Menüs liegen zwischen 45 und 70 Euro (mittags ein kleineres Tagesmenü um 30 Euro), Vorspeisen 8 bis 18, Hauptgänge so ab 24 Euro, Weinkarte mit einzelnen lokalen und vielen italienischen Positionen.

In der warmen Jahreszeit wird die eingewachsene Pergola-Terrasse zum Platz der Wahl. Wer hier an einem heiteren Hochsommertag zur Mittagspause einläuft, hat alles richtig gemacht. Summe: Wenn es

Nußbaum-Coffeetable – *gefertigt bei Jonny B.,Laufen*

um italienische Küche in gepflegter, aber nicht hüftsteifer Umgebung geht, gibt es zu Espositos La Vigna wenig Alternativen im nördlichen Markgräflerland.

La Vigna (Familie Esposito), 79295 Sulzburg-Laufen, Weinstraße 7. Tel. 07634-80 14, RT: So und Mo, ♣ die Pergola-Terrasse hinter dem Gasthaus zählt zu den reizvolleren Sommerverstecken im Markgräflerland. Zwei Gästezimmer. **Preise:** gehoben, bei den italienischen Weinen hoch.

- Staudengärtnerei Gräfin von Zeppelin mit Liliencafé. 79295 Sulzburg-Laufen, Tel. 07634-69 716. Öffnungszeiten in der Regel 9 bis 18 Uhr (Winterpause über Weihnachten/Neujahr); kultiviert werden ca. 2500 winterharte Gartenstauden, Schwerpunkt Prachtstauden, informativer Versandkatalog im Fachbuchstil, zahlreiche Themen- und Sonderveranstaltungen: www.staudengaertnerei.com

- Schreinerei Jonny B. – Maßmöbelschreinerei am Ortsrand, in Richtung Britzingen. Spezialität sind klar und sauber gearbeitete Teile aus heimischem Massivholz, das der Kunde selbst aussuchen kann, begleitet von fachlicher Beratung. Stilistisch überzeugende Arbeit, motivierte Leute. Einfach mal reinschauen, das Leben ist zu kurz für Furnier und Faßwein. **Jonny Brändlin**, 79295 Sulzburg-Laufen, Tel. 07634-69 059, www.jonnyb.de

Weingut Hartmut Schlumberger, Weinstraße 19, vgl. S. 339.

Vom Bergbau zur Wohlfühlecke

Sulzburg ist eine Insel abseits des Geschiebes,
ein lauschiges Hedonistenstädtle.

18 | Bach und Berg – um Sulzburg

Eigentlich ist das Markgräflerland am Sulzbach zu Ende. Nördlich einer Linie Sulzburg-Heitersheim werden die Vorberge flacher, die Staufener Bucht kommt ins Bild und damit beginnt der Breisgau – es heißt ja auch „Staufen im Breisgau". Es ist zwar kein schroffer Übergang, aber doch eine Akzentverschiebung. Selbst die Markgräfler Sprache klingt im Norden anders: Nahe der Schweizer Grenze heißt es auf Wegschildern Wii*wegli*, um Müllheim, spätestens in Laufen wird daraus das Wii*wegle*.

Die ehemalige Bergbausiedlung Sulzburg hat sich längst zum lauschigen Hedonistenstädtle gemausert. Der mit Abstand größte Arbeitgeber ist Hekatron. Die Firma produziert Brandmeldesysteme, sie hat über 600 Mitarbeiter, wächst und wächst, stört aber nicht. Schließlich produziert Hekatron keinen Qualm, sondern Rauchwarnmelder und wie.

Sulzburg hat gerade mal 1.700 Einwohner, einen hidden Champion, aber auch Ateliers, Galerien und Gourmetlokale. So gleicht die Stadtrunde einem sozialen Themenpfad mit Motiven von Restlandwirtschaft, Altbausanierung, Gartenliebe und kulinarischem Tourismus.

Konversion – *vom Bahnhof Sulzburg zum Blumengarten*

Eine prächtige Gartenanlage um das ehemalige Bahnhofsgebäude hat es gar in einen der Bildbände vom guten Leben auf dem Lande gebracht – zu recht. Eine blühendere Verwandlung eines Provinzbahnhofs ist selten zu sehen.

Häuser und Himmelreich: Aus der Blütezeit Sulzburgs sind ein paar Stadthäuser und Villen mit verspielt-dekorativen Laubsägegiebeln erhalten. Etwas vernachlässigt wirkt dagegen das stattliche Geburtshaus von Ernst Leitz. Der Sohn einer Lehrerfamilie wurde 1843 in Sulzburg geboren, bereits mit 22 Jahren wurde Leitz Teilhaber einer später zur Weltmarke aufsteigenden optischen Werkstätte in Wetzlar. Der eigentlich Erfolg der Firma, die Serienfertigung der legendären Leica-Kleinbildkameras in den 1920er Jahren, fällt aber in die Zeit seines gleichnamigen Sohnes. Das Leitz Haus soll, sofern die Mittel fließen, saniert werden, derzeit wird in der Stadt an einem Konzept gearbeitet. Das Anwesen steht bei der ottonischen Kirche St. Cyriak, die ihrerseits zum historischen Inventar der Stadt gehört, es ist einer der ältesten Sakralbauten im Land.

Geburtshaus einer Legende – *Ernst Leitz Elternhaus in Sulzburg*

Hirschen und Himmelreich: Sulzburg liegt geborgen im Tal des Sulzbachs und seine handliche Altstadt bietet einige Variationen zum Thema Markgräflerland als Wohlfühlecke. Der Landhausstil ist im *Rebstock* zuhause, wo der gute, alte Wurstsalat „mit farbenfrohen Rohkostsalaten umlegt" wird. Am Marktplatz steht einer dieser rustikalen Stadtfest-Weinbrunnen, deren Reiz mir nach 45 Jahren Markgräflerland noch immer verborgen bleibt. Kaum einen Steinwurf entfernt vom Bretterbrunnen die kulinarische Institution *Hirschen* (vgl. S. 306), wo mit Manchem, aber nicht mit farbenfrohen Salaten umlegt wird. Über alles gesehen bietet Sulzburg ein kleinstädtisches Nebeneinander wie selten im Markgräflerland – eigentlich fehlt nur ein Laden für Duftkerzen; und ein neues Betriebssystem für den Weinbrunnen.

Somit wäre das Programm klar: einfach den Gassen und dem Sulzbach folgen. Danach vielleicht auf dem Panoramaweg am Castellberg durch die Reben ziehen. Oder gleich von der Kirche St. Cyriak auf der Route vom Bettlerpfad hoch in Richtung Himmelreich. Der Name trifft die Verhältnisse:

Holunderblütensirup to go – *an der Hauptstraße in Sulzburg*

der Schloßberg ist ein stiller Sonnenhang, den schon zwei Kirchtürme weiter kaum noch jemand kennt. Also hat man seine Ruhe im Himmelreich. Man könnte dort verzaubert auf einer Bank sitzen, mit den Füßen im Laub rascheln und auf's Städtle schauen. Kombiniert mit einer Einkehr ist das bereits ein Halbtagesprogramm – so einfach ist das Leben.

Draußen vor dem Stadttor fällt seit eh und je die Fassade eines ehemaligen Gasthauses auf. Der kleine Stand neben der Tür mit Sonnenschirm und Holunderblütensirup steht schon seit Ewigkeiten dort, ebenso wie das Hinweisschild zu Fessenheim, Distanzen und Risiken betreffend. Von Sulzburg bis nach Fessenheim sind es nur 12 Kilometer Luftlinie, die Risse im ältesten KKW Frankreichs kommen zwar nicht näher, aber sie verwachsen auch nicht und sie stecken im kollektiven Bewußtsein von Rebland-Lebland wie ein Stachel. 2016 soll der mürbe Reaktor endlich abgeschaltet werden, heißt es aus Frankreich, hier traut man den Worten nicht so recht. Es wird ein großes Fest geben, wenn es tatsächlich so kommt, nicht nur in Sulzburg.

Brunnen und Weinbrunnen – *hinterm Stadttor kreuzen sich die Wege*

Wo der Fliederbach in den Sulzbach mündet, wäre eine alte Brücke mit steinernen Sitzbänken in den Flanken und man darf sich zusammenträumen, wie es früher zuging, in Sulzburg, als es noch keinen Holunderblütensirup und noch keine Atomkraft in Fessenheim gab. Als man auf Brückenbänken saß und den Fuhrwerken nachschaute.

Immer wieder freitags: Im Sommer hat Sulzburg etwas Anregendes, die Wege kreuzen sich im Städtle, man kennt und grüßt sich. Der alte Kern hinter dem Stadttor konzentriert den Alltag. Die Bäckerei *Ruf* und die kleine, feine Metzgerei *Sum* liegen fast gegenüber. Sogar die Apotheke sieht in Sulzburg noch aus wie eine Apotheke, zumindest äußerlich.

Der Sulzburger *Erzeugermarkt* am Freitagnachmittag hat sich etabliert, es gibt dort aber nicht nur Gemüse, sondern auch Lokalnachrichten und nebenan beim Metzger auch mal eine Bratwurst aus erster Hand. So was tut einem Städte gut, zumal auch in Sulzburg manches Ladenlokal sichtbar in die Jahre gekommen ist. Mehr als ein Schaufenster zeigt eine Art Nachtdekoration. Außerdem wird derzeit lebhaft spekuliert,

Aufwendige Restauration – *Bruchsteinmauern am Castellberg*

wie lange sich ein Lebensmittelsortiment hinterm Stadttor noch halten kann, wenn vor dem Stadttor eine moderne Eigenkonkurrenz wartet.

Drohende Erosion also auch in Sulzburg, dennoch hat sich bis heute etwas vom gewachsenen Leben gehalten, das andere Gemeinden so gerne hätten und mitunter so verkrampft herbei planen. Mit albern möblierten Fußgängerzonen und Brunnen, aus denen in kümmerlichem Strahl „Kein Trinkwasser" tröpfelt.

Finale oder Auftakt: Im Norden, zur Staufener Bucht hin, wird das Markgräfler Hügelland zum Breisgau. Die Vorberge werden flacher, der Blick geht weiter. So könnte Sulzburg mit dem Castellberg und der mal liebenswerten, mal auch etwas provinziellen Marktfleckenstimmung der Auftakt (oder ein Finale) im Markgräflerland sein. Der Markgräfler Weinweg führt zwar über Staufen hinaus bis Freiburg-St. Georgen, aber das Markgräflerland im engeren Sinne, auch der anmutige Wechsel von Dorf, Land und Vorberg bekommt um Staufen einen anderen Klang.

Es blüht, duftet und huscht – *Rebmauern am Castellberg*

Anonyme Architektur: Der kurze Anstieg von Sulzburg zum Castellberg lohnt sich nicht nur wegen des Panoramas, sondern auch wegen der prächtigen Trockenmauern. Die zusammen gut zwei Kilometer langen Mauern und drei Treppenanlagen wurden zwischen 2006 und 2010 im Rahmen eines Landesförderprojektes vorbildlich restauriert. Nun blüht und raschelt es längs der Biotope, die Steinmassen sorgen zudem für ein besonders warmes Weinberg-Kleinklima.

Fast alle Hanglagen der europäischen Agrarlandschaft waren einst geprägt von Trockenmauern, die alle so kunstfertig wie mühevoll aufgesetzt werden mußten. Mörtellos, in reiner Handarbeit. Solche Mauern sind damit das Gegenteil der gebauten Ausrufezeichen von Stararchitekten. Es sind anonyme Bauwerke, nicht zum Ruhm von Erbauer oder Auftraggeber, sondern zu profanen, aber nützlichen Zwecken gebaut.

Bei guten Bedingungen und optimalem Ausgangsmaterial schafft ein geübter Maurer etwa einen Quadratmeter pro Tag. Bereits in einer ein Meter hohen Mauer ist eine Tonne Steinmaterial verbaut, die Kosten liegen bei etwa 500-600 Euro. Der

Steillage heißt Handarbeit – *Pause am Castellberg*

Materialbedarf je Quadratmeter wächst jedoch im Quadrat der Höhe, weil der Mauerfuß aus statischen Gründen immer breiter angelegt werden muß. Für eine zwei Meter hohe Mauer müssen am Mauerfuß schon vier Tonnen Material je Quadratmeter verbaut werden.

Der römische Baumeister VITRUV hat sich in seiner Architekturlehre ausgiebig mit Trockenmauern befaßt und diese nach Baumaterial klassifiziert. Vom unsicheren *Opus incertum* aus unregelmäßigem Bruchstein bis zum *Opus quadratum* aus behauenen Steinquadern, die gleichmäßige Lagen bilden. Gleich wie die Details ausfallen, jede stabile Mauer wird geadelt vom Schweiß der Erbauer, nicht durch den Namen des Baumeisters. Sie bezieht ihre Schönheit aus der Logik der Schwerkraft und dem Können des Maurers. Heimische Handwerker, die solche Projekte ausführen können, sind mindestens so rar wie gute Architekten.

Wanderarbeiter und Berufspendler: Ein „Ökologischer Weinkulturpfad" wurde am Castellberg angelegt, Tafeln unterrichten über Flora, Fauna und Kleinklima. „Fugen und Ritzen

Bäuerin vor Britzingen – *Emil Bizer, um 1942*

voller Leben", heißt es da auf einer Tafel. Bei Bedarf können Informationen zu Habitat und Bewohnern auch per Handy abgerufen werden – Trockenmauerinfos auf dem Smartphone, da treffen zwei Kulturen aufeinander.

Die Steillagen am Castellberg sind nicht nur Biotop, sondern auch Herausforderung. Die Weingärten mögen aussehen wie ein Felsengarten, die Hänge sind aber sackschwer zu bearbeiten. Die Schinderei zwischen den Zeilen will kaum mehr einer auf sich nehmen, wer bei 20 ° Hangneigung einen Tag lang Unkraut zwischen den Stöcken gehackt hat, weiß warum.

Bei meinem letzten Gang über den Castellberg blühten Mauerpfeffer, Thymian und Zimbelkraut, der kleine Fuchs gaukelte in der Thermik über den Steinen, die in der Sommerhitze duften. Zwischen den steilen Rebzeilen, die vom Weingut Martin Waßmer bewirtschaftet werden, hörte man Landarbeiter reden, kein deutsches Wort war zu hören. Ohne Wanderarbeiter aus dem Osten gäbe es weder restaurierte Rebmauern noch kommerziellen Weinbau in Steillagen. Auch das gehört vielleicht noch zum Weinkulturpfad am Castellberg.

Die beiden Kuppen zwischen Sulzburg und Ballrechten waren auch für EMIL BIZER (1881-1957) ein beliebtes Motiv. Der Maler des Markgräflerlandes wählte häufig eine Perspektive von Britzingen aus gen Norden, Castellberg und Fohrenberg zu. Bizer konnte „die Luft des Markgräflerlandes malen", heißt es. Bizer konnte auch die Weite über den Vogesen, heimkommende Feldarbeiter und Dörfer ohne Zone 30.

Emil Bizers bäurisches Markgräflerland wie auf der vorigen Seite zu sehen, ist nur noch Erinnerung. Die alles dominierende Stimmung eines aufziehenden Gewitters während der Arbeit auf dem Feld dürfte den meisten Berufspendlern fremd sein. Wer vom Castellberg gen Staufener Burg und rüber zum Tuniberg blickt, sieht, wie das Markgräflerland zu Ende geht, es ist ein undramatischer Wechsel zum Breisgau. Keine harte Grenze, aber Zeichen, die für sich sprechen. Freiburg und die Breisgauer Bucht strahlen weit ins Umland, der Takt zieht an. Die Back- und Tankcenter kommen näher.

Auch stimmungsmäßig steht ein Wechsel an, die Rheinebene wird zum Übergangsland, die Dörfer werden städtischer, die Speckgürtel breiter. Man kann die großen Ebenen aber auch links liegen lassen und via Weinweg am Rand der Staufener Wälder gen Freiburg ziehen. Es wird dort anders sein als im inneren Markgräflerland. Mehr Stadtluft, mehr Nachverdichtung.

Wunderschön kann es dennoch sein, über die freie Republik am Ehrenkircher Ölberg zu ziehen. Oder beim Queren von Ebringen auf Schritt und Tritt zu erfahren, was das neue Bauen und Leben so mit sich bringt. Darum geht es in den letzten beiden Etappen.

Laub raschelt, Sonne lacht – *Herbst am Schloßberg*

Adressen und Hinweise

Touren: Sulzburg liegt am Anfang vom Ende des Sulz-
bachtales, kein Durchgangsverkehr, kein Trubel im Städtle.
Kleinstädtisches und Ländliches kommt hier zusammen.
Ein Abstecher hinters Stadttor lohnt sich. Der unten beschriebene
Bettlerpfad-Schloßbergweg von Sulzburg hoch in Richtung Castellberg
verläuft viel versprechender als die Wiiwegle-Route aus der Sulzburger
Unterstadt via Neubergweg zum Castellberg. Oder man fährt gleich
zum neu angelegten Parkplatz direkt unterhalb der Castellberghütte
(an der Landstraße nach Dottingen).

Lohnend auch, vom Marktplatz ausgehend, durch die Gassen am Sulzbach zu streifen; dann von der Kirche St. Cyriak auf der alten Route
des **Bettlerpfades** den Sonnenhang am Schlossberg hoch gehen.
Vorbei an einem verwitterten Wegweiser, auf dem vier Worte stehen:
Schlössleberg, Himmelreich, Kastelberg, Ballrechten. Ein paar Schritte
weiter bergan kommt dann ein neues Wegkreuz des Schwarzwaldvereins: Am Kosackenwäldele, 360 m. Das ist weniger verheißungsvoll
beschriftet, weist aber den richtigen Weg – in Richtung Wegkreuz
Vorderer Castellberg (1,6 km).

Das Himmelreich beginnt am Schlossberg in Form einiger Ruhebän-
ke mit reizendem Blick auf den Mikrokosmos im Sulzbachtal. Weiter
Richtung Castellberg oder eben runter ins Städtle zur Einkehr.

Klassiker im Gourmetsektor – *Hirschen, Sulzburg*

HIRSCHEN – Sulzburg. Unter den klassischen Gourmetzielen gilt der Hirschen im Südwesten als gesetzt. So war es, so ist es und so wird es noch lange sein. Einst prägte der orthodox-französische Stil des langjährigen Patrons Hans-Paul Steiner die Küche. Unter Leitung von seiner Tochter Douce Steiner und Ehemann Udo Weiler bewegt sich die Küche etwas in Richtung moderate Moderne, besonders wo es um zeitgemäße Optik und Saucen geht. Wer einen ungekünstelten, produktnahen Regionalstil schätzt, sollte dennoch bedenken, daß sich ein Haus wie der Hirschen, mit seinem korrespondierenden Publikum an konventionell gezogenen Grenzen orientiert.

Einrichtung, Preisniveau (Großes Menü 125, Menü Douce Steiner 140 Euro, à la carte Hauptgänge um 50 Euro). Produktwahl und Service signalisieren: die Küche folgt einem klassischen Kanon, zwei Sterne befördern auch den kulinarischen Gehorsam gegenüber den Instanzen: Gänseleberterrine, Délice vom Hummer, Tranche vom Steinbutt, Imperial-Kaviar und andere Säulenheilige der Statusgastronomie haben ihren Stammplatz im Hirschen. Letztlich Geschmackssache, ob der Gast darin uniformen oder besonderen Luxus erkennt. Wobei die Ähnlichkeiten im Mehrsternebereich (nicht nur im Hirschen) schon frappierend erscheinen. Die kalibrierte Maklellosigkeit des Dessertobstes erscheint auf einem Sulzburger Teller wie in Baiersbronn. Ein Dessert mit wilden Kaiserstühler Aprikosen oder von heimischen Walderdbeeren habe ich

Der diskrete Charme am Mittag – *im Hirschen, Sulzburg*

noch in keinem Gourmetlokal Badens bekommen. Im kulinarischen Milieu wird viel vom Reiz alter Landsorten geschwärmt, auf dem Teller kommt wenig davon an.

Unbestritten bleibt: seit gut drei Jahrzehnten zählt der Hirschen zu den herausragenden Gourmet-Adressen im Südwesten und der Rang wird mit hoher Zuverlässigkeit bestätigt. Die beiden besserbürgerlich gestalteten Speisezimmer wurden in den Jahren nur sacht verändert, der Hauptraum links des Eingangs hat mehr Stimmung. Der geübte Service agiert – auch angesichts der intimen Salongröße und des vernehmbaren Parketts – mitunter etwas überpräsent. Einzelne MitarbeiterInnen agieren routiniert, aber weder elegant, noch herzlich. Einzelerlebnisse am Tisch sollte man nicht breit treten; wenn eine Servicekraft den Wein aber mit kolchosenhafter Derbheit ins Glas schüttet, irritiert das schon. In der Summe zeigt der Hirschen aber die Laufkultur einer sonoren Limousine.

Auf der hochpreisigen Weinkarte viele Namen und große Etikette, aber nur wenige offene und regionale Weine von Bedeutung. Besondere Aufmerksamkeit verdient das kleine Mittagsmenü (vier Gänge, 53 Euro, nur Mi bis Sa), es zählt für mich – auch wegen der wochentags recht entspannten Stimmung – zu den eigentlichen Reizen. Wer nach der Schlemmerei nicht mehr weiter möchte, sollte Zimmer oder Suite im Haus reservieren.

Kammerspiel in der Sommerfrische – *Maison Eric, Sulzburg*

Hirschen, 79295 Sulzburg, Hauptstraße 69, Tel. 07634-82 08, RT: So-abend, Mo und Di, www.douce-steiner.de. Neun Gästezimmer und Suiten, Einzel ab 90 Euro, Doppel ab 110 Euro, Suite 160 Euro, jeweils mit üppigem, serviertem Frühstück; ein separates Appartement im Haus bei der Kirche. ♣ Innenhof. **Preise:** Mittagsmenü zu 53 Euro (vier Gänge, Mi bis Sa serviert), Hauptgänge ab ca. 50 Euro, Menüs ab 125 Euro.

LA MAISON ERIC – Sulzburg. La Maison Eric ist ein inhabergeführtes Kleinod im historischen Kern von Sulzburg. Eine stilvoll-gediegene Gaststube, persönliche Stimmung wie in einem bewirteten Wohnzimmer. Hinten raus dann ein schattiger Laubengang für den Hochsommer, auf dem Rasen stehen ein paar Tische im Garten verteilt. Dazu paßt eine kompakte Karte, ideal für den Abend zu zweit, in kleiner Runde oder auch mal als familiäre Gesellschaft (bis 30 Personen). Dagmar und Eric Grandgirard sind Gastgeber, mit denen man vorher reden und individuelle Wünsche abstimmen kann. Wenn es später wird gibt es zwei stilvolle Zimmer und ein Appartement unterm Dach – die Wirkung einer Weinkarte soll dank kurzer Wege mitunter zunehmen.

  Eine Landpartie also, aber das Gegenteil des grassierenden Landhausstils. Handschrift statt ein Kessel Buntes: dezent renoviertes Fach-

Mittags im Laubengang – *Maison Eric, Sulzburg*

werk, das zum kleingastronomischen Konzept wie ein Maßanzug paßt. Dagmar kocht, Eric serviert, nichts zwickt. Es gibt zwei Menüs mit Fisch oder Fleisch, drei oder vier Gänge, um 45, bzw. um 55 Euro. Eine Vorspeise im Fischmenü liest sich etwa so: „Roter Mangoldsalat mit Chioggia-Beete und Wolfsbarschfilet", ein Hauptgang: „Filet vom Kabeljau auf grünem Erbsenpüree, Zuckerschoten und Chardonnay-sauce". Alle Menü-Gänge sind einzeln ausgezeichnet, sie können frei Gusto kombiniert werden; über Mittag auch kleinere, flotte Teller, etwa eine Pasta oder einen Fisch mit Salat. Wobei ein Speedlunch zum Konzept im Hause eigentlich nicht recht paßt.

Das historische Fachwerk, ganz sicher aber der sommerkühle Laubengang zum Garten hin, sind vielmehr der richtige Platz, um in halbprivater Atmosphäre einzukehren. Und ein lässiger Sommerabend hier draußen wäre auch mal eine Idee. Schön, daß es noch so eigensinnige Adressen gibt.

La Maison Eric, 79295 Sulzburg, Im Brühl 7, Tel. 07634-6110, RT: Mo und Di ganz, sowie Mi und Do am Mittag. Abends ab 19 Uhr, mittags 12 bis 14 Uhr (nur Fr bis So). **Preise:** mittel (mittags), gehoben (abends). ♣ stimmungsvolle Laube, ruhiger Garten, persönliche Note. Unterm Dach des Hauses: ein gepflegtes Appartement, zwei Gästezimmer, Details: www.la-maison-eric.de.

Landmarke bei Ehrenstetten

Ein spontaner Heimattag könnte so beginnen:
bei der Dorfkirche losgehen und hoch zur Ölbergkapelle.

19 | Breisgauer Inseln

Staufen liegt im Breisgau und der Breisgau ist nicht das Mark-
gräflerland. Andererseits gedeiht das Grundnahrungsmittel
Gutedel auch am Batzenberg, um Ebringen, ja bis Freiburg-
Sankt Georgen. Die „Grenze" zwischen Breisgau und Markgräflerland war ohnehin nie eine scharfe Linie, sondern ein
Ergebnis historisch-konfessioneller Wechselfälle. Nach drei
Jahrhunderten Religionsstreit und Erbfolgekrieg gelangte das
evangelisch-reformierte Territorium schließlich an Markgraf
Karl Friedrich von Baden-Durlach. Der verbot im Jahr 1783
die Leibeigenschaft, zugleich förderte der Markgraf im re-
formierten Territorium des heutigen Markgräflerlandes den
Weinbau. Der Breisgau blieb dagegen unter Freiburger Einfluß
und damit vorderösterreichisch-katholisch. Dazwischen keine
Grenze, sondern Überläufer, Koalitionen. Badische Lösungen.

Auch das Markgräfler Wiiwegle hält sich nicht an engstirni-
ge Grenzen, es zieht von Sulzburg über Staufen weiter durch
den Breisgau bis nach Freiburg St. Georgen. Grund genug also
für Abschweifungen. In der Staufener Bucht, von Grunern bis
rüber nach Ehrenstetten ist aber nur wenig Weinwegidylle,
sondern mehr Restlandwirtschaft. Grunern wird von einem
Neubaugürtel umschlossen, auf die Hochleistungsidylle der
Staufener Altstadt folgt mit dem Villenviertel am Bötzen eine

Blick frei, Kopf frei – *unterwegs am Ölberg*

der teureren Hanglagen im Breisgau. Staufen hat genug Romantik und einen rebumkränzten Schloßberg, im Kern ist die hübsche Altstadt aber ein Touristenziel, an den besseren Rändern wohnt, wer es sich leisten kann.

Ein Tag am Ölberg: Ein Vorschlag für einen spontanen Heimattag im südlichen Breisgau wäre der: In Ehrenstetten bei der Dorfkirche losziehen, direkt in die Rebberge bei der Ölbergkapelle. Von dort erhöhtes Gehen zwischen Reben und Streuobst. Schon Seume wußte auf dem Weg nach Syrakus:

„Wer geht, sieht im Durchschnitt
anthropologisch und kosmisch mehr, als wer fährt.“

Der Urvater aller modernen Erkenntniswanderer hat recht: wer um den Ölberg geht, sieht Trockenmauern, die dem Wegschwung folgen, Reste anthropologischer Rebhäusle, in denen eine morsche, sonnengegerbte Tür hängt. Wer geht, sieht Kleingärten, bewirtschaftet von Genußlandwirten. Der

Blick vom Ölberg zum Staufener Schloßberg ist vielleicht nicht kosmisch, aber stark und erbaulich.

Der Ölberg bietet unbeschwertes Gehen bis rüber nach Bollschweil. Dort lohnt die kleine Inspektion von Oberdorf und Unterdorf, vielleicht noch ein Abstecher zum Schloß. Einen Blick auf alte Scheunen und neue Vorgärten werfen, nebenbei Beobachtungen zur klaren Kante der deutschen Rasenpflege. Mit der Herbstsonne retour nach Ehrenstetten, dort im Löwen einkehren und einen Silvaner vom Ölberg bestellen. So könnte er gehen, ein Tag am Ölberg.

Marktunwürdige Mirabellen: In der „Beschreibung eines Dorfes" schrieb Marie Luise Kaschnitz* über ihren geliebten Familiensitz: „Ich betrachte als meine eigentliche Heimat das Familiengut Bollschweil im Breisgau." Die Beschreibung des Dorfes Bollschweil erschien 1966, es ist die Heimatkunde

* Marie Luise Kaschnitz, Beschreibung eines Dorfes, Insel Taschenbuch Nr. 3440.

einer 64-Jährigen. Die Kaschnitz umrundet in 21 Arbeitstagen das Landschloß ihrer Vorfahren väterlicherseits, sie beschreibt Menschen und Jahreszeiten, Wege und Abgründe, vor allem aber den Wandel eines Dorf, das aufhört, ein Dorf zu sein.

Einen Schreibtag widmete die Kaschnitz den Obstbäumen. Sie schreibt von den alten, bemoosten Birnbäumen, aus deren Wipfel alte Männer zu Tode stürzen, über Weinbergpfirsche, die wie eine rosa Wolke blühen und kleine Früchte tragen und sie schreibt 1966, „wie jetzt alles anders ist, neue Kulturen, Spaliere, Hecken, Buschbäume (...). Nur im Pfarrgarten noch diese kleinen, marktunwürdigen, rotgesprenkelten Mirabellen." Und dann wieder so ein Satz, der lange nachschwingt: „Mit leisem Prall, in niemandes Gegenwart, fallen dort Äpfel und Birnen ins Gras." Der leise Prall, mit dem reife Birnen ins halbhohe Gras fallen, ist zu einem seltenen Erlebnis geworden. Spalierobst fällt nicht, es wird reihenweise abgeerntet und sortiert.

Vom Makel zum Luxus: Ertragslandwirtschaft im ausgeräumten Rheintal, Freizeitgärten am Berg – die beiden Extreme des Landbaus werden auf einer Runde über den Ölberg schrittweise sichtbar. Das Flächenmosaik am Ölbergweg wurde in den letzten Jahren erhalten und restauriert: Trockenmauern neu geschichtet, Wege eingeschottert, verbuschte Haine gerodet, auf Streuobstwiesen wird da und dort wieder nachgepflanzt. Mannigfalt auf kleinstem Raum. Jeder, der hier am Steilhang werkelt, leistet auch landschaftsästhetische Basisarbeit.

Marie Luise Kaschnitz hat den Wandel des Landes präzis beschrieben: „der Wein, der jetzt gemeinschaftlich behandelt und in große Behälter gefüllt wird, die nicht mehr aus Holz, sondern aus Glas oder Beton bestehen." Das war vor 50 Jahren, vor dem großen Aufräumen, vor dem Verschwinden der Erntehelfer, die in langer Reihe auf der Holzbank in den Reben vesperten. Heute müßte es heißen: Die Weinlese, die jetzt maschinell erledigt wird und die Brotzeit, die an der Tankstelle eingenommen wird.

Im Landschaftspark – *Partie am Ehrenstetter Ölberg*

Der Erfolg von Emotionsmagazinen für Stubenhocker ist ungebrochen; gleichzeitig wächst eine raumgreifende Biomasse- und Spargelindustrie wie nie zuvor. Dagegen erscheint der Ölberg wie gelebte Landlust – umspaten, statt umblättern. Im übrigen kommt die Pacht einer kleinen Obstwiese nicht teurer als das Abo einer Landliebe-Zeitschrift. Außerdem gelten „marktunwürdige Früchte" längst als Spezialität.

Von der Steinzeithöhle zum Neubaugebiet: Der östliche Weg von der Ölbergkapelle rüber nach Bollschweil führt auch an den Altsteinzeithöhlen in der Teufelsküche vorbei. Die Behausungen wurden 35.000 bis 8.000 Jahre vor der Zeitrechnung von Rentierjägern aus dem Kalkstein des Ölbergs gehauen. Die nackten Wohnhöhlen wirken im Wortsinne prähistorisch, weit vor unserer Zeit. Die Lebensumstände von damals sind für uns kaum mehr vorstellbar.

Interessanter wird ein Blick auf die Felshöhlen im Wald durch jene Gründe, die zur Ansiedlung ausgerechnet über den Auen der Möhlin geführt haben. Luchs und Wolf spähen vom hohen Felsen aus nach Beute, die Hauskatze bevorzugt

Historische Halbhöhenlage – *Teufelsküche am Ölberg*

Stuhl und Fensterbrett, um den lebenswichtigen Ausblick zu erhalten. Auch für Rentierjäger, die über die Lande zogen und nur an guten Jagdgründen vorübergehend seßhaft waren, sind erhöhte Plätze über der Ebene von Vorteil. So ließ sich die in den Möhlinsenken weidende Beute vom Ölberg aus besonders gut beobachten. Einen natürlichen Hochsitz mit ähnlichen Vorteilen gibt es auch am exponierten Südrand des Tunibergs, nahe der Ehrentrudiskapelle bei Merdingen, auch dort ist ein steinzeitlicher Rastplatz und Ansitz nachgewiesen.

Eine Landschaftskunde, die historisch und interdisziplinär argumentiert, zeichnet eine Linie vom steinzeitlichen Jagdplatz bis zum Belvedere und weiter zur begehrten Halbhöhenlage, in der heute die teuersten Bauplätze ausgewiesen werden. Der Mensch hat die Höhlen verlassen, aber seine Jahrtausende dauernde jägerische Vergangenheit prägt bis heute die Siedlungsvorlieben. Attraktiv empfundene Plätze erinnern an den Ansitz über der Savanne. Wer es sich leisten kann, baut auf der hohen Warte unserer jagenden Vorfahren.

In Nachbarorten wie Ebringen oder Sölden wurden eben diese anthropologischen Vorzugslagen für neue Wohngebiete erschlossen, in Bollschweil liegen die Wohnviertel um den Ölbergweg etwas weniger exponiert wie die Steinzeithöhlen der Teufelsküche. Unabhängig von der Höhenlage gilt: eine Feldstudie in Wohngebieten, das Lesen von Vorgärten und Grillecken gehört zu den vernachlässigten Freuden auf einer Ortsbegehung. Moderne Landeskunde* kann die aktuellen Behausungen nicht ignorieren. Deshalb beginnen ergiebige Streifzüge nicht nur auf dem Wanderparkplatz im Abseits, sondern auch dort, wo Menschen gestalten und verunstalten. Wer sich für die Realheimat interessiert, wird auf einen Gang durch die Gemeinde nicht verzichten – der Milchschaumgürtel ist so artenreich wie eine Obstwiese.

Im Reich der Rasensprenger: Marie Luise Kaschnitz wußte um die kurze Halbwertzeit der Bollschweiler Neubauten: „Ich werde sagen, daß man sich Generationen einander ablösend in diesen Häusern nicht vorstellen kann, eher in der dritten Generation schon den dritten Besitzer."

Die Erfindung des Laminatparketts hat die Haltedauer von Wohnimmobilien nicht verlängert. Viele Neubauten sind ohnehin ein Langzeitexperiment, niemand kann sagen, wie lange der Mensch unter den Bedingungen der Volldämmung leben kann. „Auf diesem Sofa kann die Tante nur ermordet werden", Walter Benjamins Phantasie über bürgerliche Wohnzimmer läßt sich leicht weiterspinnen. Vorgärten könnten auch Ordner sein, in denen Pflanzen abgeheftet wurden, und manche Garageneinfahrt hat Anstaltscharakter.

---

* Der in Hannover am Institut für Geobotanik lehrende Pflanzenökologe Hansjörg Küster verfolgt in seiner fulminanten „Geschichte der Landschaft in Mitteleuropa" eben diesen Ansatz. Das so gelehrte wie lesbare Buch ist eine Fundgrube für jeden, der Landschaft und die Dynamik ihres Wandels verstehen möchte.

Scheunentor

Gemüseabo und Hawaiian-Hula: Am Nachmittag fährt der Lieferwagen einer Bio-Gärtnerei durch Bollschweils Neubauviertel, er liefert das wöchentliche Gemüseabo. Am Fuß des Ölbergs wird aber auch Hawaiian-Hula-Dance gelehrt, auch Hot-Stone-Massage. Carport, Gemüseabo und Energiearbeit, alles in einer halben Stunde in Bollschweil, einerseits.

Andererseits war damals, als der Haushaltsvorstand auf Dielenboden wippend, die Tagesparole ausgab, auch nicht alles Gold. Manche Idylle rund um die Dorflinde war wenig mehr als eine Notgemeinschaft auf Sichtweite. Die oft verklärte Geschlossenheit von manchem historischen Viertel erinnert den Betrachter hoffentlich auch an die damit einhergehende soziale Kontrolle und die Dünkel der ständischen Zeit. Ästhetische Strafzettel sind immer riskant, das Reich der Beton-Formsteine und Baumarkt-Vorgärten steht auch für eine Freiheit, die es so noch nie gegeben hat.

Acht Linden im Hof: Derzeit ist das All-in-one-Haus gefragt, mit rauchfreier Kaminofengemütlichkeit und W-Lan. Für die viel reisende Marie Luise Kaschnitz war das Bollschweiler

Rolltor

Familiengut nicht nur ein Sitz der Vorfahren, sondern auch ein Glücksort. In der „Beschreibung eines Dorfes" kommt das Anwesen etwas geheimnisvoll nur als Haus Nr. 84 vor, mit acht Linden im Hof, die sich im Westwind biegen „und schwarze Zweige auf den Kies streuen." Das war 1966; wer hat heute noch Platz für acht Linden im Hof.

Nachfahren der Eigentümerfamilie von Holzing-Berstett bewirtschaften das Haus bis heute. Sie sind auch die Veranstalter der BoGart, einer alljährlichen Herbstmesse für „Landhausstil und Gartenkultur", die Anfang Oktober zu einem Wallfahrtsort für Innenstadtagrarier wird, aber nicht nur. Mitunter sieht man auch in Loden gewandete Juristen beim Kauf einer handgeschmiedeten Schwedenaxt. Anfang Dezember wird auf dem Schloßgelände ein Weihnachtsmarkt veranstaltet; einzelne Räume können für Feste gemietet werden. Mehr dazu: www.bo-gart.de

Erwähnenswert vielleicht, daß gleich um's Eck beim Schloß noch immer die alte Markthalle mit der sonnengegerbten Holzfassade steht. Frisches Obst und Gemüse werden in der Gärtnerei Schmelzer in Erntedank-Manier präsentiert, fast

„Haus Nr. 84" – *das Schloß Bollschweil*

schon aufgebahrt. Der eigentliche Gärtnereibetrieb war früher viel größer, die Gemüsefelder wurden schon vor Jahren Bauland, was ja durchaus einer modernen Fruchtfolge entspricht. Unterm alten Hallendach gibt's nun ein dekoratives Angebot – auch für die Bewohner jener Eigenheime, die auf ehemaligem Gärtnereigelände gebaut wurden.

Adressen und Hinweise

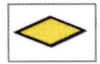

Touren: Ausgangspunkt der beschriebenen Runde in Ehrenstetten bei der Kirche. Von dort über die Wanderwegweiser Im Hölderle und Himmelsstäpfle zur Ölbergkapelle. Über die Stationen Ölbergkapelle bzw. die Steinzeithöhlen, Kuckucksbad nach Bollschweil und zurück sind es 7 bis 10 Kilometer, je nach Wegvariante. Die Wege am Ölberg sind durchweg gut beschildert. Und wieder ein Stimmungswandel nach wenigen Schritten: ölbergwegaufwärts klingen die Dinge anders. „Im Hölderle" heißt der Wanderwegweiser, von hier sind es zu den Himmelsstäpfle noch 100 Schritte, zur Ölbergkapelle keine 10 Minuten, rüber zum Schloss nach Bollschweil gut eine Wegstunde. Eine Stunde durch kleinbäuerliche Kulturlandschaft, die im südlichen Breisgau selten so konzentriert und reizend vor einem liegt. Dank an alle, die hier mit Eigensinn und Durchhaltewillen ackern!

Stimmungswechsel nach Minuten – *oberhalb der Ölbergkapelle*

LÖWEN – Ehrenstetten: Eine vitale Dorfwirtschaft im herkömmlichen Stil – lange Bank, niedere Decke, unkomplizierte Stimmung. Am Montag gibt's frische Leberle, alle Tage werden Hähnle knusperheiß serviert, sie gehören zu den Klassikern im Haus. Der Löwen ist eine Wirtschaft, die eine Wirtschaft ist. Holzbankklasse mit gastnahem Service, aufrechte Vesper mit Holzofenbrot, genau das Richtige nach längerem Auslauf um den Ölberg. Werktags macht der Löwen erst um fünf am Nachmittag auf. Die ersten Pensionäre kommen schon kurz danach, sie nehmen zunächst wortlos am Stammtisch Platz, der nach und nach voller und redseliger wird. Einer bestellt sein „Hähnle mit Brot" mit dem Zusatz, „mehr kann ich mir net leischde". Er wirkt dabei zufrieden, wie es ein Statusesser nie sein kann. Auf dem Tresen steht der neue Süße in drei Entwicklungsstadien, im Herbst gibt es Zwiebelkuchen dazu. Beim alten Wein fällt ein eleganter, frischer Silvaner Kabinett trocken von Franz Herbster auf. Er stammt aus einer alten Reblage am Ölberg und wäre somit der Wein zur Tour, aber auch zum Motto eines Tages im Vollherbst: Spaßeshalber weiterleben.

Löwen in Ehrenstetten, Tel. 07633-5311, ♣ Freisitz im Innenhof, Montag bis Freitag ab 17 Uhr, Samstag und Sonntag ab 11 Uhr, Ruhetag am Dienstag. **Preise**: günstig.

Reiz der Totalen

Es bleibt eine Herausforderung,
Raum, Kultur und eigene Wahrnehmung zu verbinden.

20 | Detail und Summe um Ebringen

Im Journalismus heißt es „Reportage", in der Landschaftswissenschaft „Totaleindruck". Zwei Disziplinen, zwei Begriffe, aber bei beiden geht es um ein Panorama an Eindrücken. Die Übung gilt als gelungen, wenn die Summe der Beobachtungen mehr bietet als ein Haufen an Eindrücken.

Im Jahr 1336 bestieg Francesco Petrarca den Mont Ventoux in Südfrankreich. Um den Wechsel zwischen Kulturlandschaft und urwüchsiger Natur erfassen und beschreiben zu können, wählte Petrarca die Gipfelperspektive. Die Draufsicht ist bis heute eine beliebte Technik: von oben erscheint manche Linie klarer, manche Struktur wird prägnanter.

Petrarcas Tourenbericht gilt als älteste Darstellung einer Landschaft im modernen Sinn. Er referiert aus erhöhter Position über Entfernung, Raum und Zeit. Angesichts der gewaltigen Dimension des Rhonebeckens beklagt Petrarca aber auch „die Gebrechlichkeit des menschlichen Sehvermögens".

Die Schilderung der Ventoux-Besteigung markiert auch eine Schlüsselstelle an der Schwelle zwischen Mittelalter und Neuzeit. Petrarca begriff die Welt nicht mehr als dunkle, feindliche Zwischenstation auf dem Weg ins Jenseits, sondern als ein Lebensfeld mit eigener Schönheit und Wertigkeit. Der Mensch

rück in die Mitte, er steigt auf den Berg und macht sich sein eigenes Bild von den Dingen. Eine neue Epoche beginnt, die Renaissance kündigt sich an.

Vom Gipfelblick zur Kanaldeckelperspektive: Anfang des 19. Jahrhunderts „spaziert" Johann Gottfried Seume von Leipzig nach Syrakus. Damals war das eine überaus waghalsige Grand Tour. Eine Individualreise ohne ADAC-Pannendienst, die Seume nebenbei als frühen Meister des Road Movies ausweist. Seumes alltagsnaher, präziser und kritisch-ironischer Blick galt lange als stilbildend für das Genre der Reportage. Siebenhundert Jahre nach Marco Polo, Petrarca und Seume haben sich die Techniken immer weiter verfeinert. Zur analytischen Methode gehört nicht nur der Blick auf die großen Adern, sondern auch das Betrachten der Verästelungen.

Wer Idee und Richtung kennt, braucht sich um sein Ziel keine großen Sorgen zu machen. Wer im Markgräflerland und Breisgau über die Vorberge zieht, kann viel erleben oder auch

Ebringen und Naturschutzgebiet Jennetal *(oben rechts)*

an der Gebrechlichkeit der eigenen Ideen scheitern. Besonders, wenn es um einen Totaleindruck geht, bleiben viele moderne Schilderungen unserer Landschaft enttäuschend, weil floskelant und oberflächlich. Schon nach ein paar Bildband-Sätzen baumelt gerne die Seele, oder es laden lauschige Plätze zum Verweilen ein. Dazwischen erblicken wir Orte kultivierter Gastlichkeit, wenn alle Stricke reißen, wird die Toskana Deutschlands ausgepackt. Heimat, gesehen aus der Kanaldeckelperspektive von Kitschverkäufern.

Biotope in Ebringen: Schon ein Blick auf Ebringen zeigt, wie eine alte Weinbaugemeinde über sich hinauswächst, nicht nur in die Weinberge und den Schönberg hinauf. Auch Ebringen, gerade Ebringen ist ein Beispiel für die moderne Unschärfe zwischen Stadt und Land. Längst wird auf dem Land städtisch und am Rand der Stadt ländlich gebaut. Wobei urbane Fragmente auf dem Land wie Pionierpflanzen gedeihen, funktionsfreie Vorgärten und Schwundformen der Tiefgarage

Auf der Pirsch – *Orchideenwiese im Jennetal bei Ebringen*

wachsen überall, wo freier Grund ist.

Bürgersteige, blickdicht eingezäunte Grundstücke und Gegensprechanlagen sind mittlerweile so gewöhnlich auf dem Land, daß sie nicht mehr wahrgenommen werden. Dabei war vieles, was heute selbstverständlich wirkt, vor 50 Jahren unbekannt. Auch der Balkonschmuck durch Geranien, die eigentlich aus Südafrika kommen. Millionen deutschlandweit verkaufter Geranien sorgen dafür, daß unsere Dörfer zwar nicht schöner, aber gleicher blühen, dito Osterglocken, Stiefmütterchen – Geranien in Plastikkästen, Buchskegel im Zierschotter, Kürbisalarm, Lightshow zu Weihnachten, aber kein freier Feldstreifen für das Signalrot des Mohns.

Biotop oder Alibi: Nicht weit oberhalb von Ebringen gibt es die Orchideenwiesen des kleinen, wundervoll gelegenen Naturschutzgebietes JENNETAL. Die Blütezeit dort ist ein Erlebnis, zugleich fällt aber auch eine etwas verschroben anmutende Bewunderung auf. Wenn der Großraum Freiburg näher kommt, darf einmal gesagt werden, daß die Verehrung einzelner Standorte auch etwas Frömmelndes haben kann.

Der verbissen geführte Kampf um gefleckte Beißschrek-

Wer hängt in 20 Jahren noch Nistkästen auf?

ke, Magerrasen und Ausgleichsflächen bleibt eindimensional. Eigentlich gehören nicht isolierte Pflanzen und Tiere als Star angebetet, sondern jene Erwerbsformen belebt, die das Vorkommen bestimmter Arten und Kulturen überhaupt erst ermöglichen.

Ein Mosaik steiler Weinberge und Trockenmauern, Beweidung durch Schaf und Ziege, Imkerei, Spezialitätenlandwirtschaft, Kleinbrennerei, tatsächliche Regionalgastronomie – nicht nur Arten, auch Lebenspläne sterben aus. Weight-Loss-Gymnastik und asiatischer Schwertkampf schön und gut, aber wer restauriert in 20 Jahren Trockenmauern, wer schneidet Hochstamm-Obstbäume? Was wird aus den altbewährten Kulturformen Landgasthof mit Küchengarten; ist eine Gartenwirtschaft mit Tischen auf der Wiese etwa kein Biotop?

Die Orchideen auf den Ebringer Magerwiesen sind eine reizvolle Episode. Nachhaltiger Naturschutz fängt aber weiter unten an, beim Apfel von nebenan, bei gelebter Sortenvielfalt. Schützen durch Nützen heißt das. Handelsklassen-Obst von der SB-Theke, auch internationale Ware aus dem Biomarkt erhält keine einzige Streuobstwiese.

Wer setzt noch Trockenmauern?

Detail und Totale: Ebringens Dorfstraße erschließt alte Seitengassen und neue Lebensformen. Die Schönbergstraße aufwärts wird es zunächst dörflicher, am Rand des Dorfes werden die Dachpfannen dann wieder rot und glänzend, was auch so ein Zeichen ist. Hoppla, hier hat ein Neubau eingeschlagen. Auch draußen ändern sich die Bilder: in den Weinbergen sind mehr Läufer als Landwirte unterwegs. Das Ländliche gerät in die Defensive, gerade auf dem Land.

Die Südwesthänge oberhalb von Ebringen liegen wie ein Balkon über dem Oberrheintal. Am Weg genug Aussichtsplätze zum Sammeln von Detail und Totale. Der Frühling blüht einem in die Tasche hinein, vereinzelt fällt ein Weinbergpfirsich „mit leisem Prall, in niemandes Gegenwart" ins halbhohe Gras.

Keiner in den Reben: Dessau, Wörlitz, Wilhelmshöhe, die berühmten Landschaftsparks des 18. Jahrhunderts waren fließend und offen angelegt. Vom Belvedere schweift der Blick über die Landschaft. Ein Garten ist auch das Markgräflerland. Ein Themenpark – Rebwanderer begegnen Wander-

Keiner in den Reben, alle im Kreisel.

arbeitern, Senioren stehen auf der Holzleiter oder auf dem Golfplatz. In Schliengen heißt das neue Gewerbegebiet nach der alten Weinberglage Sonnenstück. Die matt gestrichenen Biberschwanzziegel, unter denen Generationen geliebt und gestritten haben, sind Antiquität. Das Revier der Hochglanzziegel wird größer. Auf deren spiegelglatter Oberfläche hält sich keine Patina. Die Neubauten haben jetzt einen Energiebedarfsausweis, für die mittlere Verweildauer unter einem Hochglanzdach gibt es aber noch keine Erfahrungswerte.

Rebland – Lebland. Vielleicht sind Multifunktionstankstellen und die Fliehkräfte im Kreisel am Ortseingang das stärkste Symbol des Landlebens. Keiner daheim, alle in den Reben, war einmal. Heute heißt es: Keiner daheim, alle im Kreisel. Provinz bedeutet mehr Unschärfe, aber auch mehr Chancen denn je. Außerdem gibt es zwischen Aktionswoche und Nachverdichtung noch einige Paradiesgärtlein. Im gelobten Land wechselt die Strömung immer öfter, das Bild wird bunter, manchmal auch reicher. Das war der Sinn der Übung.

Wirtschaft bleibt Wirtschaft – *Rebstock, Ebringen*

Adressen und Hinweise

Touren: In den Rebbergen um Ebringen gibt es genug Ausgangspunkte für eine inspirierende Runde zwischen Rheintal und Schönberg. Besonders günstig und einkehrnah liegt das Wanderwegkreuz wenig oberhalb vom Schloss, bei Sommerbergweg und Schlossweg (Wegweiser: Ebringen Schloss, 290 m). Distanzen von hier: Berghauser Kapelle (NSG) 2,5 km, Schönberger Hof (Einkehr) 2,2 km, Vogelsang 1,6 km. Das NSG Jennetal liegt ca. 1 km östlich der Route des Markgräfler Wiiwegle. Zugang über Schlossweg und Jennetalgasse bzw. von der oberen Schönbergstraße aus.

REBSTOCK – Ebringen: Ein Freund sagt, „eine Gaststätte ist dann gut, wenn ich mich beim Rausgehen besser fühle als beim Reingehen." Da ist was dran und im Rebstock läuft es so: man geht rein und hat schon mal ein gutes Grundgefühl, weil dort eine schöne, alte Dorfgaststube kulinarisch, vor allem aber auch sozial wiederbelebt wurde. Hans Riehle kam Anfang 2012 mit einiger Erfahrung vom Grünen Baum in Merzhausen auf den Rebstock in Ebringen, also von einem besseren Rand der Stadt an einen besseren Rand des Freiburger Umlandes. Aber ein gut verwurzelter Koch kann nicht einfach mal umziehen, er bringt Messer und Geschmack, Erfahrung und Familie mit. Deshalb ist es nun in Ebringen so ähnlich wie es in Merzhausen 25 Jahre lang

Unkompliziert einkehren – *Rebstock-Stube in Ebringen*

war. Allerdings werden wir nicht jünger, deshalb sind im Service viele neue Gesichter und beim Blick in die Volldampf-Küche ist auch schon die nächste Generation am Werk. Man sieht dort außerdem, daß sich die Vorstellungen von Mise en Place mit der Zeit doch erheblich ändern. Was bleibt: man wird freundlich bedient, der Laden brummt, es schmeckt, die Weine sind trink- und bezahlbar.

Der Rebstock ist allerdings kein Haus kulinarischer Wunder, manche Sauce finde ich ziemlich süß und manche Exotik entbehrlich, aber sei's drum. Leberle und Schnitzel, Rib-Eye-Steak und Fisch des Tages geht fast immer, was nicht geht, ist Päckchen- und Schleifchenküche. Außerdem gilt: vegetarisch, kleine Portionen, Extrawürste, einfach was mit Fisch, alles möglich im Rebstock, wo keine Probleme serviert werden, sondern Lösungen. Ein Hinweis auf der Karte spricht für sich: „Ihnen fehlt etwas auf unserer Karte? - Fragen kostet nix!"

Zum Kern des Rebstock gehören somit unkomplizierte Küche und eine vitale Stimmung, im Service und überhaupt. Ein Dorfgasthaus kann komatös wirken oder auch aufgerüscht. Der Rebstock ist nützlich und gut. Geerdet im Dorf, Stammtisch, Schachrunde, junge Paare, alte Hasen, eine Wirtschaft für alle. Wer sagt eigentlich, aufrichtige Gastronomie hätte auf dem Land keine Zukunft?

Rebstock, Ebringen, Schönbergstraße 75. Tel. 07664-6193239, unter der Woche ab 17 Uhr, Sa und So ab 11.30, RT: Mi. ♣ Terrasse. **Preise**: günstig-mittel.

Was ich noch zu sagen hätte

Gutedel ist der Grundnahrungswein der Markgräfler

Ein trockener, frischer Gutedel paßt zur Feier
des Alltags, aber auch zu Hochzeit und Scheidung.

Gutedel – einer für alle

Im Reich der Weinsprache ist kein Mangel an schrägen Tönen. Es wimmelt von „weichem Tannin" und „starkem Abgang". Zum Finale wird von anonymen Lyrikern auch mal ein „tänzerischen Burgunder" durch die Runde getrieben. Experten raunen von „salziger Pikanz" und „stahliger Säure". Offen bleibt, ob eine Frau so einem Wein nachts begegnen möchte.

Ein Gutedel kann nicht tanzen und mit der stahlharten Säure hat er es auch nicht so. Dafür sind seine großen, grüngelben, sonnenseits zart rehbraunen Beeren besonders saftreich und dünnschalig. „Gutedel mostet gut", heißt es, daß seine Beeren schon als Tafeltrauben hervorragend schmecken, gehört im Markgräflerland zur Allgemeinbildung.

Ein trocken ausgebauter, jahrgangsfrischer Gutedel paßt zur Feier des Alltags, aber auch zu Hochzeit und Scheidung – es ist ein zuverlässiger Begleiter in allen Lebenslagen. Außerdem schmeckt Gutedel ohne gedrechselte Weinprosa. Eine unverbildete Sensorik genügt, im Volksmund auch als Geschmack bekannt.

Die ersten Gutedelreben wurden um 1780 vermutlich aus der Genfer See Region von Markgrafen Karl Friedrich ins Ba-

Warme Tage, kühle Nächte – *die Vorbergzone ist das Gutedelland*

dische importiert und dort gedeihen sie bis heute prächtig. Speziell auf den tiefgründigen Böden der Markgräfler Vorbergzone, wo auf heiße Sommertage kühle Herbstnächte folgen, die dem Gutedel seine zarten Fruchtaromen erhalten.

Zwischen Staufen und Weil steht der Gutedel auf einem Drittel der Rebfläche, gut 1.100 Hektar sind mit dem Grundnahrungswein der Markgräfler bestockt. Markgräflerland ist Gutedelland und zwar ziemlich exklusiv. In Sachsen und im ostdeutschen Weinviertel Saale-Unstrut gibt es noch winzige Gutedelenklaven. Im Wallis und in der französischsprachigen Westschweiz wird Gutedel – unter den frankophonen Namen Fendant und Chasselas – ähnlich intensiv kultiviert wie im Markgräflerland, aber meist als breiter, alkoholreicher Ratsherrenwein ausgebaut.

Nachdem sich die Weinwelt an parfümiert duftenden Globalweinen sattgetrunken hat, liegen leichte, elegante Regionalspezialitäten wie der Gutedel wieder im Trend, was erfreulich und gefährlich zugleich ist. Auch der Gutedel läßt sich dank moderner Kellertechnik nicht nur sauber vergären, sondern auch zurecht machen, mit Restsüße frisieren, alko-

holisch anreichern, aromatisch aufhübschen. Spezielle Turbo-
hefestämme können ein zurückhaltendes Mauerblümchen
Richtung Obstsalat verwandeln. Säure und Restzuckergehalt
lassen sich zielgruppengerecht einstellen. Solche „modern
gemachten" Gutedel schmecken nach Mango und Marketing.

Ob forciertes Weindesign zu einem Klassiker wie dem Gutedel paßt, muß jeder selbst entscheiden. Ich brauche keine gestylten Cupsieger, mir schmeckt er so, wie er wächst:
frisch und leicht wie Quellwasser, zwischen 10 und 11 Volumenprozent Alkohol, schüchtern fruchtbetont, mit mild-
bekömmlicher Säure, um die fünf bis sechs Gramm pro Liter.
Vor allem aber ganz durchgegoren, also klassisch trocken
ohne schmeckbaren Restzucker, der stets unter vier Gramm
pro Liter liegen sollte. Dazu vielleicht noch ein Hauch an
Gärkohlensäure, die einen unschuldigen Gutedel fast schon
zum galanten Begleiter promoviert.

Hier ist kein Weinseminar, machen Sie es einfach wie die
Einheimischen: suchen Sie sich zwei, drei Lebenswinzer im
Gutedelland und halten Sie ihnen die Treue. Weinbau ist Langstrecke, jedes Jahr schmeckt anders. Wenn man jemanden
kennt, der Jahr für Jahr das Beste daraus macht, genügt das.
Wer zur Quelle geht, kann auf PR-Geklingel und Weinlyrik
verzichten. Wichtiger wäre eine leichte, trockene Kabinettqualität. Möglichst nicht älter als ein, zwei Jahre. Keine Maschinenlese aus der Großlage, sondern Handlese aus wein-
gutstypischer Einzellage. Zwischen fünf und zehn Euro kosten
solche autochthonen Einzelstücke – und am Morgen danach
keine Reue, niemals. Wo sonst gibt es so viel Genuß für so
kleines Geld?

Der richtige Gutedelwinzer sollte sein wie sein Wein. Mehr
Handwerker als Winemaker, ein Überzeugungstäter. Einer, der
seinem Geschmack folgt und nicht aktuellen Trends hinterher
winzert. Fast überflüssig zu erwähnen, daß solche Winzer
nicht nur Gutedel können. Meine persönliche Auswahl, Rei-
henfolge von Süd nach Nord:

Weingut Karl-Heinz Ruser – Lörrach-Tüllingen: Ein Charakterwinzer, aber mehr von der stillen Sorte. Einer, der den Wein sprechen läßt. Rusers selten leichte, helle und quellfrische Gutedel haben Lebensmittelcharakter, sie gelten unter eingeschworenen Clubmitgliedern als idealer Ganztagswein: zart, fast schon wasserhell, filigran. Wenn das zu Unrecht vergessene Wort vom Frühschoppen irgendwo paßt, dann hier. Rusers mitunter hauchzart moussierende Qualitätsweine der Prädikatsstufe Kabinett bringen mitunter nur um die 10,5 Volumenprozent Alkohol auf die Waage. Solche Weine lassen sich auch am späten Abend zum Nüchtern werden trinken. Aber nicht nur: frische Walnüsse, eine nackte Scheibe Holzofenbrot, ein Ruser Gutedel vom Sonnenbrunnen. Das Leben kann so einfach sein. Lörrach-Tüllingen, Sodgasse, Tel. 07621-49620.

Weingut Lämmlin-Schindler – Schliengen-Mauchen. Wegen seiner biologisch angebauten Burgunder seit jeher ein Begriff im Markgräflerland. Die tiefen Spätburgunder Rotweine wären ein Thema für sich, die eleganten Weißburgunder auch, aber wir bleiben hier beim Gutedel, speziell bei der wichtigen Qualitätsstufe Kabinett, trocken: Denn die gelingt hier außergewöhnlich, weil animierend, leicht und dennoch gut strukturiert (freilich nicht durchweg restlos trocken). Angereicherte, schwere Jungs kann heute jeder, dünne Alltagsweine auch. Leichte, und zugleich aromatisch ansprechende Weine sind eine Klasse für sich und die gibt es hier, in Bio-Qualität, Jahr für Jahr. Schliengen-Mauchen (bei der Krone), Tel. 07635-440.

Weingut Hermann Dörflinger – Müllheim. Wenn jemand Referenzqualität beim Gutedel produziert, dann ist es Hermann Dörflinger. In einem Weingut, das sich so anfühlt wie ein Weingut und das auch so aussieht, werden schon seit Generationen klassische, durchgegorene Markgräfler Weine erzeugt. Nicht marktkonform mal so, mal so, sondern einer inneren Haltung verpflichtet. Das abgenutzte Wort „Qualitätswein" erhält hier jene Bedeutung, die ihm zusteht. Es ist eine Qualität, die einem Lebensthema geschuldet ist. Weinbau ist bei den Dörflingers keine Sache von aromatischen Stellschrauben, an denen zu drehen wäre, sondern eine Verpflichtung, die Jahr für Jahr im Weinberg anfängt: Ertragsreduzierung, sorgfältiger Pflanzenschutz, Handlese. Im Keller wird nicht gemacht, was möglich ist, sondern was den Charakter der Weine festigt. Das Ergebnis sind klassische, also zart-filigrane Gutedel in ihrer lagen- und jahrgangstypischen Vielfalt. Keine exotischen Obstkorb-Gutedel, sondern Badenweiler Römerberg, Müllheimer Reggenhag und Müllheimer Pfaffenstück – Kleinklima und Boden sorgen für geschmackliche Differenzierung. Dörflinger

Qualitätswein im Wortsinn – *Weingut Dörflinger, Müllheim*

Wein – und nicht nur der Gutedel – wären somit eine lokale Antwort auf den uniformen Weltweingeschmack. Auch was Atmosphäre und Gastfreundschaft angeht, ist das Weingut Dörflinger eine Referenz. Eine Familie, die nicht hinter hohen Mauern lebt, sondern ein Hof, dessen Tore dem Weinfreund offen stehen. Mittendrin eine eingesessene Probierstube, die im Marketinggetue von heute wie eine Burg wirkt. Haltung statt Blendung. Bei den Dörflingers erfährt der Weinfreund mit allen Sinnen, was Hinwendung zu einer Lebensaufgabe bedeutet, vor allem aber: wie sie schmeckt. Müllheim, Mühlenstraße 7, Tel. 07631-2207.

Weingut Hartmut Schlumberger (VDP) – Laufen. Modern ausgebaute Gutedel in gehobener Kabinettqualität. Weine, die sich auf der Höhe der Zeit trinken. Reintönig, filigran, leicht zugänglich aber nicht flach – wer mit so einem Gute-Laune-Gutedel nicht klar kommt, dem wird der Reiz des sortentypischen, lagenspezifischen Weinbaus verschlossen bleiben. Fast überflüssig zu schreiben, daß eine Beschränkung auf den Gutedel bei so einem Erzeuger übermenschliche Disziplin erfordert. Schöne Obstbrände. Sulzburg-Laufen, Weinstraße 19, Tel. 07634-8992.

- Wer seinen Gutedel-Horizont erweitern möchte, wird auch hier bestens versorgt: **Ziereisen**, Efringen-Kirchen; **Frick** Binzen; **Aenis**, Binzen; **Schneider**, Weil; **Heinemann**, Scherzingen.

Die ideale Gartenwirtschaft liegt in einem Funkloch

Der Service sollte nicht rennen,
man ist ja nicht auf der Flucht.

Glück im Freien – über Gartenwirtschaften

Eine Gartenwirtschaft ist eine Gartenwirtschaft, also kein Transitraum zwischen Gehsteig und Parkplatz. Eine Gartenwirtschaft ist auch keine Innenhofwirtschaft, so schön die auch sein kann. Und ein Biergarten ist auch keine Gartenwirtschaft. Der Duft von Bier und Phlox passen nicht zusammen.

Im Markgräflerland gibt es fast alles, aber keinen Strand und kaum vollwertige Gartenwirtschaften. Die ideale Gartenwirtschaft lebt von ihrer Lage am Rand, von einer fein dosierten Weltferne, vom allmählich aufkommenden Inselgefühl. Von einer Glyzinie, die ihre blaßblauen Blütenblätter über locker gestellte Tische streut. Später im Sommer dann Malven im Wind und Taubenschwänzchen, die an tiefen Blütenkelchen saugen. Heiter stimmen bunte Blechtische, verteilt auf einer Blumenwiese, als Garnitur womöglich ein Salatbeet und ein knorriger Holunder weiter hinten beim Lattenzaun, wo auch die Tonne mit Regenwasser stehen könnte.

Ein alter Walnußbaum könnte lästiges Geziefer vertreiben, dichter, dunkler Kastanienschatten hält den Alltag fern. Zum glücklichen Verweilen unter freiem Himmel reimte einst CONRAD FERDINAND MEYER: „Schwarzschattende Kastanie, mein

Weinkühler und Stoffserviette – *nah am Paradies*

windgeregtes Sommerzelt." Statt Kastanien wie in der *Krone* in Weil-Märkt oder im *Hirschen* in Holzen, geht aber auch eine Weinlaub-Pergola, mit anschließendem Staudengarten wie im *Ochsen*, in Müllheim-Feldberg. Zur Gartenwirtschaft gehört meistens auch eine Prise an kulinarischer Toleranz, das Paradies auf Erden ist bekanntlich eine Illusion. Ein Wirtsgarten mit weitem Horizont hilft jedoch beim Träumen, Weinkühler und Stoffserviette verstärken die Nähe zum Paradies.

In einer guten Gartenwirtschaft muß der Umschwung nicht penibel manikürt sein; lässig wie ein getragenes Tweedsakko wirkt entspannter. Kieswege und Beete in der Schwebe zwischen kultiviert und ausgebeult. Milde Verkrautung verstärkt die Exklusivität. Apart, wenn sich auf einer weitläufigen Terrasse ein paar patinierte Tische auf rund getretenen Sandsteinplatten verlieren.

Töne statt Lärm: Der Service sollte nicht rennen, man ist ja nicht auf der Flucht. Die ideale Gartenwirtschaft liegt in einem Funkloch. Man hört Töne, statt Lärm: Vogelstimmen, Hum-

Mit Kiesgrund und Staudengarten – *Ochsen in Müllheim-Feldberg*

melflug, die kleine Glücksmusik beim Zusammenstellen von Porzellan, das Klickern von Eiswürfeln im Kühler, der Klang des absichtslosen Daseins. Ein Glück des Augenblicks, wenn sich Ort, Gäste und Speisen zur perfekten Welle vereinen. Nur gibt es 100 Jahre nach dem Schweizer Romantiker CONRAD FERDINAND MEYER viele Geländefahrzeuge, aber wenig Gelände für Gartenwirtschaften.

Da ist es konsequent, wenn die zeitgenössische Gartenwirtschaft ohne Garten auskommt. Als Schwundform des Gartens ist die mediterrane Verkübelung beliebt. Eigentlich müßten die meisten Gartenwirtschaften Kübelwirtschaften heißen. Die Kübelwirtschaft eignet sich zur Intensivhaltung von Gästen, die Fernsprecher und Sonnenbrillen ausführen. Gerne sitzen auch Leute hinter Kübeln, an deren siebenachtellangen Hosen Troddeln hängen. In solcher Verfassung gehört die Kübelwirtschaft zum deutschen Sommermärchen und es wird verständlich, weshalb jemand, der gut essen möchte, den Schutz eines gemauerten Hauses sucht.

In die Nähe schweifen

Die meisten Orte im Markgräflerland sind auf
Asphaltstraßen zu erreichen. Nur ist das mit dem Asphalt so eine Sache.

Die Tiefe der Provinz

Malerisch versteckt im Eggener Kirschenland liegt der winzige Weiler Gennenbach am gleichnamigen Wasserlauf. Gennenbach gehört wie das noch versterckte Rheintal zu Feldberg, das wiederum zum Amt Müllheim/Baden gehört. Das mag kompliziert klingen, aber die Verhältnisse im südbadischen Oberland sind nicht immer einfach. Die meisten Orte in unserem schönen Hinterland sind auf asphaltierten Straßen zu erreichen, unser Asphalt bleibt aber nicht überall ruhig liegen. Fahren Sie mal auf den Hochblauen, oder von Schweighof auf den Kreuzweg. Unsere Eintausender muß man sich hart erarbeiten.

Maikuchen und Fasnachtsfeuer. Von der Kreisstraße 4984 Feldberg-Vögisheim zweigt also eine Gemeindeverbindungsstraße nach Gennenbach ab. Die Gennenbacher (nicht die Gengenbacher!) stellen zum 1. Mai Tisch und Bänke an den Gennenbach, wo es dann bis gegen 18 Uhr Kaffee und selbstgebackene Kuchen gibt. Ein stiller, besinnlicher Maifeiertag wäre das, ein Konvent ohne Rumstata, so zart wie die ausgehende Kirschblüte; milde Gaben für ein Kinderhilfe-Projekt in Brasilien werden auch angenommen.

Feuer marsch – *Samstagabend auf dem Lipberg*

Der nächste Wanderwegsweiser bei Gennenbach steht dann am Schneckenrain, von dort ist es nicht weit zum Wegkreuz an der Betteleiche, die Straße von Gennenbach führt über den Heidel nach Niedereggenen. So ist das im Eggener Tal.

Die Schiibe soll go, die Schibbe soll surre: In der Regel feiert der Markgräfler eher leise, am Scheibenfeuer zum Fasnachtsausklang geht es auch mal etwas lebhafter zu. Es ist ein alter Brauch zur Begrüßung des Frühjahrs, oder auch nur, um eine Winternacht im Feuerschein zu sitzen, mit Freunden und einer Wurst am Stecken. Am Wochenende nach Aschermittwoch brennen deshalb Holzpyramiden auf den Anhöhen des Markgräflerlandes, ob am Samstagabend oder am Sonntagabend hängt von lokaler Sitte ab. Gleich wann, glühende Scheiben und fromme Sprüche surren immer gen Tal, später am Abend glühen dann auch mal die Wangen.

Die Zufahrtswege zum Scheibenfeuer sind nicht immer durchgehend asphaltiert, auf den Stalten bei Feldberg kommt man aber problemlos, die Himmelswiese oberhalb von Nie-

Budenzauber – *auf dem Lipberg, nachts um halb neun*

derweiler ist etwas anspruchsvoller anzufahren, ebenso der Lipberg, der etwa auf halbem Weg zwischen Rheinebene und Himmel liegt.

Oben auf dem Lipberg brennt das Scheibenfeuer schon am Samstagabend. Das Lipburger Fasnachtsfeuer ist ohnehin eine recht spezielle Veranstaltung. Einst stürzte unter einer Stimmungswoge ein Teil der provisorisch errichteten Festhütte auf dem Lipberg ein. Der Veranstalter, die Freiwillige Feuerwehr von Lipburg (Amt Badenweiler), hat die Statik der Bude seither entscheidend verbessern können. Aber nach wie vor kann niemand mit letzter Sicherheit sagen, wann und wie der Samstagabend nach Aschermittwoch ausgeht, oben auf dem Lipberg. Nur eines ist sicher, mehr Heimattag geht nicht.

Profis kommen zum Scheibenfeuer mit selbst geschnittenen Haselstecken und einem Ring handverlesener Buchenscheiben. Die Frage, ob viereckige oder sechseckige Scheiben besser abgehen, kann längere Erörterungen auslösen. Unverzichtbar ist ein Sackmesser zum Anspitzen der Stek-

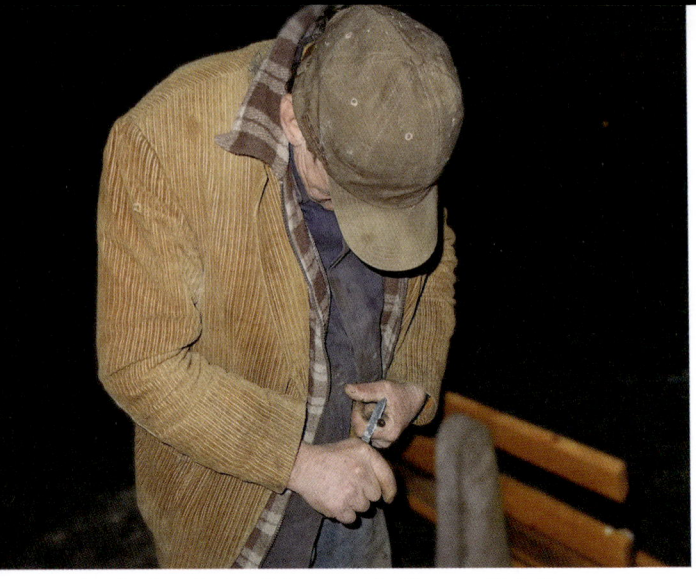

„Bruche 'ner Stegge? Vorne am Rai liege ne Hufe."

ken und schwer entflammbare Kleidung. Ein hasenbrauner Breitcord-Sakko mit farblich abgestimmtem Flanellhemd und Schildkappe wäre perfekt. Das Gewand eines Profis sollte aber nicht zu neu, sondern gut eingetragen sein. Etwa so, wie im Bild oben zu sehen.

Neubürger sind herzlich willkommen. Der Eingeborene erkennt sie an ihrem Blick, in dem sich Neugier und Verwunderung meist die Waage halten. Wer zum ersten mal in der Öffentlichkeit Scheiben schlagen will, sollte vorher schwarz trainieren, oder ein Dorf weiter Inkognito antreten. Manches auf dem Scheibenfeuer ist für Erstbesucher auch schwer zu verstehen, etwa wenn einer von den Lokalmatadoren seine Hilfe mit den Worten anbietet: „Bruche 'ner Stegge? Vorne am Rai liege 'ne Hufe."

- Handgemachte Buchenscheiben fürs Scheibenschlagen, Viereck-Ausführung, jeweils 50 Stück auf dem Ring, vgl. S. 128.

„Ich sage nur China, China, China!" *Kurt Georg Kiesinger, 1969*

Blühen und verblühen: Bleiben wir noch etwas in der Markgräfler Provinz: von Niedereggenen (bei Schliengen) führt
eine asphaltierte Gemeindeverbindungsstraße nach Feuerbach (gehört zu Kandern). Eine landschaftlich schöne Strecke,
die in der Michelinkarte grün markiert wäre, wenn die von
Michelin jemals so weit raus kämen.

Zwischen Niedereggenen und Feuerbach liegt eine kleine
Paßhöhe. Am Wanderparkplatz *Stelli* wird jedes Jahr Mitte
April ein Blütenfest veranstaltet, mit Kaffee und Kuchen,
Brauereigarnituren und Lokalkolorit. Keine große Sache, auch
regional nur ein C-Event. Allerdings wurden während der
Kirschblüte im Eggener Tal schon Chinesen gesichtet.

Und dann wäre da noch ein Fußweg, panoramischer Ver-
lauf, von der Stelli rüber zur Sankt Johannisbreite. Nach ein
paar Minuten steht ein Schild an einem privaten Grundstück.
Es geht um die Bedeutung der Obstwiese als Genreservoir,
zudem wird auf die Bedrohung der ehemals landschaftsprägenden Streuobstbestände hingewiesen, durch Intensivierung
des Obstanbaus, durch Ausweitung der Baugebiete. Mit jedem

Eine Sense im Kirschbaum *– ich weiß nicht, was soll es bedeuten*

Baugebiet verschwindet eine Bienenweide und wenn keine Bienen fliegen, gibt es kein Obst mehr. Die fünf Allerweltssorten Gala, Jonagold, Topaz, Golden Delicious und Braeburn machen gut 90 % vom Einzelhandelsumsatz aus. Allein acht süddeutsche Apfelsorten stehen aber hier oben, außerdem gedeihen auf dem Eggener Obstparadies drei Birnensorten, Löhrpflaumen, Esslinger Schneckenkirsche, Zumfledes Süßkirsche, Benjaminer Brennkirsche, Walnuß und Speierling.

Nicht eigens hingewiesen wird auf die Bedrohung durch Alterung und Hüftleiden all der stillen Helden, die so eine Wiese pflegen. Sie bekommen kein Foto mit Bürgermeister und Scheckübergabe. So werden solche kleinen Widerstandsnester immer seltener, während Outdoorevents und Kulissenveranstaltungen boomen.

Außerdem hat mich eine Sense irritiert, die auf besagter Obstwiese in einer Astgabel hing. Da pflegt jemand 20 Obstbäume und dann hängt eine Sense im Kirschbaum. Man weiß nicht, was soll es bedeuten. Hoffentlich nichts Schlechtes.

Aus der Leserpost: Leser Werner M. aus A. hat mir zum Rätsel der Sense im Kirschbaum diese Zeilen auf seiner 40 Jahre alten Olympia geschrieben:

Eine Sense im Kirschbaum – was soll es bedeuten? Eine Möglichkeit wäre: der Hasenzüchter holt beim Sensenbaum das tägliche Hasenbrot. Er hat eine Anhängerkupplung an seinem Moped. Für den ständigen Transport ist das Erntegerät für sein Gespann zu sperrig. Nun wäre noch zu klären, ob im Nachbarbaum ein Rechen hängt.

Landschaft verpflichtet: Hochstämme müssen von jemandem geerntet werden, der keine Delphine streichelt, sondern auf die hohe Leiter steigt – und manchmal auch runterfällt. Auch der Steilhang mit Margeriten ist keine Gottesgabe, er muß zweimal im Jahre gemäht werden, was nicht mit dem Mountainbike geht. Schon nach zwei, drei Jahren Nichtstun wird das offene Kulturland zum undurchdringlichen Gewüst.

Landschaft geht mit der Zeit. Schon das alte Arkadien mit seiner zaunlosen Hirtenidylle war eine vorübergehende Kulturform, wie die Idylle von heute. Streuobstwiesen und steile Kleinlagen sind eben keine uralte, sondern eine vergleichsweise junge Kulturform. Sie entstand in der Folge einer im Süddeutschen üblichen Realteilung der Höfe, die zu immer kleineren Parzellen, oft auch zu ärmlicheren Verhältnissen führte. Nebenerwerbler, engagierte Winzer, Hobbymoster und Idealisten werden die anmutig wirkende Kulturform noch ein paar Jahre erhalten. Dann kommt Neues.

Schön ist die Provinz, zweifellos. Aber ihre Schönheit vergeht. Hasenbrot hat keinen Stellenwert, eine zur Religion erhobene Energiewende schon. Ich persönlich kann auf ein Ökotopia mit Maisäckern, Windmühlen und Subventionsirrsinn verzichten. Essbare Landschaften sind mir wichtiger, Obstwiesen, Steillagen, Weidewirtschaft, gutes Gemüse. Es geht zur Not ohne Spargelwüste und Gutedel-Cup, aber ohne Haltung und Geschmack geht manches den Bach runter.

Ohne Anhängerkupplung wirst Du fremd bleiben

Mir gefällt's auf dem Land, wo das Internet langsamer und die Motorsägen lauter werden. Jeder kann kommen, aber wir brauchen keinen. Und schon gar keinen, der uns das Leben erklärt.

Landlust wie gewachsen

Ich lebe im Paradies am Fuß des Blauen, in meiner unmittelbaren Nachbarschaft herrscht die brutalst mögliche Idylle. Gesunde Männer im wehrfähigen Alter besitzen Motorsägen, entweder Stihl oder Husqvarna. Schienenlänge ab 40 Zentimeter, geeignet zum „Dauereinsatz in der Starkholzernte". Minderes Gerät führt zu Ansehensverlust. Wer im Markgräfler Outback mit Scherzartikeln aus dem Baumarkt auftaucht, hat verloren. Das gilt auch für Spaltäxte, Schneeschaufeln und Besen. Thai-Chi heißt bei uns Hof fegen.

In unserem Club gilt eine Kleiderordnung. Die englischen Wachsjacken akademischer Innenstadt-Gärtner sind tabu. Eine signalfarbene Latzhose mit Schnittschutzausstattung sorgt dagegen nicht nur im Forst für Respekt. Zudem bewege man tunlichst keinen schwarzen Pseudo-SUV mit integriertem Hundekäfig. Es soll zwar Frauen geben, die sich SUVs anschaffen, damit ihre Hunde bei einem Auffahrunfall unversehrt bleiben, aber die wohnen nicht hier.

An Lifestyle-Kombis erkennt man aufs Land migrierte Neubürger. Ideal für Clubmitglieder wäre ein älterer Unimog, oder irgendwas mit grüner Nummer. Ersatzweise ein Diesel mit

Wir haben nichts gegen Kräuter und Veganer

Anhängerkupplung und gelber Plakette. Die macht nichts, wir fahren ohnehin nur ungern in große Städte. Wir besuchen die Vernissagen von Raiffeisen.

Neubürger bedenke, ohne Anhängerkupplung wirst Du ein Fremder bleiben. Aufsitzmäher gelten als Prothesen für Pensionäre, mit einem Balkenmäher von Agria oder einem AS-Allmäher ist man dagegen gut aufgestellt. Das Kulissenhafte eines kurz gehaltenen Zierrasens fällt im Outback bald auf, das Manikürte hat was vom Fünftagebart der Zwangskreativen. Schwarze Kittel trägt man hier zur Beerdigung, außerdem mögen wir keine Leute, die komplizierte Brillen tragen und lange Sätze sagen. Wir haben auch nichts gegen Veganer, solange sie unseren Vogel in Ruhe lassen.

Mir gefällt's auf dem Land, wo das Internet langsamer und die Autos schneller werden. Wir stehen hier draußen voll im Wetter, deshalb brauchen wir keinen Klimawandel. Bei uns gilt die Devise, jeder kann kommen, aber wir brauchen keinen. Und wir brauchen schon gar keinen, der uns das Leben erklärt.

Wir fahren ungern in große Städte

Wir haben keine Bewegungsmelder, weil der Nachbar sowieso alles sieht. Vor lauter Achtsamkeit bewegen sich hier die Gardinen. Wir jagen den Marder mit Lebendfallen und lassen ihn dort raus, wo die eifrigsten Naturschützer wohnen. Am Wendehammer im Neubaugebiet.

Lange vor der Energiewende, Jahrzehnte, bevor es Solardächer gab, haben wir die Sonnenenergie in Meterstücke zersägt und am Waldrand akkumuliert. Wenn es einen Funken Gerechtigkeit in der Politik gäbe, müßten Motorsägen subventioniert werden. Unser Pufferspeicher heißt Holzbeuge.

Rucola gilt hier noch als Unkraut. Bärlauchsüppchen und Kürbisfestchen überlassen wir Balkonbewohnern. Wir bezahlen keinen Aufpreis für Schaum auf dem Teller.

Auch hier ist längst nicht alles Bauernbrot, was so heißt. Überall stehen jetzt Stände mit zu hell und zu schnell gebackenen Brotlaiben an der Straße. Das neue Landbrot schmeckt so fad wie beim Tütenbäcker. Es ist wirklich ruhig bei uns, für eine lange Teigruhe bleibt aber einfach keine Zeit.

Syngentas und Secondos

Sie verdienen gut, sie grüßen zurückhaltend und sie beherrschen das Neutrallächeln. Wenn ihre Abteilung wegen einer Optimierung des Produktportfolios restrukturiert wird, ziehen sie ein Land weiter und lächeln dort. Sie arbeiten in der Schweiz oder in der Wolke, sie haben ein Firmenpaßwort und Rückenprobleme. Wir nennen sie *Syngentas*, nach dem Basler Agrarchemiekonzern. Auf Neujahrsempfängen heißen sie „liebe Neubürger und Neubürgerinnen", unter Eingeborenen auch mal Weißkrägen.

Syngentas und Expats schätzen weiche Standortvorteile. Hanglage, Kulturangebot und Privatschule. Sie sagen Teamtag zum Betriebsausflug, kaufen Beutelsalat und kennen einen, der sich mit der Abfindung ein Weingut gekauft hat.

Gewitterlandschaft – *Emil Bizer, um 1950*

Ich kam als Kind hierher, ein Secondo, wie man in der Schweiz sagt. Außerdem bin ich ein Anhänger der Normalverteilung. Unter Eingeborenen, Secondos und Neubürgern gibt es solche und solche. Und auf dem Scheitel der Kurve sitzen jene, die nach der altbewährten Regel leben: *viel da und nix frech zum Chef*. Kein Grund zur Aufregung also, für niemand. Solange ich im Garten Feuer machen und im Haus Bücher schreiben kann, komme ich mit jedem klar.

Neulich haben wir wieder mal Feuer gemacht. Als die Flammen haushoch loderten, rief ein Spaziergänger aus sicherer Entfernung „Pfui". Ich weiß nicht, ob es ein Weißkragen war. Ein Nachbar hätte aber nicht Pfui gerufen, sondern gefragt, ob er noch was drauflegen kann.

Blauenhaus und Alpenblick, Emil Bizer, um 1930

Wissende kommen mit Proviant auf den Blauen und schätzen den
Genuß der unzerstörbaren Aussicht.

Gemischte Gefühle auf dem Blauen

„O wie wechsle Berg und Thal, Land und Wasser überall", froh-lockte Johann Peter Hebel auf dem Blauen. René Schickele hat in seiner Himmlischen Landschaft dem „Bergbriefträger" und der Blauenwirtsfamilie Haas ein extra Kapitel gewidmet:

„Der Briefträger kommt oben heiser an und muß sich dauernd räuspern, wenn er mit Vater Haas, dem Blauenwirt, redet. Bei seiner Heimkehr riecht er nach Grog, aber seine Stimme ist klar.

Er trägt in seiner Tasche Schlüsselblumen hinauf und Schnee-klumpen an den Stiefeln hinunter, und wo er stehenbleibt, bildet sich eine Wasserlache. Unten fragt man ihn gern, ob heute Alpen-sicht sei. Er hat noch nie „Nein" gesagt, denn er ist gut Freund mit Vater Haas."

Bis heute wechseln auf dem Blauen Berg und Tal wie zu He-bels Zeiten. Nach dem Verkauf der Liegenschaft an einen Ei-gentümer in Berlin, wechselten auch die Pächter in munterer Folge; derzeit ist mal wieder ganz dicht. An die Versprechen des Eigentümers hat man sich hier schon gewöhnt. Er kann sich alles vorstellen, es geschieht aber wenig bis nichts. Nur der Putz bröckelt immer progessiver. Auch zum Jahreswechsel

Himmel offen, Gasthaus geschlossen – *auf dem Hochblauen*

2014/15 nichts Konkretes, sondern vage Ankündigungen. Also nagt die Zeit weiter am Blauenhaus, das sich vom Gasthaus zum Mahnmahl entwickelt. Es hat lange gedauert, bis die Bürgermeister betroffener Gemeinden (besonders in Schliengen, aber auch im nahen Kurort Badenweiler) zumindest ansatzweise realisiert haben, was dort oben für eine unselige Nummer abläuft, welches touristische Potential brach liegt. Man sei im Gespräch, heißt es. Neuerdings werden Verkaufsangebote ventiliert, passiert ist bislang wenig bis nichts.

Die Einkehr erodiert weiter, während verunsicherte Besucher die abgewetterte Liegenschaft umschleichen. Wissende bringen Proviant auf den Blauen mit und schätzen die unzerstörbare Aussicht.

Der Blauen ist der Hausberg des Markgräflerlandes. Gemalt, bedichtet und viel besucht. Ein Pilgerziel, eine Projektionsfläche für Windmühlenfreunde, auch für Windbeutel. Der Blauen grüßt und mahnt, aber er kann sich nicht wehren. Schöner Blauen, warum mußt Du so leiden?

Früher, größer, härter

*Ertragspotential und Transportfähigkeit
rangieren vor Aroma .*

Unser täglich Obst

In den Katalogen für den Erwerbsobstanbau werden Früchte als „großfallend" und „transportstabil" beschrieben, ihr Geschmack „süßlich und mittel bis gut". *Süßlichmittelgut* ist die aktuelle Geschmacksnorm. Große Frucht, optimale Erntestaffelung und hohes Ertragspotential rangieren stets vor aromatischen Kriterien. Also hat auch die heimische Obstwirtschaft ihre Plantagen optimiert, wovon die Obststände an der Landstraße Zeugnis ablegen. Was da so schön bäurisch drapiert ausliegt, schmeckt oft nicht besser als Handelsware. Gegen die neuen Ertragswunder haben alte Lokalsorten optisch keinen Stich.

Über 140 Erzeuger liefern an den Obst- und Gemüsevertrieb Südbaden in Efringen kalibrierte Ware der Handelsklasse A, makellos, transportstabil, aromaarm. „Mit reifen Zwetschgen können die nichts anfangen", sagt mir ein Obstbauer, der an Großvermarkter abliefert. Er hat seine späten Hauszwetschgen und die aromatischen Bühler gerodet und frühe, große Sorten gepflanzt, so wie sie der Fachhandel wünscht: Caçakas Schöne, „festes Fruchtfleisch, gut präsentierend"; Tophit, „sehr gut transportfähig". Die pflaumengroße Kirsche und die hühnereigroße Pflaume, ein gemeinsames Ideal von Handel und Kunde. Früher, größer, härter.

Ortstermin am Weiler Ostbahnhof

Die Stadt der Stühle empfängt einen mit DB-Sitzschalen,
in Geiferweite ist der Bahnsteig dunkel patiniert.

Last Exit Weil-Ost

Eigentlich sollte dieses Buch am Weiler Ostbahnhof anfangen, leider hat mich dort der Mut verlassen. Mein Plan war: Mit dem Zug an den südlichsten Zipfel des Markgräflerlandes fahren und von dort die Sache angehen. Von Weil auf dem Wiiwegli einmal quer durch's Markgräflerland. Der Start war so düster, daß er jetzt am Buchende verwurstet werden muß. Irgendwo muß der Frust ja hin:

Aller Anfang ist schwer, besonders am Weiler Ostbahnhof. Die Stadt der Stühle empfängt mit DB-Sitzschalen aus der Raster 22 Baureihe. Blaues Stahlrohr, ortsfest verschraubt. Notdurft zum Sitzen. Das Metallgitter-Sitzgeflecht leicht klebrig, wie der Fahrkartenautomat. Der Bahnsteig ist in Geiferweite der Sitzschalen dunkel patiniert. So ein Bahnhof macht depressiv, man will umgehend zum Duschen. Immer wieder erstaunlich, wie es die Bahn fertig bringt, ihre Stationen in der Provinz so verkommen zu lassen, während in den Städten Renommierbahnhöfe entstehen.

Am Tag eins bin ich dann noch bis Efringen gekommen, da war der Fahrkartenautomat nicht klebrig, aber „temporär außer Betrieb". In Bad Bellingen war der Fahrkartenautomat dann wenigstens richtig defekt. Am Bahnhof in Müllheim und Ebringen war ich auch noch, aber das lassen wir jetzt.

In Schliengen, am Berg

Kein Müllheimer fährt ohne Grund
über den Schliengener Buck.

Schliengener Buck

Auch im Markgräflerland gibt es unsichtbare Grenzen, eine davon ist der Schliengener Buck, ein Anstieg der Bundesstraße drei, gleich südlich von Schliengen. Dort liegt auch das äusserlich etwas unscheinbare, innerlich aber bemerkenswerte Gasthaus *Am Berg* (vgl. Seite 147).

Früher, als Müllheim noch eine kleine, selbstbewußte Kreisstadt war, begann das Ausland eigentlich schon hinter dem Schliengener Buck, nicht erst an der Schweizer Grenze. Die Grenze ist mittlerweile etwas unschärfer, aber noch immer gilt, ein Müllheimer fährt nicht grundlos über den Schliengener Buck. Dahinter kommt nämlich lange nichts, dann die Kalte Herberge, dann eine Senke mit dem Engebach. Eine Engemühle gibt es auch, aber dort sieht man kaum Müllheimer Gesichter. Auch in Welmlingen oder Wintersweiler sieht man wenig Müllheimer.

Von Süden aus betrachtet, ist es genau andersrum. Ich kenne Haltinger, für die das Markgräflerland am Schliengener Buck aufhört. Es soll sogar Haltinger geben, die volltanken, bevor sie nach Müllheim fahren.

Landschaftsprägend

*Wer einen Nußbaum kennt, kann den Sommer noch einmal
in die Hand nehmen.*

Mein Freund, der Nußbaum

Es heißt, Walnußbäume hätten einen landschaftsprägenden Charakter. Das stimmt, ist aber nur ein Teil der Wahrheit. Im Verhältnis zum Nußbaum zeigt sich auch menschlicher Charakter. Wer einen Nußbaum kennt, weiß, wie sich der Frühherbst anfühlt: beim Knacken der Schale, beim Schälen der noch hellen Nußkerne, beim Leben von der Hand in den Mund.

Zu frischen Nüssen passen die ersten Gutedeltrauben und ein krustig gebackenes Bauernbrot. Frische Nüsse/Bauernbrot/Gutedel wäre ein Dreiklang, würdig jeder Markgräfler Landgaststätte. Und was steht im Herbst in aufgerüschten Landhausgasthäusern auf dem Tisch? Ganzjahresbutter zu aufgebackenem Stangenbrot. Aber lassen wir das.

Walnußbäume bekommen im Herbst keine spektakuläre Färbung, in den ersten kalten Nächten wird ihr Laub schnell munkelebraun, beim nächsten Windstoß segeln die Blätter dann zu Boden. Wenn es einer von den trockenen Föhntagen ist, die es im Südwesten öfter gibt, dann raschelt das Nußbaumlaub unter den Schritten der Nußsammler wie zerknittertes Papier.

Schatten, Holz und Öl: Walnußblätter und Schalen enthalten viel Gerbstoff und den Farbstoff Juglon, zwischen den Händen zerrieben duftet Walnußlaub intensiv, auf dem Kompost verrottet es schlecht. Vom frischen, grünen Nußlaub wissen ältere Landarbeiter, daß es in die Gesäßtaschen gesteckt, bei der Gartenarbeit oder auch auf Wanderungen Fliegen und Geziefer fernhält, überhaupt biozid und antiseptisch wirkt, ja sogar den Wolf (zwischen den Beinen) auf Distanz hält. Mit seinem dichten Blätterdach ist der Walnußbaum ein guter Schattenspender. An warmen Abenden hält er die Mücken fern. Nicht ganz, aber spürbar.

In den letzten Jahren sorgt die aus Nordamerika zugewanderte Walnußfruchtfliege auch am Oberrhein für Probleme, in der Rheinebene sind besonders viele Bäume befallen. Die Fliege sticht die grüne Schale im Sommer an und legt dort ihre Eier ab. Die Maden fressen sich dann nach innen, die Nuß bekommt erst schwarze Flecken und wird später ganz schwarz. Wenn der Befall früh im Sommer erfolgt, kann sich die Nuß nicht richtig entwickeln. Größere Nüsse, die erst später befallen werden, sind oft innen noch genießbar.

Walnußöl ist eine regionale Spezialität, die zu einer anderen Markgräfler Spezialität paßt. Zum Feldsalat, der immer großflächiger im Rheintal kultiviert wird, in seiner wilden, schmalblättrigen und delikaten Form aber auch da und dort zwischen den Reben wächst.

Zu dunkelgrünen Blattsalaten, auch zu bitteren Sorten wie Radicchio und Chicorre paßt eine Vinaigrette mit Walnußöl (eventuell eins zu eins mit Olivenöl gemischt); Walnußöl verfeinert aber auch jeden Kartoffelsalat. Wobei sich gerade beim Nußöl die schonende Pressung frischer Ware auf die Qualität auswirkt, zwei Kilo Nußkerne geben etwa einen Liter Öl, das nicht billig sein kann, sein darf.

Gutes Walnußöl hat nichts mit den penetranten, oft schon ranzigen Ölen aus Industrieproduktion gemein, die den Ruf des Nußöls einst ramponiert haben. Walnußöl ist bis zu zwölf

Monate haltbar, es eignet sich nicht zum Erhitzen und An-
braten.

Zu guter Letzt liefert der Walnußbaum ein lebhaft gemaser-
tes Holz, das derzeit zu den begehrten heimischen Möbelhöl-
zern zählt. Die besonders intensiv gezeichneten Wurzel- und
Maserknollen werden auch zu Gewehrschäften und Humido-
ren verarbeitet. Und wer alles brav gelesen hat, wird an einem
Nußbaum vielleicht nicht mehr achtlos vorbeigehen.

- Ölmühle Eberhardt, Badenweiler-Oberweiler. Ein Schild an der
Weilertalstraße weist zur historischen Anlage. Die kleine Nebener-
werbs-Mühle bietet heute noch Walnußöl, das mittlerweile auf einer
hydraulischen Presse gepreßt wird. Ein halber Liter kostet 11 Euro.
Weilertalstraße 8 (am Ortseingang eines der ersten Häuser rechts, im
Innenhof), Hinweis an der Straße, Tel. 07632-7604.

- Peters Ölmühle, seit 2006 produziert Peter Busch in seiner kleinen
Ölmühle bei Ballrechten-Dottingen schonend und kalt mit der Schnek-
kenpresse erzeugte Speiseöle. Vor allem Leinöl, außerdem Walnußöl,
Sesamöl, Aprikosenkern- und Mandelöl (alle in Bio-Qualität). Verkauf
direkt in der Mühle, Ziegelhofstraße 19 (bei der gleichnamigen Strausse),
freitags 15 bis 18.30 Uhr, Tel. 07634-6949747.

Was soll der Geiz!

Spargel für alle, bei vollem Lohnausgleich.

Flatrate–Spargel

Ist es noch Spargel, oder ist es schon obszön? Sicher geht es bei den meisten industriell bewirtschafteten Sonderkulturen im Rheintal um möglichst viel, billig und überall. Nicht nur beim Spargel, sondern auch bei Erdbeeren, bei Feldsalat und Beerenobst. Es geht aber auch darum, daß osteuropäische Erntehelfer in alten, vergammelten Bussen von Feld zu Feld gekarrt werden, es geht um Bilder, die an Flüchtlingstrecks erinnern, um Knochenarbeit bei Hundewetter. Es geht auch darum, daß diese Arbeiter hierzulande immer noch unter besseren Bedingungen an Geld kommen als zuhause.

Ein wenig obszön ist es schon, tausende Wanderarbeiter buckeln zu lassen, damit Spargel und Erdbeeren in Bretterbuden längs der Bundesstraße zu Schleuderpreisen angeboten werden können. Obendrauf kommt noch die Sache mit Herbizideinsatz, mit Überdüngung, Bodenverdichtung und Grundwasserbelastung. Also darf einem angesichts der horizontweiten Folien- und Sonderkulturen auch mal der Appetit vergehen. „Schmeck den Süden", heißt ein Werbespruch der heimischen Agrarwirtschaft. „Schmeck den Geiz", wäre treffender. Für Konsumenten und Produzenten.

Ein Hock kann aus dem Nichts heraus entstehen

*Im Gegensatz zum banalen Sitzen hat das Hocken
eine meditative Komponente.*

Grüßen, Hocken und Abhauen

Natürlich gibt es *den* Markgräfler nicht. Aber es gibt den Seufzer der Zugezogenen: *So sind sie halt, die Markgräfler.* Ein Befund, der zu gleichen Teilen aus Resignation und Bewunderung besteht. Als Landbewohner schätzt der Markgräfler Tradition und Ritual, aber nicht die große Geste. Das bäurisch geprägte Markgräflerland war lange Zeit eine Region der kleinen, wohl bedachten Schritte. Wer es sich leisten konnte, seinen Hof mit katzenkopfgroßen Kieseln pflastern zu lassen, gehörte zu den oberen Tausend.

Vorlese, Hauptlese, Auslese – man trifft sich hier mehr als einmal, nicht nur im Weinberg. Ein defensiver Eigensinn, angereichert mit ein paar anarchischen Zügen, gehört noch heute zur Grundausstattung auf dem Land. Beim Hocken zum Beispiel, wo sich der Markgräfler nicht gerne stören läßt. Im Gegensatz zum banalen Sitzen hat das Hocken eine meditative Komponente und das absichtslose Hocken beherrscht der Markgräfler perfekt. Er läßt die Dinge auf sich zukommen wie ein Zen-Meister.

Solange noch Gutedel im graden Glas ist, kann wenig passieren. Markgräfler sind keine hibbeligen First Mover, manche können sogar im Stehen hocken. *So, bisch au a weng do,* heißt es dann – so klingt Willkommenskultur.

Ein Hock kann aus dem Nichts heraus entstehen. Im Unterdorf, am Klemmbach, am Seitenaus der nächsten Tankstelle.

Natürlich auch in einem Salon, der hier aber Innenhof heißt. Mehr als zwei sind ein Hock, dazu braucht es weder Grund, noch Verabredung. Man kommt einfach dazu, schweigt eine Weile und schaut dann, ob es vielleicht doch was zu Trinken gibt – wie in der Savanne an der Wasserstelle.

Keine Römer auf dem Hock: Auch beim Verlassen eines Hocks gibt es keine große Geste. *Ich hau jetzt ab,* sagt der Markgräfler knapp. Er meint es aber nicht so, vielleicht nimmt er sogar noch ein Fluchtachtele. Richtig gelesen, der Markgräfler trinkt nicht, er nimmt. *Nimmsch no eins,* bedeutet dabei mehr als die Frage nach dem nächsten Glas. Mit *nimmsch no eins* werden hier nur Mitbürger angesprochen, die zum Club gehören. *Nimmsch no eins* ist gelebte Integration.

Im Markgräflerland gibt es mehr Hocks als Integrationsbeauftragte. Das hierzu unverzichtbare *g'rade Glas* ist im einschlägigen Fachhandel auch als Markgräfler Becher bekannt, erhältlich mit Zehntele- oder Vierteleeichstrich. Produziert wird der Markgräfler Becher übrigens in Rumänien.

Außerdem gibt es noch das „Auggener Viertele", das ist ein halber Liter und den sollte man im Kühlschrank haben, falls man mal keinen Wein trinken möchte. Eine „Magnum" paßt dagegen immer dann, wenn man mit seiner Frau eine schöne Flasche Wein trinken möchte, sie aber keinen großen Durst hat. Wer südlich des Sulzbaches aus dem Römer trinkt oder Schoppen sagt, ist entweder Tourist, Kurgast oder nicht resozialisierbar. Wer im Markgräflerland als Doddel auftreten will, bestellt einen Schoppen halbtrockenen Hauswein im Römerglas und stößt mit „Prosit" an. Noch depperter ist nur noch Rhabarberschorle.

Wo wir schon bei Stammesregeln sind: Grüßen geht nicht mittels russischer Umarmung und dreifachem Bussi, sondern mit der Hand. Die Entfernungen auf dem Land sind beträchtlich, die Straßen eng und wir fahren gern sportlich. Also: linke Handinnenfläche nach außen, Schulterhöhe genügt. Die Miene bleibt dabei unbewegt, respektive auf den Gegenverkehr konzentriert. Beide Hände am Steuer und zwei Fingern hoch gilt auch.

Wer im Markgräflerland ausnahmsweise mal ab- oder aussteigen muß, grüßt per Handschlag. Dabei kommt es auf den Druck nach dem Schlag an, schließlich greift niemand gerne in einen warmen Hundehaufen. Tschüss zum Abschied klingt mittelrheinisch, Adieu geht immer. Wobei die eigentliche Bedeutung nicht wörtlich gemeint ist. Wer *à dieu* sagt, wünscht ein Wiedersehen nicht erst bei Gott. Aus größeren Ansammlungen löst sich der Markgräfler mit einem *Adieu zämme*. Geschwätzige verwenden die Erweiterung: *Also, adieu zämme*.

Der Gustav, der an der engsten Stelle im Ort wohnt, trägt nach einem langen Berufsleben als Landwirt noch immer einen fahlblauen Kittel von Mode-Raiffeisen und einen passenden Cordhut dazu. Er grüßt wunderschön. Mit ergreifender Geste, gerade stehend, die Hand selbstbewußt erhoben, dem passierenden Kraftfahrzeug lange nachschauend. Das hat Würde.

Orte

Gasthäuser

Erzeuger, Einkaufen, Weingüter

Das **Titelbild** zeigt Josua und Kaleb beim Tragen der Kalebtraube (Motiv am Weingut Dörflinger in Müllheim).

Einst schickte Moses aus der Wüste Paran zwölf Kundschafter aus. Josua und Kaleb brachten nach 40 Tagen eine Weintraube, die sie auf einer Stange trugen und sie erzählten von einem Land, in dem Milch und Honig fließen.

Als Symbol für Reichtum und Luxus wurde die Kalebtraube zunächst im religiösen Kontext verwendet. Später taucht das Motiv auch in Weinbaugebieten auf. Dort steht es für Lebensfreude und gemeinsam getragene Verantwortung.

Danke und Bitte: Autor und Verlag danken allen Lesern, die mit Hinweisen und Korrekturen zu dieser Auflage beigetragen haben. Der Autor freut sich stets über weitere Anregungen und Hinweise. Für wichtige verwertbare Anregungen bedanken wir uns mit einem Freiexemplar aus unserem Verlagsprogramm.

Karten: Grafik.Römer, Ihringen.

Fotos: Wolfgang Abel, Archiv Oase. Markus Kirchgessner (S. 134), Norbert Schwab (S. 205, 207), Eberhard Heinrich (S. 201).

"Solche Reisebücher
wünscht man sich auch für andere Ziele."
GEO SAISON

Lago Maggiore

23 Leichte Entdeckungen

Wolfgang Abel

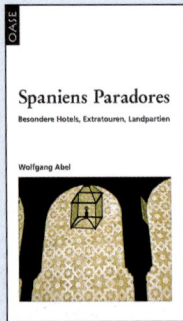

Spaniens Paradores

Besondere Hotels, Extratouren, Landpartien

Wolfgang Abel

Cinque Terre
Ligurische Küste

Landschaft + Touren + Gastronomie

Christoph Hennig

Französischer & Schweizer
Jura

Touren + Einkehren + Unterkommen

Martin Jenni, Hans Ikenberg

Bummeltage

Leiser Luxus am Bodensee

Cornelia Stauch

Bodensee
30 Kulinarische Eskapaden

Peter Peter

Mit Leidenschaft geschrieben, reich illustriert, gut gebunden
Gesamtprogramm, Infos, Leseproben:
www.oaseverlag.de

„Ein Plädoyer
für den kritischen Genießer.“

Kaiserstuhl

Streifzüge zwischen
Rebstock und Himmelburg

Wolfgang Abel

oaseverlag.de

**Freiburg Breisgau
Markgräflerland**

Gastronomie & Heimatkunde

Wolfgang Abel

oaseverlag.de

Südschwarzwald

31 Leichte Entdeckungen

Wolfgang Abel

oaseverlag.de

Ortenau

Streifzüge zwischen
Ried, Rebland und Schwarzwald

Wolfgang Abel

oaseverlag.de

**Badische
Kaffeehäuser
&
Kuchenrezepte**

Marion Jentzsch

oaseverlag.de

Elsass & Sundgau

28 Land- und Stadtpartien

Cornelia Stauch • Wolfgang Abel

oaseverlag.de

Oase Verlag • D-79410 Badenweiler

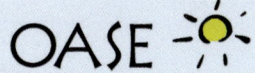

© 2. Auflage 2015
Oase Verlag
D-79410 Badenweiler
Tel. 07632-7460
www.oaseverlag.de

ISBN 978-3-88922-075-2
Alle Angaben ohne Gewähr

Herstellung:
fgb • Freiburger Graphische Betriebe